本书系重庆市高等教育教学改革研究项目（重大项目）"
教学质量保障机制研究与实践"（项目编号：201008）的

U0461108

冲突·碰撞·融合

——传媒类专业的在线教育转型

颜春龙　刘远军　编著

重庆大学出版社

图书在版编目（CIP）数据

冲突·碰撞·融合：传媒类专业的在线教育转型 /
颜春龙，刘远军编著. --重庆：重庆大学出版社，
2023.6

ISBN 978-7-5689-3870-9

Ⅰ.①冲… Ⅱ.①颜… ②刘… Ⅲ.①传播媒介—网
络教育–研究 Ⅳ.①G206.2 ②G434

中国国家版本馆CIP数据核字（2023）第068660号

冲突·碰撞·融合
——传媒类专业的在线教育转型
CHONGTU·PENGZHUANG·RONGHE
— CHUANMEI LEI ZHUANYE DE ZAIXIAN JIAOYU ZHUANXING

颜春龙　刘远军　编著

责任编辑：张慧梓　　版式设计：陈筱萌
责任校对：王　倩　　责任印制：张　策

*

重庆大学出版社出版发行
出版人：饶帮华

社址：重庆市沙坪坝区大学城西路21号
邮编：401331
电话：（023）88617190　88617185（中小学）
传真：（023）88617186　88617166
网址：http://www.cqup.com.cn
邮箱：fxk@cqup.com.cn（营销中心）
全国新华书店经销
重庆华林天美印务有限公司印刷

*

开本：720mm×1020mm　1/16　印张：19　字数：342千
2023年6月第1版　2023年6月第1次印刷
ISBN 978-7-5689-3870-9　定价：78.00元

编委会

主　任

杨如安

副主任

颜春龙　胡志毅

委　员

赖黎捷　刘远军　贺　一
李瑞芬　张　楚　史立成
王欢妮　吴荣彬　刘　超
顾伟宁　刘　洋　程俊霖
曾　蒸　毛丽娜　孙柳艳

序 言

疫情期间，全国各地学校纷纷组织教师开展在线教学，这是全国教育系统有史以来规模最大、参与最广的线上教学，也是一次史无前例的在线教育大实验。各行各业均在探讨疫情带来的深远影响和行业的转型路径，我国教育行业也迎来对在线教育转型的相关探讨，在线教育与线下课堂教育如何碰撞、融合、化解冲突，探讨出相关的可行路径具有必要性和紧迫性。

传媒类专业的教育关乎我国文化传媒事业及社会意识形态的建构，关乎我国综合软实力的提升。因此，解读在线教育为传媒类专业教育带来的机遇和挑战，探讨相关教育理念、教育实践向在线教育转型的方法、路径、经验、反思等仍需要持续深入。

一、冲突：线上教育的诸多挑战

为阻断疫情向校园蔓延，确保师生生命安全和身体健康，教育部要求2020年春季学期实施"停课不停教、不停学"教学模式，这给传统教育行业带来诸多挑战。传统线下课堂教育与在线教育之间存在着冲突，如何组织在线教学和课堂教学，线上教学与线下课堂教学内容如何区分、如何相互协同，如何保证全体学生都能参与在线教学，如何保证学生在线学习的质量及监督，传统线下课堂中教师授课为主的教学方式是否适用等，是全国各校需要解决的主要问题。

根据教育部要求，在实施在线教育时既要明确当前线上教学"教什么"和"怎么教"，又要不断探索开学后课堂教学与线上教育的有机结合。既不能搞"一刀切"，要求所有教师都制作直播课，所有学生每天上网"打卡"，又要扎实推进线上教学资源共享和教育教学方式创新。要加强对在线教育教学内容的审核把关，合理引导预期，尊重地方、学校和家长的选择。基于上述指导理念，重庆师范大学各教学单位都在积极应对线上教育带来的冲突和挑战，新闻与传媒学院在传媒类专业的在线教育转型中更是奋力探索出了一条创新之路。

二、碰撞：迎变而上的在线教育实践

（一）统一部署，团结协作，积极创新

2020年，按照重庆市教委和学校"停课不停学"的相关要求，重庆师范大学新闻与传媒学院党政班子统一思想，科学设计，沉着应对：学院老师主动适应，积极求变，不断创新教学技巧；其他各部门分工协作，通力保障，使学院的线上信息化教学从一开始就运行在高质量、高水平的状态中，高效能地完成了学院的教学任务。

开学之前，新闻与传媒学院党政班子根据重庆师范大学的统一部署，首先对即将开始的线上教学进行了周密安排，制定了《新闻与传媒学院关于2020年春季开学期间网络在线教学的工作实施方案》，成立了学院在线教学工作领导小组、在线教学督导小组、网络教学技术和教改服务小组、紧急联络人员和校级技术联络员，学院领导下沉教学一线轮流带队值班，全方位保障全员在线教学顺利开展。

非常时期，新闻与传媒学院一直鼓励全院教师变危机为契机，引导各方协同。全院各系各科室分工协作，教科办积极牵头发挥学院自身优势，不断推动教学质量建设走深走实，促进教研教改推陈出新，专任教师努力把教书育人责任扛在肩上、抓在手上、落在线上。这体现出学院党政班子在学院教学管理方面强大而科学的领导力，体现出学院教师迎难而上、适应变化、积极创新的精神品格和高水平的业务素养，也体现出学校各部门团结协作、相互支持的强大凝聚力。

（二）明确在线教育制度，推动教师教育信息化转型

在教学工作领导小组的有力领导下，学院形成了疫情防控和网络教学"双日报"制度，明确了网络督教、督管、督学保障服务要求，推动了常态日报与数据分析结合的数据库建立，在线教学教研教改项目孵化等具体安排，同时发挥了作为重庆师范大学与重庆市委宣传部部校共建新闻学院的使命与担当，挖细节树典型，弘扬正能量，做好疫情防控与在校教学的双向宣传引导工作。

在此总体布局下，提升教师信息技术教育水平成为新闻与传媒学院的重点工作。在开展的"初心为教，抗疫为学——在线教学技能系列讲座"中，全院教师从腾讯QQ平台授课与教学环节设计思路、超星学习通录播教学与课堂教学管理、雨课堂授课与资源的有效利用到网络教学中实践课程测评方式探索，根据不同技术平台，围绕课前、课中、课后整个教学环节展开了闭环式探讨交流，共同提升了学院教师网络教学水平。

（三）教学改革推陈出新，教学质量实质等效，教学成果收获颇丰

基于管理、布局到执行的稳步推进，新闻与传媒学院呈现了众多的教学改革尝试与创新。该院新媒体系和影视系以在线教学中的问题为导向，以一流专业建设为重心，分别开展"云教研沙龙"，聚焦疫情之下线上教学的实际工作，对多项事宜展开研讨，效果良好。

新媒体系在线上教学过程中，积极改革传统教学形态，以建设"金课"为契机，建立以学生为中心、社会需求为导向、项目制考核形式为载体的"三位一体"课程改革模式，着力打造特色课程。与此同时，学院在校教学督导组实时收集师生反馈并对学生发放调查问卷，教师动态关注学生状态与意见，共同强化了"以生为本"的教学理念与模式。

"停课不停学"不是单纯意义上的网上上课，也不只是学校课程的教学，而是一种广义的学习，是力图实现学生的在线学习与线下课堂教学质量实质等效。而这需要教师和管理者牢固树立以学习成效为中心的教育教学理念，遵循"成效为道，数据为器，交互为体，直播为用"的基本原则，选择优秀的智慧教学资源和工具，精心设计教学内容和交互式环节。学院教师开展的系列"云讲座""云读书""云观片""云创作"创新课堂，为学生带来更丰富的学习体验，并凝聚专业优势，共创了众多佳作。

其中，学院数字媒体艺术专业的师生策划了"众志成城抗疫情、同舟共济互加油"的主题创作与展览，鼓励学生挖掘身边故事，发挥专业特长，以"创"战疫。新媒体系讲师史立成在疫情期间，利用自己的专业技术，制作了两幅CG绘画致敬战斗在疫情一线的医护工作人员。这两幅数字抗疫作品分别参加了由中国社会美育联盟、中央美术学院美术教育研究中心、首都师范大学主办与执行的"止水静行蒿目时艰抗疫艺术作品巡回展"线下展览及由中国电影美术学会、北京国际设计周组委会办公室主办的"战疫情"全球CG艺术主题创作公益活动。数字传媒艺术专业教师刘博雅带领10位同学以"宣传抗

疫小故事、弘扬正能量"为创作导向，在线共同创作数字绘画作品《摘下口罩再拥抱》，并参与重庆卫视的抗击疫情特别节目《爱让我们在一起》的录制，该艺术作品集中表现了抗击疫情中的"90后""00后"基层工作者作为建设祖国的生力军，成长为祖国栋梁的历程，展现了他们应有的责任与担当。

三、融合：探索中的混合式教学

从教学准备、教学实践再到教学成果突显，学院的教师集体也探索出一条关于"在线教育"的创新之路。2020年3月8日，按照学校《关于开展2020年高等教育教学改革研究项目立项工作的通知》的安排和学院推进线上教学工作视频会议的部署，学院发布了《新闻与传媒学院关于防疫期间开展线上教改教研活动的通知》。要求各系把握此次契机，尽可能结合此次线上教学实践，积极开展教研教改申报活动，学院即对本次防疫期间各位老师的新教法新实践进行汇编，并结集出版，这些优秀的教学案例和方法探讨即形成了本书的主要内容，形成了重庆师范大学新闻与传媒学院集体探索"在线教育"的创新实践成果，实现了在线教育与线下课堂教育的融合、教学实践与学理探讨的融合。

本书第一篇章《在线与教学监控》探讨了在线教育的教学监控问题。这一部分基于学生及教师的问卷调查，从学习效果调查与教学效果调查切入，分别对师生交互要素与教学实践展开分析，以期为在线教学质量提升及混合式教学改革带来启迪。第二篇章为《德育与思政在线》，着重探讨美学通识教育与马克思主义新闻观教育的创新，分别从感性实践论、教学体系"五维"创新、线上教学平台运用等角度，探析了"六卓越一拔尖"当中的卓越新闻人才培养德育模式。第三篇章为《金课与课程改革》，主要对混合式在线教学模式展开了探讨，从在线教学实践、教学理念、教学方式等多个角度展开研究，并对新闻摄影、跨媒介写作、影视创作、纪录片创作、新闻史教学、网络视频创作等多课程的教学实践总结出各自的一套经验做法。第四篇章为《平台与教育治理》，对网络与新媒体专业人才培养问题、"包产到户、产评结合"责任制工作室教学模式等进行了理论探讨，梳理出系列利用平台技术实现教育治理的成果。第五篇章为《名师与授课案例》，其中集结了16位教师的优秀案例分享，是众多授课技巧的思想交锋。第六篇章为《技术与在线培训》，主要包括超星学习通、雨课堂、腾讯QQ等技术平台的操作经验分享、录播＋直播、在线测评等技术创新手段的分享。

　　疫情期间的在线教育探索是对教育系统应对重大突发公共卫生事件能力的一次检验，在线教育转型的经验对运用信息化手段推进教育教学改革具有重大意义。为认真落实党的十九届四中全会关于"发挥网络教育和人工智能优势，创新教育和学习方式"的要求，本书的研究成果旨在积极探索新形势下将信息技术全面融入教学过程的路径、方式和方法，深入研究信息技术在传媒类专业教学中的合理应用，注重激发学生学习的主动性、积极性和创造性，充分利用信息化服务学生学习、服务教师改进教学、服务全面提高教育质量，以教育信息化带动实现教育现代化。

杨如安

（重庆师范大学副校长、教授、博士生导师）

目　录 | Contents

平台与教育治理

名师与授课案例

技术与在线培训

在线与教学监控

在线教学活动中的师生交互要素分析
——基于重庆师范大学传媒类专业的学习效果调查

颜春龙　赖黎捷　曾蒸

在线教学的本质是以学生为中心的教师与学生知识信息的分享与互动。学生对教师的期许、对师生互动的需求、对学习效果的认知极大地影响着在线教学质量。抗疫期间，由于教学活动限于线上交流，不能亲身指导与实践，给教师与学生带来了极大挑战。如果缺乏对师生交互要素的理性认知和教学环节的有效设计，将导致在线教学的实际效果大打折扣。鉴于此，本文在对重庆师范大学新闻与传媒学院6个本科专业、3个硕士点的685名学生学习情况进行调查的基础上，对以移动互联网为中介的在线教学活动中的师生交互要素进行分析，以期为在线教学质量提升及混合式教学改革带来启迪。

一、学习者视角的在线学习效果调查

教师与学生是在教学活动中相互作用的两个主体。随着互联网技术的普及，学生在教学活动中的主体地位日益凸显，教师根据学生的需求设计相应的教学方案，能有效改善教学效果。交互是教与学的重点，也是在线教学活动的难点。在线教学模式下，理解交互有多种角度，主要表现为学习者与教师、学习者与学习资源、学习者与学习者之间的双向交流。[1]其中学习者与教师的交互是了解在线教学交互的重要角度，本文以此为视角对抗疫期间在线教学活动进行了初步调查。

本次调查采取问卷调查方式，利用问卷星，于2020年3月4日—3月7日面向新闻与传媒学院大一到大三本科生、研一和研二研究生发放了问卷，共回收有效问卷685份，其中研究生问卷53份，回收率为69.7%（两个年级总人数为72人），本科生回收有效问卷632份，回收率约为60%（三个年级总人数为1 053人）。

本次调查围绕学生对自身在线学习状态的认知、对教师在线教学状态的评价、

1　梁斌.Internet网教学中的交互性探讨［J］.电化教育研究，2000，21（2）：63-65.

对学习效果的评价和建议三个板块设计，分必答项与非必答项。非必答项围绕学生对教师的综合评价，设计为开放式问题，分别为"本学期学院课程中您最喜欢的是哪一门课？哪位老师？为什么？""本学期您最不喜欢哪门在线课程或者哪种在线课程形式？请说明为什么。""您对目前的在线教学有什么建议？"。

685 份问卷中有 13 名研二学生因本学期只有实践课而"没有参加本学期的在线课程"，故排除这 13 份问卷，余下参加线上教学的 672 人回答了所有必答项。非必答项回收了 340 条学生对具体课程和老师的正面评价、302 条意见和 464 条建议，分别占有效回收问卷的 50%、45%、69%，反馈程度较高。

二、在线教学活动调查中呈现的三类师生交互要素

本次调查发现，学生对抗疫期间教师在线教学的整体评价较高，70.7% 的学生总体评价是"非常好"和"比较好"，不到 3% 的人对"教师状态"给予"较差"和"非常差"的评价。通过对自身在线学习状态的认知、对教师在线教学状态的评价、对学习效果的评价和建议的问卷统计与开放式问题的内容分析，我们发现，学生对在线教学的互动性要求贯穿在各个板块，师生交互要素体现为学生对教师、师生互动以及学习效果的期待。

（一）教师期待：个性、态度、素质、技能

本次调查中，在学生对教师教学态度的评价中，有 77.56% 的人选择了"很好"，评价"不好"的人数占比不到 1%。选择"其他"的 6 位学生中，1 位是感谢老师，其余学生表示教师教学态度"参差不齐"，大多数学生直接选择了教师教学态度"很好"，而没有选择"一般"等中间选项，表明学生对老师们的线上教学持高度肯定态度。

问题 8：您认为在线上教学中大部分教师的教学态度如何？［单选题］（调查结果见图 1）

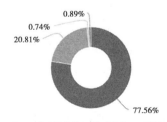

0.89%
0.74%
20.81%
77.56%

■ 很好，工作热情，准备充分　■ 一般，工作比较热情，准备较充分　■ 不好，工作不热情，准备不充分　■ 其他

图 1　学生对教师教学态度的评价

问卷第十问项，即对学生最喜欢的老师的调查采用了非必填项，学生共填写了 340 条，占有效问卷的 50%。

在统计学生对老师最受欢迎理由的关键词中，可以发现：首先，与教学风格和个性有关，如"有趣""幽默""风趣""温柔""生动"等提及率最高，特别是"趣味性"；其次，与教学态度有关，如"准备充分""细致""认真""耐心"等；再次，对教学的专业性和知识呈现的原因也有所体现，如"知识点""资料""深度""启发"等。详细数据如图 2 所示。

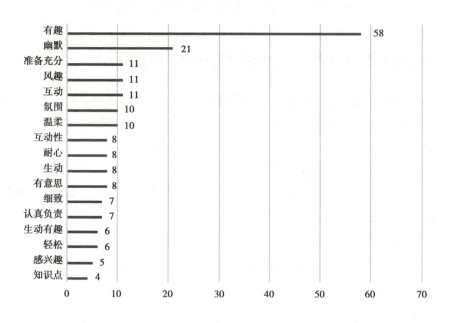

图 2　老师最受学生欢迎的理由统计

特别值得关注的是，学生对师生交互的诉求较为强烈，最受欢迎理由中"互动"被提及了 11 次，"互动性"被提及了 8 次，两项合并为 19 次，仅次于提及"有趣""幽默"的次数。

在对问卷进行全样本深入分析时，我们发现，就本科同学尤其是本科低年级的同学而言，会不经意出现理性和感性的矛盾：一是最喜欢的课程的授课老师与最喜欢的老师不一致，二是回答原因以"可爱""温柔""有趣""热情"等感性观感居多，而对学习的理性认知极少。对专业知识点提及较多的则是研究生。受欢迎程度排名前十的老师当中，最受欢迎的理由中针对授课老师自身的形象气质和亲和力的占比最大，甚至有同学直接回答"没有理由，就是喜欢"。上述发现提示，教师的外在形象和个性是吸引学生注意力的一个要素，而感性倾向的呈现或许与即时在线的传播特性、社交媒体的视觉传播倾向、虚拟空间的准社会交往特质相关。鉴于低年级学生参与问卷调查的占比较大、评价趋感性而对专业性思考性要求很低等发现，提示我们应强化低年级学生的专业认知教育，在线教学的专业性仍有较大提升空间。

综合素质是学生对教师期待中的另一个重要因素。在排名前十的教师中，学生更喜欢评价感性和理性结合较好的教师，如喜欢"网络动画编创"的教师的理由是"以其他视频作为预习，详细讲解我们没看懂的部分"；喜欢"三维动画"的教师的理由是"有'干货'不拖沓、目标清楚、任务系统""无法转移视线""前期有调查表，开课后有签到，有录播课程，有作业，有讨论"；喜欢"后期合成"的教师的理由为"有问必答、课前准备充分，教学模式灵活有趣，且十分人性化"；喜欢"程序设计基础与入门"的教师的理由是"有计划有节奏，提前录好视频，知识点清晰，课后可以复习"；喜欢部分理论课的老师则因为其"有深度有思考、与热门问题相结合、会引导学生思考讨论交流"。网络技术较好即在线课程的熟练操作也成为部分老师受欢迎的理由。

通过对最喜欢的教师的全样本内容进一步分析，我们发现，教学技能、专业性等也是吸引学生的重要因素，如"专业、代入感强""条理清晰、导学非常好""讲题分析和巩固复习多""课程内容丰富、清晰""理性，知识点易懂""检验课堂效果的方式独特有效""学习任务清晰，与学生互动很自然""资料完备，有意思的案例很多，上课形式适应网课"等。

（二）互动期待：自主学习、互动设计、作业布置

本次调查中，通过对"学生对在线学习的直观感受""学生对目前线上教学与传统教学模式的优劣势比较""学生对线上教学的问题反馈""学生对线上教学的建议"几大板块的综合分析，我们发现，学生强烈期待开展线下教学，对"互动"的期待中，尤为突出的要素包括自主学习、互动设计、作业布置。

对在线学习的直观感受的调查中，大部分学生对目前的在线课程直观感受良好，其中"手段多样、形式有趣""喜欢自主学习""师生相得益彰"占比最多，分别为46.51%、46.21%、45.47%，"手段多样、形式有趣"呼应了前述学生对教师个性风格和综合素养的期待，"师生相得益彰"则验证了在线教学中师生交互对学习者的重要性，"喜欢自主学习"则反映了学生对互动期待中学习者主体的偏好与期许，这提示我们在强化师生交互时应充分尊重学生的主体性，给予学生充分的自主学习空间。学生对线上感受的统计详见表1。

问题9：您对目前参与的线上课程感受是什么？［多选题］

表1　学生对线上课程的感受

选项	小计	比例
师生相得益彰	306	45.47%
喜欢自主学习	311	46.21%
手段多样、形式有趣	313	46.51%
不如线下自律	239	35.51%
老师发挥不如线下课堂	90	13.37%
提不起兴趣	81	12.04%
担心学习效果	284	42.2%
其他	16	2.38%
本题有效填写人次	672	

对"学生对目前线上教学与传统教学模式的优劣势比较"的调查统计显示，学生对在线教学中自主学习、互动性的认知较为突出，"学习场所灵活性高""可以自由安排学习时间""线上交流不尴尬"分别占84.7%、73.55%、49.93%，排前三位，凸显学习者的主体意识。对在线教学互动性及互动形式的认知也提示我们，互动设计也是在线教学的一个重要交互要素："可以积极参加线下互动"占28.97%。详细统计见表2。

问题6：相比于传统教学模式，您认为自己目前参与的"线上教学"优势是什么？［多选题］

表2　学生对目前线上教学与传统教学模式优劣势比较

选项	小计	比例
可以自由安排学习时间	495	73.55%
学习场所灵活性高	570	84.7%
可以积极参加线下互动	195	28.97%
趣味性更强	226	33.58%
线上交流不尴尬	336	49.93%
其他	36	5.35%
本题有效填写人次	672	

对在线教学不足的调查统计呼应了上述分析中学习者对互动设计要素的期待，排除硬件设施、操作技术等因素外，"与同学、教师之间互动性不足"占29.27%，为问卷呈现出的唯一首要因素。详见表3。

问题7：您认为自己目前参与的线上教学不足有哪些？〔多选题〕

表3　学生认为线上教学不足的原因

选项	小计	比例
网络卡顿，影响学习兴趣	441	65.53%
教师准备不足，软件操作有误	126	18.72%
与同学、教师之间互动性不足	197	29.27%
通过电子产品无法集中精力学习	332	49.33%
其他	81	12.04%
本题有效填写人次	672	

从问卷第11题"本学期您最不喜欢哪门在线课程或者哪种在线课程形式？请说明为什么"的数据和文本整理中获得218条信息。在对教学方式不满意相关的127条信息反馈中，对互动设计的要素尤为突出，其中让学生"自己看视频网课"的相关意见有21条，约占17%，学生认为连麦回答问题"不方便""尴尬""耽误时间"的相关意见有21条，也约占17%，其他意见相对比较分散。上述意见均指向互动环节的缺失、互动方式不恰当等。详见图3。

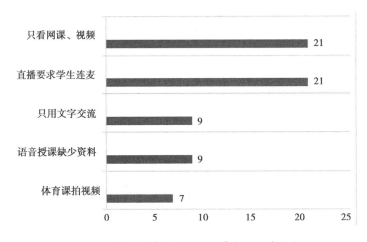

图3　学生对线上教学意见反馈统计

对线上教学不满意见的热词词频图也一定程度印证了学生对互动的强烈期许，特别是对被动学习的"看视频""看网课"以及缺乏教师引导的纯平台模式的反感尤为突出（图4）。

图 4　线上教学不满意见的热词词频图

在对学生对线上教学的建议的统计中，作业布置成为师生交互中的另一个重要断面。对在线教学的建议中，去除答"无"和无效词，共有 464 条建议。从情感来说，"挺好""早点开学"和为老师们"加油"的表达最强烈。从关键词分析来看，学生对于作业过多、教学平台急需统一的建议较为突出：关于平台、开学、作业等词出现频率最高，其中软件、平台、App 共出现 78 次，近 80% 表达了希望使用统一教学平台的愿望，与"尽快开学"愿望相关的词出现了 60 余次，表示作业量大的词出现了 60 余次。"尽快开学"的愿望在一定程度上与学习者对与教师、其他学习者之间的互动期待相关。对作业量的愿望则体现了在线教学活动中互动量的设计不应超过一定程度，作业布置要素体现的是教师对学生的任务下达，在传受关系上表现为教师主导，学生被动接受。

关于学生建议的热词词频见图 5。

图 5　学生建议的热词词频图

（三）学习效果期待：自我评价、专业、知识点、效率

本次调查中，在学生对教师教学态度和自我学习状态认知整体持高度肯定态度的基础上，也表现出了对自我学习效果的担忧与焦虑。

对在线学习的注意力和学习效果自评板块的调查显示，学生对线上学习的注意力自评结果较好，在对自我知识掌握程度的认知方面，认为"可以完全掌握"的学生占 10.58%，在对自我学习状态的认知方面，"十分认真"的学生占 22.44%，"偶尔会走神"的占 63.15%，两项合并占 85.59%。"可以掌握大部分"的学生占 72.51%，两项合并占 83.09%。详情如图 6 和图 7 所示。

问题 4：线上教学过程中您是否可以更好地集中精力听讲？

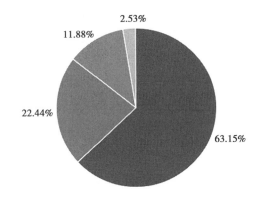

图 6　学生对线上学习注意力的自评

问题 5：您对所学内容的掌握程度为？

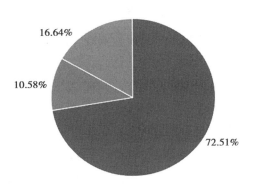

图 7　学生对自我知识掌握程度的认知

在对第9题"您对目前参与的线上课程感受是？［多选题］"调查的统计中，"担心学习效果"的学生占42.2%，高居第四位，表明学生对抗疫期间在线教学的学习效果较为焦虑。这一调查结果与上文自我评价高、教师教学态度整体评价高存在一定的矛盾，进一步分析可能与四方面因素有关：其一是疫情扩散及持续时间较长带来的整体心理焦虑，其二是抗疫期间在线教学组织存在学习平台不统一、学习工具不完备等应激因素，其三与在线教学整体上与线下教学相比，其即时互动、全感官互动交流存在弱势有关，其四则与在线教学其他各项表现出的学习者对教学过程带来的专业获得感、知识点、效率、计划、节奏等要素有关。

在统计学生对老师最受欢迎理由的关键词中，学生对专业性的思考有所呈现，如"知识点""资料""深度""启发"等。在对最喜欢的教师的全样本内容分析中，"知识点""专业""效率"等关键词出现频率较高，反映了学生对学习效果的期待。

知识点是学习效果期待中最重要的一个师生交互要素，如"完全是知识点""某某老师博学优雅，懂得很多，上课耐心又温柔，讲的知识点也很细，超级喜欢某某老师""财经新闻报道课的某某老师，教学内容涉及经济等感兴趣的知识点""程序设计基础及入门的某某老师，他提前录好视频，知识点清晰，还可以倍速播放""某某老师教的传播学，老师讲得很好，课堂也有趣，虽然严格但是也能约束自己更好地吸收知识"。对知识点的渴望还表现在对不喜欢的课程和老师的调查中，如"学生主宰课堂流程，讨论时间太长，知识点少""观看视频，知识点不易找出""直播、在线语音视频形式会因为网络延迟卡顿，有时候会错过重要内容，而且不能回顾知识点""明确授课平台，了解流程；上课不要只由学生提供案例，学生不了解知识点却要在案例中体现知识点"。

专业性是学习效果期待中的另一个重要的师生交互要素。学生喜欢教师的理由明确表达了对专业知识的渴望，如"我最喜欢新闻采访写作的某某老师，因为短短两节课我就能学习到许多专业知识，让我有很强烈的收获感""影视配音与解说的某某老师，幽默、可爱、专业"等。

效率也是一个重要的师生交互要素，这一期待突出地表现在对不喜欢的教师和课程的问卷中，如"效率低，老师也很辛苦""刷网课，没有任课老师指导""不自觉、实操性不强、没有实践学习、效率低""提升传递知识效率，少做形式主义""建议老师可以提高课堂效率，减少形式上的内容设计""群里发文字的效率低，无趣""别整那么多花里胡哨的形式主义作业，既不自愿又没效率"等。

三、基于师生交互需求的在线教学策略

尽管本次调查处于抗击疫情期间，有一定的特殊性，但对三类师生交互要素的梳理和发现也给在线教学乃至线下与线上混合式教学改革带来了诸多思考。针对上述三类问题；我们认为，基于学习者视野中的师生交互需求，在线教学可以从关系塑造、主体激发、在线临场感营造三个方面进一步改善教学设计。

（一）关系塑造——形象、专业兼备的引领者

在线教学属于一种远程教育方式，教师与学习者的分离是其典型特征，特别是师生不能自由地面对面交流是最大的交流障碍，如何在以互联网为中介的教与学中建立良好关系是改善在线教学质量的第一步。

在线教学实质上也是人与人之间的交互。本次调查中学习者对教师的个性、态度、素质、技能的诉求表明，教师在教学活动中的引领作用极为重要，除了应注意自身形象，如授课声音、形象塑造等外观形象的设计外，还应注重内在修为、专业素养以及个性的涵养与塑造。教师引领者形象的塑造还应体现在对整个教学内容设计、知识点梳理、学习任务的布置与反馈等环节中。由于在线学习者分散，学习自主性较弱，教师的引领者定位能在一定程度上克服这些弱点。

（二）主体激发——双向传递，以学生为主体的学习共同体

在线教学中，学习者的自我感和主体意识较强，网络等学习工具的便捷性也使学生在教学活动中的地位发生很大变化。教师与学生的教与学的关系在整个过程中并非一成不变，更多的网络场景下，师生关系转换，教师根据学生的实际学习需求调整教学设计，从教学的控制者转为学生学习的咨询师与陪伴者显得更加重要。"学习者中心"作为与"内容/流程中心"相竞争的取向，尤为在线教学所倡导，并被认为是在线教学的一大优势。[1]

在本次调查中，学生对过多作业布置的抵抗，对多元化、生动、有趣教学环节的设计的肯定和期待，尤其是对参与式教学活动有较高期待，这些都表明了学习者对其主体性的明确诉求。教师在知识导入、重难点知识点的讲解、讨论与回顾中兼顾学生的兴趣偏好、代际特征，将教学活动视为以学生为主体的双向传递、互动分享的信息沟通，能够进一步激发学生主体意识，获得归属感。打造教师与学生协同共建的学习共同体，是回应学生互动期待的一个思路。

1 裴新宁.共建学习者中心的教学［N］.中国教师报，2020-3-11：12.

（三）在线临场感营造——消解学习效果焦虑

此次调查中，学生对学习效果的关注既受疫情期间特殊因素的影响，也受在线教学一般规律的影响。关于学习效果担忧的原因分析，上文提及的前两个因素与疫情特殊影响相关，后两个因素则源自在线教学的传播特性和教学特点，即不能亲身传播、即时互动的媒介区隔和在线教学容量与效率的矛盾。

针对媒介因素影响，在线现场感营造可以作为消解学习效果焦虑的一个思路。在线学习中，学习者的焦虑感主要源自学习者与教师、学习者之间的准分离状态。学习者之间的交流合作能增强同伴间的认同感、归属感，克服被孤立的焦虑。在线临场感营造的核心在于塑造学习者的在线存在关系，塑造学习者与教师、其他学习者之间的共在感，增强学习者的在线临场感，从而促进学习者与其他主体在认知、情感、行为方面的相互作用，提升学习效果。在线临场感可以减轻网络学习过程中学习者的焦虑感和孤独感，促进学习者的深层次学习，如何增强学习者在线临场感是提高在线教学质量的关键问题。[1]具体而言，教师可以在创设良好氛围上，在知识导引、作业反馈、案例讲解与讨论等环节中对学生予以持续关注和适时反馈上，在设置灵活的讨论和学生协同合作、交流互动环节等方面强化课程交互策略。

---

1 吴祥恩 .TSELC 在线临场感理论框架构建及应用研究［D］.长春：东北师范大学，2018：1.

教师线上教学实践与分析
——基于重庆师范大学传媒类专业的教学效果调查

颜春龙　刘远军　程俊霖　毛丽娜

疫情防控期间，全国各大高校在"停课不停学"[1]的背景下对线上教学进行了全面的实践与探索。为深入了解此期间线上教学的情况，密切关注教师教学效果，帮助教师优化教学方式与方法，提升教学质量，重庆师范大学新闻与传媒学院面向开展线上教学的全院教师开展了线上教学问卷调查。本次调查的时间为 2020 年 3 月 14 日至 15 日，共收到教师有效问卷 41 份，全院教师参与率为82%。结合调查结果，我们对学院教师的线上教学整体情况、教学优势、质量保证以及意见与建议进行了逐一分析与探讨，以期进一步完善线上教学模式，实现对线上教学的可持续性开展。

一、教师线上教学整体情况

（一）教师年龄分布以中青年为主

与线下教学相比，线上教学对教师提出了新要求，主要体现在熟练使用线上教学平台、有效整合网络资源等新技能的获得上。中青年年龄段的教师，在规避"技术恐惧症"和增强"网络适应性"上，具有相对优势，更易以一种开放的心态来接收、钻研新事物，掌握新技术，从而更好地胜任线上教学工作。从参与调查的教师年龄分布来看，以 36 ~ 45 岁的教师居多，占 63%，年龄两端的 46 ~ 55 岁和 35 岁及以下的教师，分别占 22% 和 15% 左右，年龄在 55 岁以上的没有。调查结果显示，新闻与传媒学院的教师除了具有专业方向上的媒介优势外，年龄优势也较为明显，为线上教学的开展提供了良好的师资储备。

问题 2：参与调查教师年龄分布。（图 1）

1　教育部 . 教育部应对新型冠状病毒感染肺炎疫情工作领导小组办公室关于在疫情防控期间做好普通高等学校在线教学组织与管理工作的指导意见［EB/OL］.（2020-02-04）.

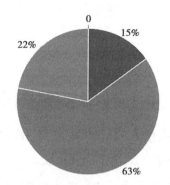

图 1　参与调查教师的年龄分布

■35岁及以下　■36~45岁　■46~55岁　■55岁以上

（二）硬件与网络基本满足线上教学要求

良好的硬件和畅通的网络是线上教学的必要条件，是"线上"二字的技术支撑，如果此类客观条件得不到满足，则教师的主观教学效果难以有效实现。调查显示，在关于硬件和网络条件能否满足网络教学的问题中，36%的教师认为完全满足，44%的教师认为基本满足，这表明有80%的任课教师克服了疫情期间的种种不利条件，在硬件和网络条件上达到了线上教学的基本要求，为线上教学的顺利开展提供了先行保障。然而依然有10%的教师不太具备现有的教学基本条件，主要体现在"没有摄像头、数位板、智能数显笔""电脑陈旧，反应较慢，如果运行两个以上程序就非常卡顿""摄像头老旧，话筒不好"等方面，这提示不同的课程对硬件和网络的需求（尤其是对硬件的需求）可能存在差异。个别课程如果涉及频繁的图像、视频后期处理，势必对硬件有更高的要求，这也体现出传媒类学科对线上教学硬件要求的多样性和严苛性。

问题 3：我的硬件条件和网络条件是否能满足网络教学需要？（图 2）

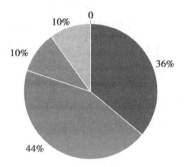

■完全满足　■基本满足　■一般　不太满足　■完全不满足

图 2　教师的硬件条件和网络条件能满足网络教学需要的程度

（三）线上教学得到了教师的广泛支持

经过较大规模、较长时间的线上教学实践后，学院多数教师对线上教学由最初的不熟悉、不积极转变为现在的驾轻就熟、热心探索，由最初的怀疑与观望转变为现在的认可与肯定。学院多数教师表现出了极大的线上授课热情，授课中也逐步探索出适合自身的线上教学模式，其中，68%的教师表示疫情结束后，将"继续建设线上教学资源，进行混合式教学"，无论复学与否，都在稳步建设线上教学资源，以期实现线上教学的可持续性运用。然而，也有32%的教师表示，更愿意回归传统的课堂教学模式。经进一步访谈，此部分教师认为线上课程效果不如面授课程的主要原因在于课程的性质不太适合长时间线上教学，尤其是实操实践类课程，这提示在对线上、线下教学模式进行选择时，课程性质是一个不可忽略的因素。不同的课程性质只有选择与之匹配的教学模式，才能给予教师更大的教学施展空间。

问题 21：待疫情结束后，转为课堂集中授课，您准备？（图 3）

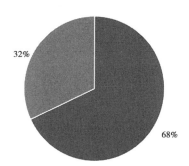

图 3　疫情结束后教师的线上授课意愿

二、教师线上教学的优势分析

（一）互动交流畅通

无论是何种模式的教学，师生交流互动都是必不可少的教学环节。线下教学模式中，该环节主要穿插于课堂教学中，以及少量的课后交流中。课堂上，由于时间有限，教师一般只能采取简单问题集体回答、复杂问题个别抽问的方式进行，教师在课堂上既无法安排充裕的时间与学生进行深入交流，也无法与更多的学生进行广泛交流。而在课后，教师与学生想要继续交流，则需双方在时间和空间上协调统一。另外，部分学生由于性格特点，不习惯与教师进行面对面的单独交流，一旦错过了课堂交流时机，只好作罢。这些都是线下教学模式在互动交流上存在的困境。

而线上教学与传统教学相比，师生之间可以借助各种社交媒体进行交流，在互动交流上具有一定优势，主要体现在以下三方面：第一，此类交流依托于网络，因此可以不受时空限制，随时随地灵活安排；第二，学生作为各类社交媒体的长期使用群体，对以此类方式进行交流可谓驾轻就熟，无形中提高了学生与教师进行互动交流的积极性；第三，此类交流方式中，师生处于不同时空，从而避免了部分学生不习惯与教师面对面交流的心理障碍。调查显示，在与学生的交流中，100%参与调查的教师都通过 QQ 群与学生建立联系，15% 的教师使用微信群与学生进行即时交流。另外，有 25% 的教师选择使用邮件进行正式沟通、交流重要资料等。线上教学授课期间，学院教师基本都能充分运用社交媒体开展有效教学，师生间沟通渠道畅通、沟通方式多元化，能满足答疑解惑和互动交流的需要。

问题 4：我主要通过这些方式与学生联系沟通。（图 4）

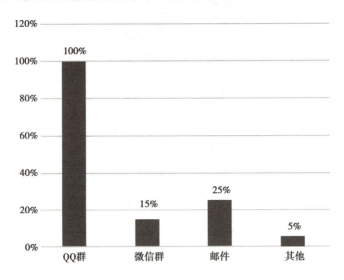

图 4　师生联系沟通的方式

（二）平台选择多样

随着中国教育信息化建设的开展[1]，各种线上教学平台相继出现，以往的传统社交软件也相应增添了线上教学模块，以适应教师们在家进行远程教学的需

1　教育部.教育部关于印发《教育信息化十年发展规划（2011—2020 年）》的通知［EB/OL］.（2012-03-13）.

要。对于专门为线上教学而开发的平台，其在教学活动的各个环节，比如课前预习、签到、课堂提问、课后复习、布置作业、成绩考核等方面充分借鉴了传统线下教学的经验，各项设置均较周全；而对于在传统社交软件基础上衍生而来的平台，虽然教学环节的设置不如前者全面，但由于其拥有巨大的用户群和长期的使用基础，不论对于教师还是对于学生来说，简单易用就是其最大的优势。可见对不同平台的选择，既与该平台的功能是否全面、好用有关，也与教师自身长期以来的软件使用偏好和习惯有关。调查中，"上课时间开展网络教学时使用的平台"项目显示，排在前 5 位的网络教学平台依次是腾讯 QQ、腾讯课堂、中国大学 MOOC、腾讯会议、超星慕课。有 24% 的老师在教学中使用 1 个平台，有 76% 的教师在教学中用到了 2 ~ 3 个平台。有 98% 的教师表示对网络教学平台能够熟练掌握，能够适应网络教学。三组数据显示，学院教师在教学中选用的平台多样，大部分教师选用多个教学平台进行教学和探讨，努力寻求最优的平台组合以期达到最佳教学效果。

结合上述数据以及进一步的深度访谈表明，学院在线上教学预案中组建的技术保障组发挥了重要作用，保障组成员使用平台的多元性以及技术服务上门的主动性，充分保障了教师在平台选择上的自由性。访谈还显示，平台之间的优劣比较已经成为我院教师广泛讨论的话题，平台技术的进一步交流与进一步培训成为教师目前线上教学的广泛需求。

问题 5：我上课期间开展网络教学时使用的平台是什么？（图 5）

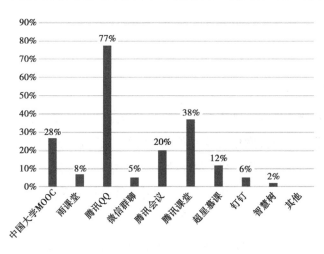

图 5　网络教学使用的平台

问题 7：我在网络教学过程中一般需要用到的教学平台数是多少？（图 6）

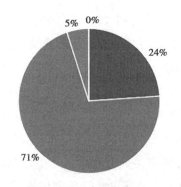

图 6 网络教学使用的平台数

问题 8：我对所选网络教学平台的使用程度。（图 7）

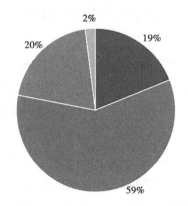

图 7 教师对所选网络教学平台的使用程度

（三）教学方式多元

各类线上教学软件为教师提供了一个在虚拟空间开展教学活动的平台，而能否利用好这个平台，充分发掘各软件独特的优势，让线上教学实现与传统教学模式相当甚至更好的教学效果，则要靠教师在实践中积极探索。调查显示，学院教师在线上教学中探索出了多元教学方式。其中，教师最多采用的是直播教学方式，使用率达到了 83%，其次是线上研讨教学（39%）、SPOC 教学（34%）、学生自主学习（29%）、录播教学（24%），其他选项中有 1 位教师选择音频教学。在具体教学实践中，有 68% 的学院教师会两种教学方式混合使用，使用三种以上方式的教师也占到了22%，而使用单一教学方式的教师较少，仅占10%。通过进一步分析可发现，教师更愿意采用实时讲授和交互式教学方式。

近三周统计的线上教学数据显示，学院教师主要采用以直播教学为主、其他教学为辅的教学模式，这一方面说明学院教师已完成从单一教学模式向多样化教学模式的转变，教学模式日益多样化，但另一方面也提示，由以"教"为主向重"学"为主的教学模式发展任重道远。今后线上教学尤其应当鼓励教师加大混合式教学的力度，实现"填鸭式"课堂教学向"自主性学习""研究型学习"等模式转变。

问题9：我在在线网络教学中所使用的教学方式是什么？（多选）（图8）

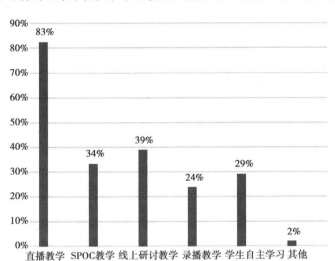

图8　教师对在线网络教学方式的选择

（四）教学资源丰富

线上教学依托于网络平台，而各种教学资源（包括PPT课件、图片、动画、音频、视频、MOOC等）最主要的传播与获取途径均为网络，因此不论是在资源获取的便利性还是资源种类的多样性方面，线上教学都有着传统线下教学难以比拟的优势。线上授课期间，学院教师充分利用了各种类型、多种形式的教学资源，为线上教学效果提供了强有力的保障。调查显示，100%的教师使用了PPT等自制课程资源，63%的教师使用了自制音频、视频等辅助教学资源，51%的教师使用了外校的MOOC资源。以上结果表明，学院教师能够充分利用传媒专业优势自制教学资源并运用于教学。其中，部分教师还制作了一定数量的微课，还有部分教师利用外校 MOOC 资源开展了一定数量的 SPOC 教学，更有部分教师表现出了打造精品线上开放课程的意愿和能力。以 MOOC 标准继续开发和建设精品线上开放教学资源，进一步提高学生线上教学下的学习动力将是下一步教学组织和管理前进的方向。

问题 10：我在在线网络教学所使用的教学方式是什么？（图 9）

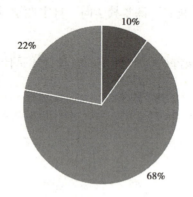

■单一教学方式　■两种方式混合　■三种及以上方式混合

图 9　教师在线网络教学使用的教学方式

问题 19：我在网络教学时使用的授课资源主要有什么？（多选）（图 10）

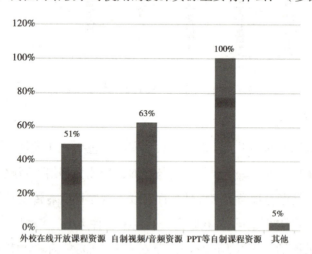

图 10　教师网络教学时使用的授课资源

三、教师线上教学的质量保证

（一）线上教学不降质量不减要求

线上教学与线下教学相比，在教学计划、内容、进度、方法等各环节均有所调整，教师在适应以上调整的同时，自身教学质量和教学要求是否也会作出相应调整以及调整是否得当，与教师的教学质量意识密切相关。由于线上教学远程虚拟操作的特性，师生之间无法面对面地直接交流，教学效果也无法及时反馈至教师，这既增加了教的难度，也增加了学的难度。在这样的特殊背景下，如果质量意识不坚定，师生双方都会产生松懈感，教师降低教的质量，学生也降低学的要求，这势必影响最终的教学效果，教学目的也难以达成，这显然不是线上教学的初衷。

调查显示，线上教学过程中，学院教师对学生的教学要求与线下教学相比，有 34% 的教师表示同等，有 37% 的教师表示略高于线下，有 7% 的教师表示高很多。可见在教育部"停课不停学"精神的号召下，学院教师们保持了清醒的教学意识，即抗疫期间的教学，改变的只是教学模式或教学平台，不变的是教学质量与教学要求。教师们在特殊时期开展教学仍然坚持了高标准、严要求的责任心，力求同质等效，并没有因为教学平台或者教学模式的改变而放松对学生的要求。

问题 12：我在网络教学过程中对学生的教学要求与线下教育相比？（图 11）

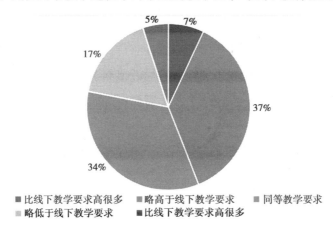

■ 比线下教学要求高很多　■ 略高于线下教学要求　■ 同等教学要求
■ 略低于线下教学要求　■ 比线下教学要求高很多

图 11　教师网络教学过程中对学生的教学要求与线下教育的比较

（二）线上教学效果被广泛重视

线上教学改变的不仅仅是教师教的方式，也改变了学生学的方式。教师要改变传统线下教学方式的束缚，用适应于线上教学的方式开展教学活动，比如教师要习惯用直播软件进行线上授课、用社交软件与学生进行远程沟通；学生也要专心使用各种线上平台、社交软件的学习模块，抵制其他娱乐模块带来的对学习的负面影响[1]。由此可见，线上教学的教学效果是否令人满意，需要师生双方共同努力。

调查显示，5%的教师认为目前的线上教学效果超过线下教学，41%的老师认为两种教学方式效果"差不多"，44%的教师认为线上教学效果不如线下教学，10%的教师甚至认为线上教学效果远不如线下教学。在针对线上教学效果不如线下教学的原因调查中，"课程实践环节要求高，有些活动必须线下完成才行""学生的神态和动作反馈是调整教学内容的重要依据""不知道学生状态，具体把握知识点的程度是未知的"为主要原因。以上数据表明大多数教师更熟悉传统教学模式，对线上教学还处在熟悉和摸索阶段。如何利用好线上教学平台的各功能模块来替代线下教学的各环节，正是教师们需要继续摸索和研究的。比如上述对学生神态和动作的反馈问题，线上教学并非无法解决，因为"钉钉""腾讯"等软件均有"在线视频会议"的功能模块，可以解决线上教学时教师无法观察到学生状态的问题。

另外，有66%的教师认为学生网络学习动力一般，认为比课堂学习动力更好和较好的只占22%，说明学生学习自觉性有待提高，目前还处于适应网络教学阶段。学生如何摆脱网络的娱乐属性，转而习惯其学习属性，需要一个适应期。因此，教师广泛认为，下一阶段线上教学需要更好地调动学生更强的学习动力和学习积极性。

问题13：我认为网络教学的效果与线下教学效果相比？（图12）

---

1 梁燕玲，张广金，陆卓林.大学生手机依赖心理机制研究在大学课堂管理中的应用［J］.心理月刊，2020，15（13）：10-11.

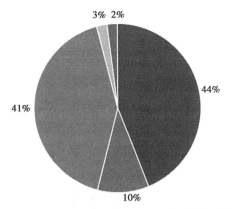

■不如线下效果 ■远不如线下效果 ■差不多 超过线下效果 ■远超线下效果

图 12 教师对网络教学的效果与线下教学效果的比较

问题 16：学生在学习动力上，我觉得网络学习比课堂学习？（图 13）

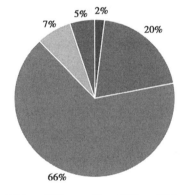

■更好 ■较好 ■一般 较差 ■更差

图 13 教师对学生网络学习与课堂学习的学习动力的比较

（三）教学关键环节有新要求

1. 备课环节——老课程，新备课

线上教学出于对学生用眼卫生的考虑，一般课时都有所缩减，这就要求教师对教学内容的分配、重难点的把握有精准的认识和把控；同时为了避免学生因长时间面对手机或电脑上课而引起的注意力分散，教师必须对教学内容、教学方式、教学资源进行精心准备和适当调整，从而保证线上教学能全程吸引学生注意力。

以上均增加了教师的备课量和难度。调查结果显示，63%的教师反映网络教学备课压力超过线下教学，其原因主要集中在"线上教学学术性风险更大""教学设计需要和网络功能匹配""线下带课件去机房就行，线上要准备各种东西，还要反复测试，耗时较长""资源占有更多"。这表明网络教学负担重、要求高，对授课教师提出了更大的挑战。为了保证线上教学的质量与效果，即使是线下长期开展的老课程，教师也必须像对待新课程那样认真备课。

问题11：我认为网络教学的备课要求与线下教学备课要求相比？（图14）

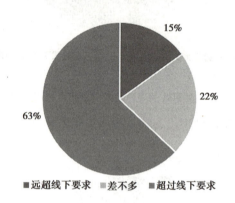

图14 教师对网络与线下教学两者备课要求的比较

2.互动环节——课后与课中同样重要

调查显示，54%的教师反映与学生具有较好的互动。"我开展网络教学答疑互动的方式"的问项回收显示，课堂实时互动讨论占据了大多数，说明在课堂上师生互动频繁，交流到位。另外，还有部分老师利用集中定时辅导、邮件回复答疑等方式与学生进行交流互动。美中不足的是，在线上教学固定时间外，可能限于互动的压力过大，师生的交流整体上不多。这与学院前期对学生学习效果调研所反馈的课堂交流和作业批改方面存在的问题呈现明显的相关性。为了让互动环节在课中和课后同样有效进行，可从以下三方面着手解决：第一，加强以各系为重心的教研活动，探讨线上教学课中、课后互动环节的优化实施问题；第二，探索各种机制鼓励任课教师增加翻转课堂的力度，增加课堂外对学生的辅导；第三，培养优秀的线上教学学生助手，缓解教师线上答疑压力。

问题15：我认为学生参与互动的情况？（图15）

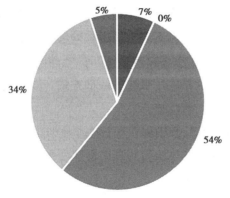

图 15　教师对学生参与互动情况的评价

问题 14：我开展网络教学答疑互动的方式是？（图 16）

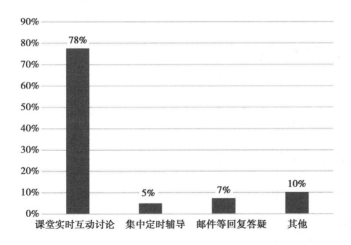

图 16　教师开展网络教学答疑互动的方式

3.考核环节——充分利用平台优势开展过程性考核

无论对于线下教学还是对于线上教学，过程性考核都是督促学生学习、保证教学质量的有效手段[1]。线下教学的过程性考核多采用考勤、作业、随堂测验等方式进行，其中作业、随堂测验等方式如果频率太低、量太少，则无法对学生形成科学、合理的评价；而如果频率太高、量太大，又会给教师带来较大的工作压力。至于互动答疑、学术交流等考核方式，在线下教学过程中受限于时空因素，更是难以有效施行。线上教学则提供了很好的解决途径。线上教学的过程性考核不仅涵盖了前述线下教学的各方面，同时其评定方式是由计算机及网络后台数据

1　孔昊，贾桂霞.谈过程性考核的实施［J］.才智，2020（8）：46-47.

进行自动统计处理，既能减轻教师的工作量，又能保证学生的考核数据具有统计学意义。调查结果显示，线上教学中，所有教师均采用了小测验、作业、答疑互动等环节作为网络教学过程性考核依据。78%的教师采用作业形式，76%的教师采用答疑互动的形式，这是运用最多的两种方式。以上数据进一步验证了网络教学在过程性考核方面的天然优势。

问题17：我在网络教学过程中是否及时通过小测验、作业、答疑互动等环节检测学生知识掌握情况，并作为过程性考核评价依据。（多选）（图17）

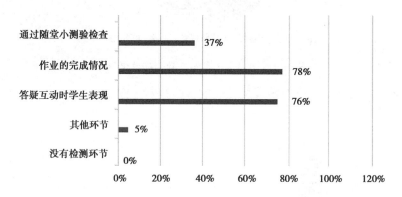

图 17　教师网络教学检测环节的使用情况

四、教师对线上教学的意见与建议

线上教学虽然体现出了诸多线下教学无法比拟的优势，然而教师们在大量实践过程中也发现了一些有待解决和优化的问题，包括客观和主观两个方面。

问题18：我在网络教学时遇到的问题主要有？（多选）（图18）

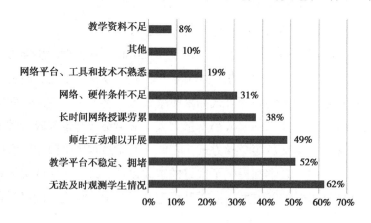

图 18　教师网络教学中遇到的问题

问题 20: 你认为目前最需要学院提供的支持和帮助是什么?（多选）（图 19）

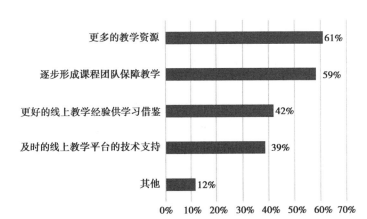

图 19　教师想要学院提供的支持和帮助

客观方面，62% 的教师表示线上教学过程中无法获得后台数据，面临"无法及时观测学生情况"的困难；52% 的教师反映学校提供的超星等"教学平台不稳定、拥堵"；38% 的教师反映"长时间网络授课劳累"，31% 的老师提出"网络、硬件条件不足"，19% 的教师表示"对网络平台、工具和技术不熟悉"。以上问题在常规线上教学期间可能影响不大，但在抗疫期间如此集中且大规模的线上教学活动中，客观条件无法满足教学需求的矛盾则日益凸显。

主观方面，61% 的教师希望有"更多的教学资源"；59% 的老师希望"逐步形成课程团队保障教学"；40% 左右的老师希望得到"及时的线上教学平台的技术支持"和"更好的线上教学经验供学习借鉴"。虽然是希望与建议，但也从侧面反映出教师们对线上教学的认可和进行可持续性开展的意愿。

"停课不停学"期间基于网络平台的传媒艺术类课程教学新探索

——以"广告宣传片创作"课程为例

贺子宸

　　"停课不停学"的主要要求就是学生在家学习。为此，教师需要调整固有的教学方式，对学习内容进行精心编排，并通过网络、通信等途径与家长和学生保持联系，远程指导学生充分利用网络平台和数字化资源开展自主学习。紧急通知一下达，停课马上实现，但如何不停学，就成了老师们的新课题。

　　网络教学平台并非新鲜事物，随着信息技术及网络技术的快速发展，多种行之有效的教学平台和教学方法早已被开发出来，并纷纷开始投入教学实践。其中，雨课堂网络教学平台早已广为人知：此平台基于建构主义的教育理念，具有功能全面强大和界面直观实用等特点，在网络教学中具有重要地位。此外，很多学校使用了"超星"网络平台，这是一个非常专业的以"互联网＋教育"方式构建的平台，具有教育沟通平台、学生成长记录和网络学习空间等多方面的应用。上述平台以及处于课改前沿的微课教学，均适用于停课期间的网络教学，均能体现"停课不停学"的指导思想。但稍有遗憾的是，此类教学平台对技术要求较高，且只有能安装和使用这些平台的师生才能使用。在这种大背景下，笔者尝试将易操作的在线教学平台与常用的社交网络平台结合起来，真正实现远程指导学生在家学习，达到"停课不停学"的目标。

一、创新教学的实践过程

（一）QQ 群课堂平台介绍

　　QQ 是一款非常常用的软件，当初选择在 QQ 群进行教学，很大原因是不少学生放寒假回家的时候并没有带电脑，只能用手机上课。但是手机内存不够大，不能再安装超星、雨课堂等其他线上学习的 App，而 QQ 是所有同学手机中都已经安装了的软件，使用起来不占内存，易操作，覆盖面广，更为方便，所以在和同学们商量后，选择了 QQ 群课堂作为授课平台。QQ 群课堂功能丰富且完整，可以进行直播，直播时教师与学生可以互相看见，与课堂教学类似；同时也可以很方便地展现教师电脑中的 PPT 或视频等内容，可以用白板功能实现板书；每天上课之前可以在群里以打卡的方式完成签到；每节课结束后可以发布作业。QQ 群课堂基于实时互动+反馈+监督的设定，能够较为简便地实现远程教育教学，满足传媒教学中及时互动和反馈的需要，使在线教学效果更加完善。

（二）QQ 群课堂的备课

QQ 群课堂虽然方便易操作，但其毕竟基于网络平台，与传统课堂存在差异，教师在备课时需要特别注意。

首先，在日常教学中，师生在上课铃打响之前进入教室即可，但是网络教学可能存在设备故障、网络故障、延迟等状况，需要学生提前到位。所以要提前一天提醒学生上课时间，并在上课前 15 分钟发布打卡任务，如果学生有技术问题可以及时提出来。

其次，教学方式需要调整。如果教师提出问题需要学生回答，学生在课堂上可以举手示意，或者与教师进行眼神交流。但是在线教学时老师无法直接观察到学生的表情和动作，交流不太顺畅，因此需要和学生预先约定课程 QQ 群中的交流方式，比如老师通过视频讲解、学生有问题就打字发言。这样一来，即使教师把聊天群窗口最小化，依然可以在学生发言时看见橘黄色窗口的闪动，交流效率大大提高。

（三）提前设计好板书的书写方法

QQ 群课堂可以直接用手写板在"黑板"上进行板书，但是灵敏度显然比在真实的黑板上书写要差不少，并且由于采用了新设备，教师还需多多练习，以确保熟练度和清晰度。

（四）保证课堂纪律

在班级人数较多的情况下，老师难以在课堂上看到每一个学生的学习状态，观察学生是否认真听讲。为了使学生学习时全神贯注不走神，最好能在课程中加入一些实时互动的流程，比如进行投票、随堂测试以及小组讨论等，这样能集中学生的注意力，避免学生一边盯着屏幕，一边做其他的事情。

（五）QQ 群课堂授课实践流程

以 2019 级广播电视编导（电视编辑）专业的"广告宣传片创作"课程的备

课和教学实践为例，简述基于 QQ 群课堂的实际教学过程。

（1）制订教学计划，进行备课准备。建立课程专用 QQ 群，在第一节课进行直播说课，将本门课大致的授课内容、教学进度安排、重难点、结课要求等通知学生。由于同学们手上没有教材，需要把本学期授课的必要资料和 PPT 通过QQ 群发布给学生。

（2）提前 10 ~ 15 分钟，登录课程 QQ 群，等待学生登录。发布 QQ 群课堂打卡，并设定上课 15 分钟后自动关闭打卡。以此作为学生考勤依据，规范学生纪律。

（3）上课前 2 分钟，宣布课堂纪律。

（4）正式上课时，教学过程与学校课堂类似，同样也需要依照教案进行。实时讲解和课件分享通过群课堂直播进行；通过投票、随堂测试、小组讨论、学生发言等环节，保证学生学习注意力的集中；针对 QQ 群里学生打字回复的答案，发现个性化问题，并使用 QQ 语音或者是在线白板进行实时沟通和解答。在课堂尾声，也要和日常的课堂教学一样，总结本节课的内容，预告下次课的内容，以及给学生布置作业等。

（5）授课结束后，可以通过查询 QQ 群打卡记录和聊天记录，并配合录屏软件，清晰地了解本节课的每一个互动环节中每一个学生的完成情况，加以存档。最后需要确认本节课的考勤和实时互动情况，并把这些内容反馈到下一节课的教学之中。

二、在线教学的特点和反思

（一）利用 QQ 群课堂进行远程网络教学的优点

QQ 群课堂充分实现了师生之间的及时沟通和学生的个性化反馈，较好地还原了现场课堂教学过程。与其他教学平台相比，QQ 群课堂不需要师生拥有特殊的硬件或高超的操作软件的技能，只要拥有当前已较为普及的 QQ 账户、网络、电脑或一部智能手机即可。

QQ 群课堂师生的互动性极强，且功能非常齐全，几乎可以完成线下日常教学的每一个环节。QQ 群课堂的管理权限在于教师，在演示软件的操作时，教师操作电脑，学生的电脑页面就能同步显示操作结果，极为方便。

上述两个特点既保证了"停课不停学"的实现，也非常便于教师和学生的操作。线上教学的过程和日常教学非常接近，几乎不用改变具体的教学方式，也不用额外花时间和精力去学习新的平台操作，教师们能够全身心地投入教学内容本身，更快地适应、熟悉并掌握、实践。此外，学生对这种教学方式的反馈也很正面。首先，这种方式建立在学生们非常熟悉的QQ平台上，给了学生自信和亲切感，学生的接受度很高。其次，学生们普遍认为这种在线教学模式可以让教师关注到每个同学的状态，而不是像在课堂上一样只能关注到前几排的同学，这让同学们自信心大增，且比平时更勇于表达。学生们普遍感觉到在网络平台上，教师的讲课变得更生动活泼了，并且在线的"小组讨论"也让同学们彼此的关系更加紧密。总而言之，师生都很认同这种上课的氛围。

（二）利用QQ群课堂进行远程网络教学的不足之处

虽然基于QQ群课堂的远程教学探索具有较好的互动性、可控性以及易操作性，但是也存在缺点。

首先，受网速和网络平台的限制，多人同时登录时有可能因为服务器的不稳定出现卡顿的现象或小组讨论时偶尔会有同学被"挤出"聊天室，从而导致教学进度滞后。

其次，当前的信息技术只能保障教学目标中知识层面的实现，在师生的情感交流方面，比起面对面的线下课堂，其效果还是差距较大，无法完成课堂中情感目标的达成。

再次，容易出现学生的个别问题因为QQ群中的刷屏被教师忽视而不能及时解决的情况。

几年来，远程教育教学一直在探索中前进，超星、雨课堂等优秀平台也一直在"网课"领域发光发热，对课堂教学起到了重要的辅助作用。但当真正的"停课"来临，仅仅依靠以上平台，要想实现可控、有序的现场教学效果，从多个方面来看仍显不足。笔者通过QQ群课堂进行教学实践，能够较好地完成日常课堂教学的基础任务，同时也体现出实时监督、互动性强、反馈及时、操作简便等多方面的优点，在疫情停课期间实现了比较理想的教学效果。

数字化背景下高校在线教育初探[1]

杨帆

2020 年，一场突如其来的新冠疫情席卷中国，为贯彻落实习近平总书记关于打赢疫情防控阻击战的重要指示精神，针对疫情对高校正常开学和课堂教学造成的影响，教育部一方面要求 2020 年春季学期延期开学，另一方面制定了疫情防控期间做好普通高等学校在线教学组织与管理工作的指导意见，采取政府主导、高校主体、社会参与的方式，共同实施并保障高校在疫情防控期间的在线教学工作，确保实现"停课不停教、停课不停学"。这场特殊的疫情无疑加快了高校在线教育的发展历程，也给在线教育带来了空前的机遇与挑战，梳理并提出适宜我国的高校在线教育策略，具有重要意义。

一、疫情防控期中国高校在线教育的主要形式

在线教育，又叫网络教育，泛指应用互联网技术，把教育教学资源同互联网的便捷功能相结合，从而营造出通过线上渠道来进行传输与互动的教育环境，它也是一个相较于传统现场授课不同的学习形式[2]。这种"互联网 + 教育"教学形式的出现，最早可追溯至 20 世纪末，而随着信息技术等快速发展，目前在线教育在世界范围之内已具相当规模。我国于 2019 年 9 月，由教育部等十一部委联合印发了《关于促进在线教育健康发展的指导意见》，在线教育发展步入快速发展阶段。在线教育可分为异步在线教育和同步在线教育，当前绝大多数高校教师选择的是同步和异步相穿插的在线教育方式，本文也主要探讨这种方式下的在线教育形式[3]，主要有：

一是利用课程直播平台进行在线教育。以课堂派以及学堂在线推出的雨课堂等为代表。教师可以将带有 MOOC（慕课）视频、习题、语音的课前预习课件直

1 本文系 2019 年重庆市高等教育教学改革研究项目"'VR/AR'技术下融合新闻互动教学模式及支持系统研究"（193083）的阶段性研究成果。
2 李娟.我国高校整合优质开放学习资源的问题与对策［J］.信阳师范学院学报（哲学社会科学版），2016，36（4）：81-84.
3 张欣然，宋绍成."互联网 + 教育"背景下的新型高校教学方式研究［J］.黑龙江科学，2017，8（7）：164-165.

接推送到学生手机上，学生课前完成看课，课堂上实时答题、弹幕互动。这种形式一定程度上节省了课堂教学的时间，留给课堂更多的互动时间，但对于平台和网络的要求较高，对于学生的自主学习能力要求较高。

二是利用视频会议直播间＋即时社交软件进行在线教育。以腾讯会议开直播，QQ 通信软件相配合等为代表。腾讯会议在疫情期间助力远程办公教学，面向全国用户免费开放上限为 300 人的不限时会议功能。这种形式可以让在线教学即时看到教授双方的面容，拉近了距离，增强了现场感。目前此方式运行良好，受到多方好评。

三是利用直播平台＋在线课程平台进行在线教育。以腾讯视频进行直播授课＋中国大学 MOOC（慕课）平台的课程资源相配合等为代表。学生在上课前自由安排时间在中国大学 MOOC（慕课）平台看课程视频，了解课程内容并完成相应的作业。在线直播时，教师对学生进行答疑，并补充教学内容。这种方式在一定程度上缓解了教师上网课的顾虑，充分利用了课程资源，课堂效率得到提高，目前得到了大力推崇。

四是利用好腾讯课堂进行在线教育。下载腾讯课堂极速版客户端（图 1），腾讯课堂极速版有生成课程回放的功能，满足学生课后想再次回顾课程、复习的愿望；此外，腾讯课堂极速版还可对学生在线看课时长进行统计，一定程度上可督促学生认真学习。

图 1　腾讯课堂极速版

五是利用 QQ 升级版的各项功能打组合牌进行在线教育。如利用 QQ 群接龙或群收集表进行上课签到，再利用 QQ 群语音或直播间或视频通话，通过实时分享 PPT 进行直播上课，并利用 QQ 群作业进行作业的发放与批改等。这种方式对平台要求较低，也受到广大师生的喜爱。

六是利用录播课程＋即时通信软件进行在线教育。教师提前将课程录制好并分享，让学生提前自我学习。上课时，通过微信群聊天功能进行在线课程答疑。这种方式因为要求教师提前录制课程，时间紧迫，目前尚未大规模推广。

二、疫情防控期中国高校在线教育问题分析

为了减少疫情对教育的影响，国家创造各种条件，大力推进在线教育工作，

免费开放包括 1291 门国家精品在线开放课程和 401 门国家虚拟仿真实验课程在内的在线课程，共 2.4 万余门，覆盖了本科 12 个学科门类、专科高职 18 个专业大类，供高校自由选择使用，力度不可谓不大[1]。但短期内全面推行高校在线教育，对教育管理部门、各网络和在线教育平台，以及高校教师和学生来说，无疑都是一场大考，在此背景下也暴露出了一系列困难和问题。

（一）在线教育对管理部门的考验

为应对疫情考验，教育部先后出台"关于在疫情防控期间做好普通高等学校在线教学组织与管理工作的指导意见""关于疫情防控期间以信息化支持教育教学工作的通知"等多个有关高校在线教育的文件，组织了 20 余家在线课程平台，制定了多样化在线教学解决方案。全国各省、市、区县、学校出台若干在线教育的政策文件，逐层落实在线教育的精神与具体要求，力求确保网上教学平稳开展。但对于这场突如其来的全面推行在线教育，有关前期组织准备工作仍存在不足。例如在初期，大量高校师生在集中时间集中人群开展在线网课，曾让网络和各在线教育平台一度崩溃。2020 年 2 月 24 日，笔者所在的高校开始第一天上网课，当天授课时间内，网络一直显示信号差。很多老师准备利用中国大学 MOOC（慕课）平台或是学堂在线进行直播，但据了解，从当天 8 点之后，平台便再也登录不上去。事实证明大多数在线教育平台尚不足以支撑全面开展在线教育，反倒是最基础、最简单的 QQ 语音脱颖而出，成为在线授课的救命稻草。这些问题将在在线教育的推进中不断得到解决和改善，例如中国电信对网络问题迅速反应，主动为广大师生免费提供提速活动，使得网络速度得到一定程度的改善。

（二）在线教育对高校教师的考验

习惯了传统课堂教育的大多数高校教师，在特殊时期"临危受命"于在线教学，不免在初期显得有一些慌乱[2]。

一是高校教师教学任务加重。将以前只是作为辅助手段的在线教学全面推行，需要对课程体系性、课程内容以及授课方式方法进行全面重构。即使是同样的授课内容，搬到线上也需要重新备课。此外，考虑到疫情期间的现实条件，教师同样是以居家为主，即使有心制作高质量的教学视频及相关教学资料，也缺乏相应的技术和设备支持（摄像、场地、后期等），让原本美好的愿望变得有些无力，

1　王运武，王宇茹，李炎鑫，等.疫情防控期间提升在线教育质量的对策与建议［J］.中国医学教育技术，2020，34（2）：119-124.
2　焦建利，周晓清，陈泽璇.疫情防控背景下"停课不停学"在线教学案例研究［J］.中国电化教育，2020（3）：106-113.

也迫使很多老师不得不放低期望值，转为采用在线分享 PPT、实时语音授课等方式，在此摸索的过程中，也耗费了大量的精力。

二是高校教师认知负荷加重。高校老师往往需要下载不同在线平台（中国大学 MOOC、学堂在线、智慧树等），以及大量的直播软件（腾讯极速课堂、哔哩哔哩直播间等），各种软件的优缺点、操作方式各异，既要让教师做好直播，又要去摸索直播软件的特点，这在特殊时期无疑增加了教师的认知负荷，即使是点名签到的基本操作，也可能因操作不当而浪费大量的上课时间。

三是高校教师心理负担加重。习惯于传统课堂教学的高校教师，往往在在线教育初期，不得不面对时而崩溃的网络，面对迟缓的课堂互动，面对冰冷的电脑，长时间的自言自语，这极大地影响了教师对教学的热情。再加上可能误操作后对自身形象造成影响，特别是开通直播后，网络舆论对教师网络直播的揶揄，无疑都加重了高校教师的心理负担，部分老师也会对全面开展在线教育产生排斥。

（三）在线教育对大学生的考验

疫情让学生不能如期返校，临时自我隔离在家。学生在线自我学习或跟着教师在线学习，初步调查发现其学习效果并不如人意。

一是教育资源获得性有差异。主要体现在在线教育终端的缺失，一些技术类、实操类课程需要采用电脑，仅通过手机观看教师直播演示无法完成学习。还有一些偏远地区网络信号差，学生无法连接网络。甚至有一些困难家庭连最基本的智能手机都没有，制约了在线教育的普及传播。

二是大学生自我约束能力不够。在缺乏有力监督的情况下，若在线课程不是特别精彩，学生就容易走神、干其他无关的事情，或"偷工减料"地听课，或干脆不听。学生对课前学习、课后作业等采取敷衍的态度或者其他方式，都极大影响了上课的质量。

三是大学生对在线教学的适应性不足。因疫情推行的在线教学，对于习惯传统授课方式的学生而言也需调整适应。除了学习基本的软件操作外，学生还需配合在线授课方式、学习方法等。

三、疫情特殊背景下提升高校在线教育的策略

疫情助推在线教育发展，信息化教育改革迎来高潮，机会与风险并存。此次疫情期间的在线教育实践，也为今后在线教育的发展积累了大量实践经验，应从

管理部门、高校、教师和学生等各方面全面发力，打好这场疫情防控教育攻坚战。

（一）管理部门

一是进一步提升对于线上教育的重要性认识。经此段时间的推广，在线教育将不再是高等教育教学的补充与辅助，而应纳入高等教育乃至国家信息化发展的顶层设计，从标准制定、管理体系、基础设施、体制机制等多个方面进行整体谋划，并与线下教育相得益彰、优势互补[1]。二是加快在线教育基础设施建设，让更多人能以更低成本更便利地享受更高质量的在线体验。各在线课程平台经历了前期大规模在线开课的冲击，还需继续加大维护。各大网络运营商需继续提升网络质量和网速，确保用网安全。特别对于农村及边远地区，应适当给予财政补贴和倾斜，减少在线教育的不公平性，确保公众公平获取在线资源的权利，这也是向农村与落后地区延伸优质教育服务的重要手段。三是加强各类在线教育资源的整合优化，本次全面免费开放在线教育资源有应急响应的特征，应统筹考虑应急响应与日常需要，发挥好政府宏观调控作用，对各类在线资源引导整合，同时区分好公益性与市场性，实现各高校主体资源共建，更好地发挥资源集聚效应与规模集群效应，同时也可避免重复建设。

（二）高校

一是加大对在线教育的支持力度，加大教师的培训力度，提升教师信息技术能力及在线教学技能。鼓励一线教学教师开设网络教育课程，并为其提供必要的经费、平台等方面的保障，鼓励教师探索在线教学规律，积累经验成果。二是要完善在线教育相关配套管理政策。从政策上破除推广应用在线教育的障碍，例如完善对在线课程评价体系的考核，对在线学习的学分认可，鼓励学生通过多种途径修读课程，适度提高在线课程的比例等，这也是适应信息时代终身学习的重要手段。三是加大优质在线资源建设力度，更大程度上实现在线教育课程和资源的开放与共享。可根据各个学校的实际情况，在统一规划的基础上，建设富有特色的在线教育平台，更好地发挥在线教育资源效益。

（三）教师

一是需要快速学习在线教育的相关理论和技术，掌握开展在线教育的知识和技能，尽快克服技术恐慌和本领恐慌，积极转变教育思想观念，以开放的心态迎接教育技术变革。二是教师需根据网课独有的特点，及时调整课程计划，合理

1　张婉金.高校在线教育的宏观政策与可持续发展［J］.陕西教育（高教），2018（3）：7-8.

把控网课有效时间与效率。在现实条件下要充分利用好已有在线教育平台的优质教学资源，提前消化吸收，并将自己的教学要点与网络资源相结合，提升备课效率。三是在具体方法上切忌简单拷贝传统教学到线上，而需积极适应线上教学要求，将原来简单被动教学模式改为混合教学模式（图2），主动扮演课程发起人与协调人的角色，工作重心应向与学生交流及互动转移，多听取学生意见建议，加强课堂中与学生的互通交流，可多展示学生作业，启发式提问，激发学生的学习自觉性与主动性，也避免在线观看教学的视觉疲劳。四是在课程资源平台和软件的选择上，尽可能选择同一平台，快速掌握一类直播软件的使用，减轻教师和学生的认知负担，例如可选取运行稳定、功能丰富的腾讯课堂极速版，免去操作的麻烦。五是要做好突发意外事件预案准备，对在线教育平台和网络情况做好最坏的打算。如在课前将教学视频上传至学生群文件，避免开课时平台或网络拥挤造成教学事故。最后，在条件允许的情况下，可进行线上金课的开发，完善教学体系，提高教学质量。

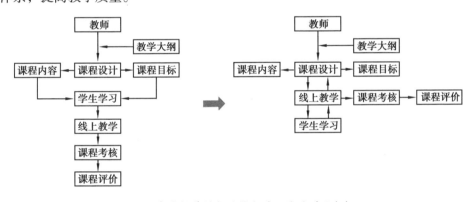

图 2　在线教学模式的转变（从被动到混合）

（四）学生

一是应尽快熟悉教师要求的各类在线教育平台，掌握各种在线学习的技巧。二是要加强自我学习。老师在线授课难以像传统课堂那样看到每位学生学习的情况，在线教育更多还是要靠学生自觉完成。学生要尽力在家营造好学习氛围，营造好上课的环境。三是对在线学习多一分理解，对老师多一分宽容。在线教学，于学生、于教师，都是新兴事物，都在摸索阶段，所以需克服心里的急躁，多一分支持与理解。最后，若有更多的时间，应充分利用好疫情防控期在线教育资源免费使用的优势，全面提高自我。

四、结语

特殊时期，疫情刺激了在线教育的快速发展，冲击了传统教育，推动了信息化教学改革的进程。面对新挑战，从硬件上，我国出现了网络带宽不够、在线教育平台崩溃等问题；从软件上，教育界人士出现了本领恐慌、技术恐慌等窘态。但面对这场疫情防控攻坚战，中国教育在行动，在持续不断地改进完善。这场战斗，也激发了教师在线教学的热情和信息化教学改革的愿望，促进了教育教学形态的创新，有效刺激了教育系统发展的根本性变革。相信疫情之后，线上教育教学也将迎来更为广阔的空间。

德育与思政在线

作为教育方法论的马克思感性实践论
——美学通识在线课程建设实践背后的反思

庞璇

本文提出的美育问题，不是局限于教育学科发展的问题，而是一个属于人学的、关乎"成人"的、基于马克思感性实践论意义上的教育实践的问题。通过这篇文章，一是想清理一些平时思考中欲罢不能的命题，想把原本不太清楚的地方搞得更明白一些；二是为了更明确、更有信心地将感性实践论作为指导思想应用于自己的教学现实，做一个基础理论上的准备。同时本文涉及的美学，也不只是18世纪启蒙时代以来的专与艺术结盟的美学概念，而是一个更一般的连通知性与理性的思辨的基础。

首先我们需要对我们的传统理念做一个简单的考察。孔子敏感地看到教育的一个先决条件：在一个整体性礼崩（秩序破坏、社会动乱）乐坏（靡靡之音、心灵伤害）的社会，教育就不可能成功，所以要"克己复礼为仁。一日克己复礼，天下归仁焉！为仁由己，而由人乎哉？"（《论语·颜渊》），梦想回到礼乐昌盛的时代。可推之孔子之前的时代，"君"以"克己"（自我教育）和"复礼"（建制等级）为前提，以达到"天下归仁"的德政教育的目的。后来占主导地位的儒家教育思想，认为教育不是怎么想而是一个怎么做的经验问题，因此重内容、方法和目的，而不问教育的本质。儒家士大夫中，有些人也会以道禅（道家以及后来的禅宗）思想作为一种人生张力或审美追求。但道家主张复归于未受教化前的"童心"和自然的"真心"，其悖论在于——让人放弃教育也是一种教育，并且这种消极的教育不可能形成一套发展个体人格和培养自由意志的教育思想。

我们传统的教育思想是一种立足于政治的德育思想，孔子非常明确，认为重点不在具体的对单个个体教育的努力上[1]，而是必须着眼于整体性的体制建构。相对而言，通过具有美学意味的形式"乐"（非强制性）而复"礼"（制度与秩序），而到达"天下归仁"（政治与规训）的目的，对于普遍教育来说，就是高效和有效的选择。因此，以艺术为手段和方法的教育一直都是受重视的，比如书

1　《中庸·第二十章》：生而知之；或学而知之；或困而知之：及其知之，一也。孔子将学习者分了类别。

法就一直是政治权力的外化与话语霸权的彰显，书法的源流并非完全遵循自身的艺术逻辑，而是受到皇权的统摄力影响。在中国传统政治文化中，"乐"（艺术教育）总是一同被视作"化成天下"的工具之一。应当这样说：我们并非不重视艺术教育，只是不重视、不提倡那种以艺术本身为旨归（林黛玉那样纯粹的艺术人生的追求），以人的自由发展（这与消极自由的"为艺术而艺术"也不尽相同）为目的，也就是没有我们能从马克思的人的"感性实践"中开掘出来的那种以"感性解放"为目的的艺术教育、审美教育的思想层次，今天亦复如是。

因此就不难理解为什么"艺术是上层建筑，是社会生活的反映、又反作用于社会，艺术为人民、为社会主义服务"这样的叙述很容易被我们接受。的确，"中国现代美学的主流是马克思主义美学，离开了这个现实的省视来谈美学一般，将是一种逃避和怯懦"[1]。实际上，无论是首先成为中国现代美学主流的，作为一种艺术的社会功利论、认识论、反映论的马克思主义美学，还是而后自20世纪80年代，为了纠偏矫正，美学主流又开始倾向于"康德"的无功利说，或"美在形式"等主张，其实不过是一个问题，就是说：如何从外部来处理美与人的关系，艺术与现实的关系，以及处理好之后再去恰当地认识并应用于现实。"功利论·无功利论"之争，实质是西方美学东渐的一种中国化理解和改造过程中的一体两面的问题，其核心与艺术本体无关紧要，至少对于我们在文中讨论的感性活动来说都是比较外在的。甚至，康德本来的"美是无涉利害关系的愉快"，也遭到阿甘本的直接批驳，说仅仅站在了欣赏者的位置上，距离艺术太远也太安全。而我认为，应用现象学方法去加以把握的马克思哲学和美学的直接相关性，也就是"感性实践"，早就超越其上了。

一、教育的发生学哲学原理

马克思的《1844年经济学哲学手稿》（又称《巴黎手稿》，以下简称《手稿》）于1932年首次公开发表，1956年、1979年在中国分别出版了两种译本。《手稿》中体现出青年马克思思想中的实践哲学思想，对20世纪90年代中国马克思主义美学向实践论美学的推进起到决定性的作用。可见，马克思主义的实践唯物论有着常解常新的强大生命力，而这一生命力还远未被我们发掘穷尽。

美学、美育问题到底是离不开人的问题，问：美是什么？教育是什么？首先

1　李泽厚.华夏美学·美学四讲［M］.增订本.北京：生活·读书·新知三联书店，2008：249.

要问：人是什么？马克思认为，人"把自己的生命活动本身变成自己的意志和意识的对象""有意识的生命活动直接把人跟动物的生命活动区别开来"。[1] 实践是人存在的基本方式，人的实践是有意识的生命活动，真正的实践都是感性活动，唯物实践论也是感性存在论，蕴含着"感性学"（Ästhetik，一般译作"美学"）[2] 的种子。

实践在最基本的层面上，就是一种劳动（原始人的原初的、尚未异化的、分化的劳动），这种劳动使人类意识得以生成，使人成其为人。最初的劳动并不能直接等同于艺术活动，但艺术起源于人的劳动实践，人在劳动中，"用内在固有的尺度来衡量对象"[3] 是艺术和审美产生的心理根源，从而获得美感，因此审美和艺术的因素是天然地包含在人的感性实践中的，"劳动创造了美"[4]。何谓劳动？本义上的劳动至少具有以下特点：自觉自由的、有目的的、具有精神性的、社会性的行为，至少在前三点上，与我们现在通常认识的劳动（劳动异化[5]）是很不同的，让我们试着将教育代入对"劳动意识"的界定中来看，"教育意识"也就是未异化的教育。劳动［教育］是自觉自由的，生产线上的机械劳动［教育］、体罚似的强迫劳动［教育］或监狱中的"劳动［教育］改造"，都只是劳动［教育］的沉沦或变态。劳动［教育］是有意识、有目的的，劳动［教育］的过程必然有想象、期待等心理活动，必须制造和使用工具、发现方法、构划蓝图，区别于蚂蚁、蜜蜂等动物的本能。劳动［教育］是社会性的，比如原始部落的狩猎、种植等劳动［教育］，是共同的社会行为。劳动［教育］者之间的彼此呼应、情感传达、思想交流、知识传递、同舟共济，将其凝聚、统一为一个共同体。劳动［教育］是具有精神性的行为，是观念的构建，是想象力和创造性的发挥，是意志与力量的展示，是生命力的扩张和自我实现。[6]

在这里，"教育"可看成是对"劳动"的另一种表述，与劳动一样，本意上的教育是原发性的而非派生性的人类存在方式，是人类的基本实践。教育是什么？为了在自然界中种族繁衍、代际传承，无论人还是动物都需要"教育"，但动物是不具备以上四点所归纳的"教育意识"的。人的生存是自由自觉的生命活动，

1　马克思.1844年经济学-哲学手稿［M］.刘丕坤，译.北京：人民出版社，1979：50.
2　Ästhetik是在中文翻译中比较麻烦的一个词，兼有"感性学""美学""审美"等意，中文没有一一对应。Ästhetik本指通过感性认识世界的一门学问，在《判断力批判》中的含义很广，包含有感性表象，感性判断以及感性理念。中译"美学"是1902年自日本引入，局限了我们对西方美学的认识。
3　马克思.1844年经济学-哲学手稿［M］.刘丕坤，译.北京：人民出版社，1979：51.
4　马克思.1844年经济学-哲学手稿［M］.刘丕坤，译.北京：人民出版社，1979：47.
5　马克思.1844年经济学-哲学手稿［M］.刘丕坤，译.北京：人民出版社，1979：51-52.
6　邓晓芒，易中天.黄与蓝的交响：中西美学比较论［M］.武汉：武汉大学出版社，2007：316-326.

"人类教育的本质就在于把人从单纯的适应自然界提升到超越现有的自然界之上"，不是像动物那样为了存活而适应环境，而是为了"使自然界和人的各种可能性向人自身无限地敞开"[1]，人类教育是为了人能够发展自身，为了人的去存在（to be），获得更高级的自由。

第一个教育者是谁? 这个会陷入循环论证悖论的问题，我们依然能在马克思实践唯物论那里找到迷宫的线团。对于教育结构的分析仍然代入劳动框架，"自然的人化"和"人的本质力量对象化"（《手稿》）这一意向性结构，为劳动［教育］过程所催生，或"劳动［教育］意识"所包含的"自我意识（将自我当对象看待）—对象意识（将对象当自我看待）"，后者奠基于"拟人—移情"的心理机制，是人的最基础、最本源性的存在方式，科学、艺术、宗教等则从中派生出来，"人类通过亿万次的实践所建立起来的范畴和概念，无一不是通过拟人的方式从人的主体能动活动而扩展到自然界对象上去的"[2]，自然科学不是感性的基础，相反，感性"必须是一切科学的基础"[3]。也正是基于"拟人—移情"的"对象意识"，人化了的自然和对象化了的人的本质力量成为最初的人的自我教育的教育者，也因此就算是单个的有自我意识（他/她总是将外部世界看成为另一个"我"）的人，亦即已经是一个社会了。劳动［教育］是最基本的实践，也是人对自然界的"感性实践""全部所谓世界史，不外是人通过人的劳动的诞生，是自然界对人说来的生成"[4]。让我们通过简单分析来看一下，人类教育中绝不可少的两个根本内容——"自然"与"历史"，在人类学习的过程中是如何作用的：人通过劳动，读到了"自然"这本大书；自然界同时也就不断地在向人生成，在"人化"和"对象化"这一不断交互的过程中；历史也就源源不断地在生成中了；"马克思的实践唯物论绝对要从感性的角度来理解，即理解为具有无限丰富性的生命活动"[5]。

不过，关于劳动、教育、艺术的联系，基于"唯物实践论"，我们需要特别区分的是：劳动是"主观统一于客观""精神统一于物质"的活动，教育与艺术则是更强调客观统一于主观、物质统一于精神的活动。这种区分，简单地说，可以作为对异化、物化、对象化的教育的克服，也是避免对艺术的审美主义、拜物教的误解的良药。

1　邓晓芒.教育的理念［J］.高等教育研究，2000，21（4）：20-23.
2　邓晓芒，易中天.黄与蓝的交响：中西美学比较论［M］.武汉：武汉大学出版社，2007：348-349.
3　马克思.1844年经济学 - 哲学手稿［M］.刘丕坤，译.北京：人民出版社，1979：81.
4　马克思.1844年经济学 - 哲学手稿［M］.刘丕坤，译.北京：人民出版社，1979：84.
5　邓晓芒.实践唯物论新解：开出现象学之维［M］.武汉：武汉大学出版社，2007：5.

二、作为教育方法论的美育

1845 年的《关于费尔巴哈的提纲》将"实践"明确定义为"人的感性活动"。追溯马克思的源头当然不能离开他的西方精神传统,特别是对康德(I.Kant, 1724—1804)以降的德国古典哲学的实践观的继承和改造,这是同一个西方精神自身不断生长和演进的过程。按康德对人的心智活动:知、情、意的三个基本划分,"知"涉及自然界的必然,"意"涉及精神界的自由,二者间有一条不可逾越的裂隙。自然不必关涉自由,但自由必须关涉自然。"情"探讨的就是人与自然遭遇时的那个直接被给予的、原初的经验领域,是知与意的基础与桥梁,[1] 也就是 Ästhetik 的领域,即反思判断力。

作为旨趣的感性解放贯穿了马克思的整个思想:在《手稿》《德意志意识形态》中表述为"共产主义",在《共产党宣言》中表述为以"每个人的自由发展"为前提的"一切人的自由发展",在《资本论》中表述为"自由王国"。[2] 马克思的"感性",是"对象性",是"现实性""社会性",是"全面性""丰富性"。马克思的"哲学革命",实质是将哲学的任务从理性自由转变为感性解放,感性解放就是人的解放。

实践是"感性活动",劳动和教育是"感性实践",艺术性因素和审美因素固然孕于其中,呼之欲出。审美的本质结构究竟是什么?即人类情感的传递。"自然的人化"和"人的本质力量的对象化"是劳动、教育和审美的共同原则。父/母养育孩童,当然是一种货真价实的劳动,孩童参与其中,也就构成了一个最基本的社会关系结构,人就是社会性的存在者,哪怕是婴儿初生,业已在社会之中。孩童尽管并不劳动,但孩童的游戏与劳动非常相似(自由性、社会性、目的性、精神性),这种游戏作为一种为进入复杂社会的预演,完全可以被视为一种别样的劳动,同时也是一种"对象化—人化"关系体认中的教育性活动。再如对于学习语言来说,如果不是父/母与他/她之间建立起交互的传情关系,不是他/她在游戏中对物的拟人心理建构,那么人类孩童能够学懂语言这回事就是不可想象的。

在人与自然界"人化"和"对象化"双重关系的这一切关系底下,实际上都蕴含着人与人的精神关系;反之,人与人的精神关系也只能借助于这一双重关系

1　GUYER P. The origins of modern aesthetics: 1711-35 [M] //The Blackwell Guide to Aesthetics. Oxford, UK: Blackwell Publishing Ltd, 2008: 15-44.
2　杨杰. 马克思哲学中的感性概念 [D]. 上海:复旦大学,2013.

才得以实现；审美、艺术活动就是对这一双重关系的提纯和升华，是希腊神话中的诸神与荷马史诗中的命运，通灵宝玉与绛珠仙草，荷尔德林的天空大地与维奥拉的水火土气，老子的道与周易的生生不息……如果我们用这一"人化"和"对象化"的思想反观西方美学历程，会逐渐揭示出其隐而不显的最深处的人性结构的秘密，也是马克思"实践唯物主义"或"历史唯物主义"所要阐明的人性真理。那不是现成的、静止的，而是必须在历史过程中逐步展开来的——通过人的自由所达到的真正的"天人合一"的结构。[1] 在此，我们似乎也隐约看到海德格尔（M.Heidegger，1889—1976）的"天地人"与此相关的深处精神渊源。

　　铁匠制造一把锤子，目的是敲打其他东西，因此必须称手好用；艺术家制造一把锤子，目的是让人能"看到"这把锤子，艺术家做的锤子依然作为物存在，但不需要实用性来作为规定，而是蕴含着各种可能性和潜能（现在的西方激进思想家们也用器具的潜能这类说法，作为理论上的武器来抵御人类中心主义，但器具自身并不能选择其潜能，所以在这里先另当别论），也就是艺术的自律，呈现出人的自身的规定性。技术制造产品，艺术创作作品；技术性教育制造产品（物）是"主—客"或者"客—主"关系，艺术性教育创作作品（精神）是"主—主"或"客—客"关系，是不断在行动过程中生成的、交互的关系。但是请注意，铁匠或艺术家很多时候也就是我们自己。父母们应该不会认为他们的孩子是外在于他们的产品（物），而是内在于自己、从自身中生长和创造出来的作品（精神），教育者要做的也仅仅是"精神接生术"而已。从这个意义上说，教育就是审美活动，教育就是艺术，真正的教育者都可能是世界的创造者。人类的受教育时间是所有动物中最长的，教育伴随着我们终生，教育者面对的是始终有着自我可能性的主体（立教无类），教育者不是，也不可能是工程师，可以像工程师那样完成一个有确定蓝图的工程；反之也可推出，正因为受教育者始终是充满可能性的主体，如果是那样的目标，那样的教育蓝图当然就不可能成为现实，教育的结果就可能总是差强人意。教育者的目标应该是激发受教育主体意识到，他/她自己能够不断地向自己生成，那张教育蓝图也是不断可生成的，是开放的，或者毋宁说——教育的任务，特别是师范大学教育的任务——更应是首先让受教育主体掌握始终能够进行自我教育的那种能力，让他/她发展出其教育生命力。

　　中国近现代的教育家、哲学家、美学家纷纷提出"以美育代宗教"（蔡元培）、

1　邓晓芒.西方美学史纲［M］.武汉：武汉大学出版社，2008：184.

"美育代启蒙"（李泽厚）、"教育本身就是艺术"（邓晓芒）等教育主张，给人一种似乎必须在众多学科中特别强调美学教育的错觉，很可能对多年来从家庭到学校，从学龄前到高等教育的通识教育、普及艺术基础教育，甚至全社会都大力进行青少年的各种艺术培训等都产生了间接的影响。我认为这是一种误认，但为什么美育被提出得如此频繁，以至于显得如此重要？我们应当还原这些教育主张背后的思想逻辑起点——只有一个——美育即是一种教育方法论，绝非仅应被当作学科、课程或者教学方法、手段。

三、重思美育任务

20 世纪初，蔡元培（1868—1940）忧思着只讲科学，没有美育，就会产生诸种流弊，提出科学与艺术并重的主张，并企图从理论上解决科学与道德统一的问题，应对中国社会在进入现代化过程中必然产生的困难和危机，提出了至今还饱受争议的，也从未作为实施方案的"以美育代宗教"的思想启蒙方案。而一种主张，只因其争议，往往才能证明还是活着的思想，具有使得我们不断从历史中将其提出来重新探讨的当代性。我尝试循着他的思路做以下粗糙的推想，首先这一主张建立在康德划分现代人意识结构的基础上，按知情意三分的原则，如果审美教育替代道德宗教[1]，也就是说只做二分：知、情与意（相合），把中国人不容易接受的超验性意义上的"宗教"代表／转化（不是否定和替换掉），将本无自身目的的审美／艺术与追求自由为终极目的的道德宗教合一，亦即通过审美／艺术，达到最高的善／至善——道德自由。大致说，这也契合儒家传统的理解与理想，即艺术的功利化和道德的审美化，以及把审美教育作为达到道德境界的工具。经过这样的"代表（represent）"和位移，自律的审美有了目标，而道德的美德意味（我们理解的道德很大程度上就是儒家的"美德"）也剥离了在中国人意识结构中难以被接受的，源于中世纪哲学的、康德意义上的"超验的（transzendent）"[2][3]意涵。因此我并不认为蔡元培混淆了道德宗教和迷信宗教等说法，或者说误读了康德，恰恰正是深入理解了康德美学的重要性和整个批判哲

1　①道德宗教指上帝存在的目的不是别的，而是为了确保至善的实现，应区别于迷信宗教。②康德在《论教育学·系科之争》中，努力要证明的是他在《实践理性批判》和《纯然理性界限内的宗教》中所阐明的原理，即只有"道德的宗教"，而没有什么"宗教的道德"。也就是说，宗教必须要以道德为基础才是真正的宗教，因此，宗教问题说到底是一个道德哲学问题。
2　孙周兴.后哲学的哲学问题［M］.北京：商务印书馆，2009：23.
3　邓晓芒.康德的"先验"与"超验"之辨［J］.同济大学学报（社会科学版），2005，16（5）：7-18.

学的目的——人的教育，或者说人的教育的问题最终是一个哲学问题——并将其中国化改造后的结果。甚至我们还能说：就算误解也没什么，只有优秀的思想才具有被误解的价值，不断地误解就是不断地进步。

如果要重新理解这一构想的精髓，我们现在需要做的就是，必须清晰这里的"宗教"与一般意义的区别。蔡先生给教育所下的定义为："教育者，养成人格之事业也。"他认为真正的大学必须有关涉到"终极价值体系"的"世界观教育"。"美育"不指一般的、可作为生存技能的技艺培训；也不是某种手段性目标，如为了训练出西方市民社会中那种特定阶层的特定品位；更不是回复到传统儒家理想的手段；而是指向某种超越现实之上同时又在现实之中的精神性结构，其当代任务是重寻我们传统（广义上的）中本有的原初意义世界。这个精神世界不是纯理念的、抽象的、虚无的，不是静态的，不是坐在家里靠静思就可以将其对象性把握的（就算把握到了那跟我们的生活也没什么关系，即使悟得了"空"，之后，我们仍得活着）；而是实践的，所思、所行都是嵌入到这个世界中的。这里的"美育"更准确地说应该是"哲学美学"和"艺术哲学"；所谓的"宗教"，不是一个外在于人的超越性的精神实体，而是自我意识本身的精神性意向。人对自己的认识，不是把自己当成对象加以把握，不是有一个客观性的我已经摆在那里，我再去认识它（比如我们去开采矿石 → 分析化学元素 → 发现原子能那样的认识）。这种认识不是现成的，而是现量[1]的。我"怎么认识自己"成为我的（世界的）一部分，这个认识嵌入到"我"当中，存在者（此在）对存在的领会是存在者（此在）的一部分。我愿意相信，与马克思一脉于"实践存在"的海德格尔在思考存在的时候，除了回望老子，一定也同时想到了与他同时代的爱因斯坦、海森堡、哥德尔或薛定谔，或反之亦然。

人存在的本性是自由，社会性的文明成就无法也不能像本能那样自然遗传，如果一旦作为文明遗传方式的教育被如基因那样的自然遗传方式取代，那么赫胥黎的"美丽新世界"将无可避免；反之，人存在的目的是自由，所以必须发明教育，教育是人类自由发展的保障，它的任务是为人类的自由发展提供基础，没有更大范围的教育，即便某些个体是有天赋的天才，也会无声地陨落，社会解体，文明消失，直至种群消亡。在这个意义上，教育——这一个问题就蕴含着所有问题。

"智人"作为人属的一支，智力不是最发达，身体不是最强壮的动物，为何

---

1 借用王夫之的用法，"现量"为因明用语，即感觉。商羯罗主《因明入正理论》云："此中现量，谓无分别。"此即感觉器官对于事物个别属性的直接反映，尚未达到思维的分别活动（未形成概念）。

能在人种竞争（目前科学家得到共识的，人属至少曾有 17 个人种）中最后幸存？《人类简史：从动物到上帝》[1]中的解释为：人会讲故事，语言能生成虚构，塑造精神世界，形成"想象的共同体"云云。这在历史实践论看来应该没有揭示出什么新鲜的秘密，更像是对马克思感性实践论的一种通俗解释，也可看作是对教育发生学、文明起源与艺术关联性的一种流行化的支持和另外维度的叙述（语言同样是在劳动的感性实践中生成的，语言是教育的重要途径，在语言传达中人类情感、艺术技巧等不可或缺），只是作为畅销书来说，"讲故事"比"受教育"听上去"友好"多了。经过对感性实践、教育以及教育与审美同源的考察，有理由认为，我们现在利用我们发明的新媒体、新技术，如"互联网 +"等，不断革新着教育的手段与模式，以及未来实现的"智能互联"，甚至人类正在对人工智能进行的"深度教育"，教育始终也必然是使人类屹立不倒的保障。需要我们在教育、教学上做的事情也更多，对教育者思想上的和自我学习能力的要求也将更严峻。不过我们有理由相信，面对一个变幻莫测的境域与复杂多维的语境，大概没有什么能超越人类自身心灵的幽微与深邃。

1　以色列作家尤瓦尔·赫拉利（Yuval Noah Harari），现任教于耶路撒冷希伯来大学历史系。2014 年中信出版社出版了他的两本书的中译本，目前他的一系列书籍被译为 60 余种语言在全世界发行。

马克思主义新闻观教学体系"五维"创新研究
——基于接受理论的视角 [1]

欧勤扬

马克思主义新闻观是新闻舆论工作的灵魂,加强马克思主义新闻观教育是中国特色社会主义新闻传播事业的精神动力与智力支持。党的十八大以来,习近平总书记高度重视新闻舆论工作,多次召开专门座谈会并作出重要部署。2016 年 2 月 19 日,习近平总书记在新闻舆论工作座谈会上提出 "要牢牢坚持马克思主义新闻观,深入开展马克思主义新闻观教育"。在马克思主义新闻观教育中,高等学校新闻传播院系居于基础性和关键性的环节。习近平总书记强调,"新闻院系教学方向和教学质量如何,在很大程度上决定着新闻队伍素质。""要把马克思主义贯穿到新闻理论研究、新闻教学中去,使新闻学真正成为一门以马克思主义为指导的学科,使学新闻的学生真正成为牢固树立马克思主义新闻观的优秀人才。"

近年来,在习近平总书记有关新闻舆论重要论述的指导下,许多新闻院系将马克思主义新闻观教育纳入重要工作议程,并采取积极行动,扩充师资力量,完善教育计划,改进教学方法,取得了一定成效。但总体上看,马克思主义新闻观教育在整体质量和实际效果上都还不尽如人意,存在不少亟待解决的问题。2018 年 9 月,教育部、中共中央宣传部联合下发《关于提高高校新闻传播人才培养能力实施卓越新闻传播人才教育培养计划 2.0 的意见》的文件,其总体思路与目标是"坚持马克思主义新闻观,用中国特色社会主义新闻理论教书育人,培养造就一大批具有家国情怀、国际视野的高素质全媒化复合型专家型新闻传播后备人才"。基于此背景,本文认为,全面落实马克思主义新闻观在高等学校新闻传播院系教育教学体系中的基础性地位,建构与创新马克思主义新闻观的教学体系,进而推动新时代中国特色新闻传播事业的发展,是当前新闻传播教育迫切需要回应的理论和实践命题。因此,本文从接受理论的视角出发,结合目前马克思主义新闻观教育教学与研究现状,以及笔者对《马克思主义新闻观》课程线上教学的

---

1 本文系重庆市教育科学"十三五"规划 2019 年度课题"接受理论视域下的马克思主义新闻观教学体系的创新与实践"(2019-GX-338)的阶段性成果。

经验总结，建构起马克思主义新闻观教学体系的"五维"创新方式。

一、马克思主义新闻观教育教学现状与研究现状

（一）马克思主义新闻观教育教学的现状

马克思主义新闻观教育作为一门课程，于2001年率先进入复旦大学。此后，清华大学、中国人民大学等高校开始相继引进，不断地摸索、探讨，并形成了自己的风格。但根据笔者的调查研究与教学经验来看，马克思主义新闻观教育还存在如下问题。

一是目前大多数学校的马克思主义新闻观教育依然是以一门课程来进行，教学内容多以几本主流教材为依据，教学侧重于马克思主义新闻观几个重要知识点的介绍，零碎，缺乏整体性，不仅对新时代传媒业遇到的新问题和新案例补充较少，而且忽略在实际新闻内容生产的过程中分析马克思主义新闻观的现实指导作用。同时，课程内容设置与学生的兴趣点存在偏差，这与大学生追求社会热点、多元兴趣之间存在脱节，且在教学过程中过多强调马克思主义新闻观的"严肃性""政治性"，教学内容无法深入人心。

二是授课方式较为单一，大多以传统的"填鸭式"教学方式为主。一些老师在授课过程中，照本宣科，冗杂枯燥，授课方式与现如今大学生信息接受的多元化方式不一致，学生缺乏学习兴趣，接受效果差；特别是在此次疫情中，当教学环境由线下转为线上，如何利用新的教育载体形式，使得线上教学中教师与学生运用同一个"信息平台"完成教学任务，提升马克思主义新闻观教育整体效应，都是值得研究的问题。

三是从接受主体来看，学生对马克思主义新闻观教育的认知多有偏差。根据笔者近几年教学过程中的调查显示，多数学生认为马克思主义新闻观与思政课高度重合，属于僵化的意识形态教育；也有学生认为马克思主义新闻观距离专业课程学习和新闻实践太远，没有太多实际效用。

四是马克思主义新闻观教育未能突破一门课程的限制，未能有效融入新闻传播专业的其他理论课程和实践课程中，马克思主义新闻观教育教学体系未能建构起来，其现实指导价值大打折扣等。

（二）马克思主义新闻观教育教学的研究现状

目前，对于马克思主义新闻观教育的研究集中在如下几个方面。

一是马克思主义新闻观课堂教育的思考与研究较多，但研究者所论较少，如《全球传播背景下"马克思主义新闻观"课程改革的思考》《"马克思主义新闻观"课程教学特征探析》《新闻院校马克思主义新闻观教育：现状与方向》《略论马克思主义新闻观课程建设和其他相应建设》等。

二是马克思主义新闻观如何融入到专业课程教学中的研究零散，未成体系，研究现状与习近平总书记要求将马克思主义新闻观全面融入新闻人才培养全过程不相匹配，如《马克思主义新闻观与"传媒实务"课程的教学设计》《马克思主义新闻观的教学实践与反思》《新闻采写课程的教学如何践行马克思主义新闻观》《在新闻教学中灵活宣讲马克思主义新闻观——以新闻稿件的选择为例》《马克思主义新闻观融入新闻教学的探索》等。

三是对马克思主义新闻观教育重要性的研究偏向于宏观指导与精神解读，缺乏教育教学具体实践的操作性，如《以马克思主义新闻观统领卓越新闻人才培养》《切实加强卓越新闻传播人才培养的组织保障》《开启马克思主义新闻观教育新境界》等。

（三）新闻传播专业教育存在问题

一是目前在不同学期安排了不同的实习（专业认知实习、毕业实习等），但各个实践环节之间时间相隔太长，缺乏必要的联系，不能保证实习的继承性和延续性，缺乏实践教学体系的完整性运行。当讲授完大量理论之后，学生不能将其所学理论运用到实际中去，这不仅达不到该类课程的教学目的，也对学生知识的构建和应用产生不利的影响。

二是其他专业课程与马克思主义新闻观课程之间缺乏联系。比如新闻史课程，新闻史独特的历史底蕴、客观的发展规律、复杂的因果关系等方面都能够在潜移默化中培养学生对社会的认识、分析和判断能力，也能够帮助学生了解新闻规律，只有了解新闻规律才能够按规律办事，在以后的新闻从业过程中，清楚了解事件的来龙去脉，对自己的工作内容有一个很好的把控。此外，一些企业公关类的课程与马克思主义新闻观课程架构衔接不紧密，造成学生在学习这门课程时感到单调，也因与其他课程没有过多的联系而导致学生对内容理解粗浅甚至遗忘。

三是大学设置的大部分素养博雅课与专业教育融合度低，如何平衡通识教育的广度与专业教育的深度之间的关系是值得进一步深思的问题。

二、问题思考与教学体系创新依据

（一）问题思考

结合笔者近年来的教学经验与思考，以及此次新冠疫情线上教学的经验总结，上述现状对于高校马克思主义新闻观教育的思考仍未触及其核心，有些问题并没有得到解决。比如高校新闻传媒类专业的学生对这一课程的接受态度、接受程度如何？影响高校新闻传媒专业学生接受马克思主义新闻观课程的因素有哪些？如何激发学生参与马克思主义新闻观课堂教育的积极性和主动性？如何有效地将枯燥的理论与当前新闻实践有效结合起来？如何有效地将马克思主义新闻观融入到新闻人才培养的全过程？如何以卓越新闻人才培养为目标，根据教育规律和学生接受实际，建构与创新马克思主义新闻观教学体系，等等。

（二）理论依据

基于对上述问题的思考，本文认为，从接受理论视角出发进行马克思主义新闻观教学体系的创新，具有较强针对性。接受理论是 20 世纪 60 年代姚斯等美学理论家创立的一个美学流派，其着眼于文学的接受研究、读者研究，将文学研究的重点由文学作品转移到读者的接受上。接受理论重视接受者的期待视域、接受者的主体性与能动性、接受者多层次效果获得等领域。[1] 将接受理论应用到马克思主义新闻观教育教学中，要求我们的教学要遵循教育的规律，要基于学生的接受期待与效果，立足实际，重视学生的主体性与个体性，关注学生的思想动态、能力获得和价值观塑造，创新教学体系并实践，使得马克思主义新闻观真正"入脑""入心"。

三、马克思主义新闻观教学体系"五维"创新途径

教学体系是一个内涵具有极大延展性的概念，主要指教学过程的知识基本结构、框架、教学内容设计、教学方法设计、教学过程设置和教学结果评价组成的统一整体[2]。本文基于接受理论的视野，从学生接受的期待与实际效果出发，创新马克思主义新闻观教学体系维度，从教学机制上建构学界与业界、理论与实践、专业意识与政治意识的"强连接"，改革和拓展马克思主义新闻观教学内容，创

1　卢少求，刘艳军 . 接受美学视野中的思想政治教育 [J] . 教育艺术，2006（2）：34.
2　李尧，黄卫平 . 材控特色专业的教学体系构建探讨 [J] . 教育与职业，2009（20）：119.

新课堂教学手段与方法，从思想上、课堂上、专业理论与实践上实现新闻人才培养的专业表达、社会认知与政治意识的深度融合，有效实现马克思主义新闻观"入心""入脑"，等等。

（一）"五维"创新之一：教学机制创新

在教学机制上，以培养全媒型、专家型传媒人才为目标，补齐以往教学体系的短板，在"学界和业界互动""专业理论与专业实践"的基础上，创新与实践一种"跨院系"的教学机制，与马克思主义学院进行合作，加强学生对国情市情的认知，强化专业意识与政治意识的连接。同时，在教学过程中，注重跟学生的交流沟通以及对其学习需求的获知。从此次疫情期间线上教学实践来看，可以分阶段来操作：一是在上课前，教师与相关班级建立微信群、QQ 群，全程了解、跟踪上课进展情况。通过微信群或 QQ 群沟通交流，了解学生对课程的需求、困惑与期待，并将当前新闻热点事件分享给学生，引导学生思考交流，为正式授课做预热准备；二是在正式授课中，与理论知识讲授相配合，设有新闻发布和媒介热点研讨环节，调节课堂节奏，让相关的理论知识点在课堂互动中更好地理解；三是在课后，授课教师整理复习纲要发给学生，反思授课过程中存在的问题，并记录下来，形成教师札记的书面材料，授课教师要及时与学生沟通交流，不定期组织学生座谈并记录，形成会议纪要的纸质书面材料，根据这些内容，及时调整课程的授课进度、讲课方式等事项；四是在课程之外，以"沙龙"形式邀请专家学者与学生参与互动交流。

（二）"五维创新"之二：教学内容创新

在教学内容上，构建与实践一个四维内容体系，解决"教什么"的问题。

（1）学生课前提供案例、热点事件与教师理论指导相结合。教师虽然具有专业知识和理论素养的优势，但很多时候，学生的媒介经历和体验甚至比教师还要丰富。2016 年的一项调查显示，在列出的当年 14 个国内外重大事件中，大学生关注度都非常高，比如"南海仲裁"的关注率达 87.5%，"屠呦呦获 2015 年诺贝尔生理学医学奖"的关注率为 82.9%，"十八届五中全会作出决定，全面实施一对夫妻可生育两个孩子政策"的关注率达 72.7%，等等。[1] 在此次疫情中，学生都"宅"在家，接受信息的渠道几乎都来自网络，对时事热点的关注也非常高。因此，此次线上授课，在课程内容设置上，有几次课是采用由学生提供案例，老

---

1 李淑娜，郭洪波 . 接受视域下大学生全面发展的理论与实证研究［M］. 青岛：中国海洋大学出版社，2018：108.

师用理论指导学生分析案例的方式，这样不仅将马克思主义新闻观分析问题的立场、方法传授给学生，教学的效果也非常好。

（2）历史事件、史料、经典文本与当代马克思主义新闻观的论述相结合。以当下的视点回望历史与分析经典文本，提升马克思主义新闻观对新闻实践的洞察力，以历史的视角来洞察当代论述，是马克思主义新闻观人才培养极为重要的教学内容设计。比如，此次疫情期间的线上教学，就引用了"非典"期间、"5·12汶川大地震"中的国际传播与国际舆论等内容，来分析与阐述"国际话语权"这一知识点，让学生深入理解了"国际话语权"的重要性。

（3）"学"与"术"相结合，促进理论知识有效融入到专业课程、业务实践中。比如此次线上授课，结合广播电视编导专业的特点，以央视纪录片《一带一路 千年的时空穿越》的制作为案例，分析在新形势下如何通过内容生产"讲好中国故事，传播好中国声音"，让专业知识和实践与学的知识有效打通，做到知行合一。

（4）内容的开放与互补。马克思主义新闻观是开放的、包容的，需要与其他学科、其他新闻观进行积极对话。加强马克思主义新闻观课程与全校马克思主义课程内容相互协调，助推学生对于国情、世界形势的认知，加强专业实践中政治意识的深度。在此次线上授课过程中，在《新媒体的治理》一章中，笔者对现今网络流行的社会思潮进行了深入的讲解。据一项针对大学的调查显示，66%的学生了解民族主义，53.8%的同学了解文化保守主义，51%的同学了解历史虚无主义，45.1%的同学了解普世价值，43.7%的同学了解新自由主义。[1]此次疫情线上授课，笔者及时调整相关内容，以网络中热议的话题，比如将湖北大学教授的不良言论、中国抗疫的精神作为分析对象，并结合学生认知现状，有效提高了学生的社会认知、爱国情怀以及制度自信。

（三）"五维"创新之三：教学设计创新

在教学设计上，形成以马克思主义新闻观课程为统领，其他专业课程辅助的方式，设计具有思想引领、专业素养与政治意识相统一的教学设计方案。同时，注重内容与方法的适配，解决"怎么教"的问题。彻底改变传统的室内上课、教师填鸭式教学、理论与实践相脱节的现状，由任课老师组织学生外出参观与课程相关的历史遗址、媒体单位，边看边讲解，紧密结合理论教学，有助于学生对原

1 李淑娜，郭洪波.接受视域下大学生全面发展的理论与实证研究［M］.青岛：中国海洋大学出版社，2018：151.

理、理论的感性掌握，从实践中体会理论课程教学的要点。同时，配以慕课、翻转课堂等现代教学手段，努力激发学生的主动性，参与课堂讨论，开发课程讨论的有效机制。此次疫情的线上授课，为教学设计创新提供了一次机遇。

（四）"五维"创新之四：教学实践创新

在教学实践上，在加强社会调研、媒体调研的内容设计的同时，以主题实践活动为主线，将专业实践与价值观念塑造有机结合起来，深化学生对马克思主义新闻观的深刻理解。同时，教学体系建设注重产学研的沟通，充分利用学校、企业等多种不同教学环境和资源以及在人才培养方面的优势，把以课堂传授知识为主的学校教育与直接获取实践能力的生产、科研结合起来。

（五）"五维"创新之五：教学评价创新

在教学评价方面，在动态性、互动性的原则上，进行知行合一的评价体系的建构与实践。围绕课程标准，对学生的评价以激励性评价为核心，从知识与能力、过程与方法、情感态度与价值观等几个方面进行综合评价。具体来说，学生的最终成绩分为过程性评价（50%）与总结性评价（50%）。过程性评价主要有课堂表现（10%，回答问题等）、课堂汇报（40%，小组性合作，比如新闻发布会模拟组织与表现情况）、平时作业（40%，比如在课程微信群参与热点话题讨论等）、出勤率（10%）。总结性评价以书面考查为主，即期末卷面成绩。书面试题主要侧重于综合应用类的分析题目，较少涉及需要死记硬背的知识记忆类题目。

四、结语

习近平总书记在哲学社会科学工作座谈会上的讲话中说到："社会大变革的时代，一定是哲学社会科学大发展的时代。当代中国正经历着我国历史上最为广泛而深刻的社会变革，也正在进行着人类历史上最为宏大而独特的实践创新。这种前无古人的伟大实践，必将给理论创造、学术繁荣提供强大动力和广阔空间。这是一个需要理论而且一定能够产生理论的时代，这是一个需要思想而且一定能够产生思想的时代。"习近平总书记的讲话，其实也是对新闻教育工作者的一种激励和促动，它提醒我们应该在变动的社会现实中，不断深化对马克思主义新闻观的研究，创新马克思主义新闻观教学体系，并将最新的理论成果运用在新闻人才的培养中，为党的新闻舆论工作培养大批优秀人才，为国家经济社会发展作出贡献。

从在线教学看"课程思政"与"学科德育"
——卓越新闻人才培养德育模式探析[1]

周晶

自 2013 年"部校共建"的意见提出以来，各新闻学院对卓越新闻传播人才培养中的思想道德培养和价值观念引导十分重视，从教学内容到教学方式上都做了相关的探索。如对马克思主义新闻观教材的编写，马克思主义新闻观课程的改革等，都体现了新闻学教育领域对德育教育的重视。对于卓越新闻人才培养而言，新闻传播人才的人生观、价值观、新闻观的培养，是卓越新闻传播人才德育培养的核心。"三观"教育目前依然存在着课堂教育入口不入心，教学、党建和学生工作条块分割，课程设置重"知"不重"行"的问题。

2020 年，根据新冠肺炎疫情防控的特殊需要，开展了线上教学工作，如何将线上教育与德育教育相结合，成为一个重要话题。要贯彻执行习近平总书记全国高校思想政治工作会议讲话精神，落实习近平总书记全国教育工作会议讲话精神，努力实现全课程育人、全员育人，需要通过对人才培养方案的修订，打通德育课程、德育认知、德育践行三大环节，形成一个"澄清—认同—践行"的德育培养完整闭环模式，从"课程思政"到"学科德育"，全面贯彻执行党的教育方针，把立德树人内化到新闻传播专业人才培养的各环节，实现对新闻传播人才培养的德育思想教育。通过在线教学，以爱国主义教育为主要内容，将防疫知识、战"疫"先进事迹教育、生命教育、公共安全教育、心理健康教育等融入新闻专业线上德育工作，增强学生爱党爱国爱社会主义的思想情感。

一、卓越新闻人才培养德育目标体系建构

在新闻人才培养方案中，培养目标往往是从社会或行业需求的角度出发，强调培养符合社会或行业发展需要的人才。在此总定位之下，新闻人才道德教育的目标被淡化，仅仅停留于让学生了解一定的职业道德知识的层面。这一培养目标

---

1 本文系 2019 年重庆市高等教育教学改革项目"卓越新闻人才培养'三通'闭环德育模式建构"的成果。

的设置与学生个人无关，与实际生活脱节，对学生缺乏相应的感召力。

在当前疫情背景下，学生面对多元的价值观念的冲击，新闻学专业学生的德育目标不应该仅仅停留在对知识的了解上，应重在培养学生的道德批判力，即帮助学生能够对道德问题进行基本的判断，并且做出符合道德标准的选择，教会学生如何积极发挥个人的主观能动性，学会价值判断、学会道德选择，更要学会创造道德的生活环境，提高自身道德生活的能力。

在新闻学专业本科人才培养方案修订中，必须结合社会的需求与个体的需要，把社会发展同个人发展相联系，实现德育目标主导性与多样性的有机结合。在德育目标建设中，坚持习近平总书记"以马克思主义为指导，全面贯彻党的教育"方针，坚持不懈传播马克思主义科学理论，抓好马克思主义理论教育，体现人才培养目标的主导性，实现德育整体教育方向的一体化。[1]

同时坚持德育教育要适应多元文化的现实，坚持德育教育的多样性。在德育目标建设、德育内容选择、德育方法创新上兼容并蓄，逐步形成以社会主义核心价值观教育为主导、多元价值观念相互交融的德育目标体系。

二、卓越新闻人才培养德育模式课程体系建构

根据《关于深化新时代学校思想政治理论课改革创新的若干意见》《新时代公民道德建设实施纲要》《新时代爱国主义教育实施纲要》以及教育部《高校思想政治工作质量提升工程实施纲要》《新时代高校思想政治理论课教学工作基本要求》《新时代高校思想政治理论课创优行动工作方案》等文件精神，新闻学院在深入推进和强化思政课程建设的基础上，要全面推进课程思政建设，将知识传授与价值引领有机贯穿教育教学全过程，充分发挥课堂和课程主渠道在卓越新闻人才培养中的作用。

所谓课程思政，指以构建全员、全程、全课程育人格局的形式将专业课程与思想政治理论课同向同行，形成协同效应，实现"立德树人"这一根本任务。课程思政作为一种综合的教育理念，其创新之处在于要突破只有思想政治教育课程才能实现思想政治教育的目标这一固化思想，从各门学科的专业课程中挖掘德育

1　焦连志，黄一玲．从"学科德育"到"课程思政"——习近平关于教育的重要论述指导下的高校德育创新［J］．集美大学学报（教育科学版），2019，20（1）：1-6.

资源，在专业人才培养的同时注重德育教育工作，实现专业人才培养与德育教育的统一，融通知识传播与价值引导两大领域。

卓越新闻人才的德育教育，需要专业课程教师协同合作深入发掘自身课程中所蕴含的德育元素，并结合专业教学的特点，将德育元素放大传播，共同肩负起新闻学专业"立德树人"的使命。

（一）协同合作的德育团队建设

专业课教师对大学生的思想言行和性格养成影响最大，在高校落实"立德树人"根本任务中，专业课教师具有举足轻重的影响力。习近平总书记指出：教师是人类灵魂的工程师，承担着神圣使命。传道者自己首先要明道、信道。推进课程思政建设，首先要调动专业课教师参与课堂育人的积极性、主动性和创造性，强化每一位教师的育德意识与育人责任，发挥每一位专业课教师在思想政治教育中的优势，保证"立德树人"任务在课堂上扎扎实实地实现。

同时，课程思政还必须发挥专业教学团队的协同作用。要强调充分发挥学院教学名师、优秀教学团队在思政教育教学方面的示范引领作用。创新学工思政教学团队和专业教学团队、思政课程和课程思政协同育人机制，在本科生中开展双导师制、专业班主任制等多种协同育人实践活动，鼓励专业教师一岗位双责。专业教师以本科生导师、专业班主任的身份协同学工部门，通过专题研讨、读书报告会、影片分享等多种方式，对原有教学体系进行扩展，用生活中的德育元素丰富、完善课堂德育内容，激起学生的德育学习兴趣和热情，引导学生对社会动态的观念和态度进行观察、对内心的道德需求进行探讨，切实保障课堂德育教育的实效性。双导师制引入校外导师，与校内导师相互沟通相互协作，对接行业需要，培养实用人才，从课内到课外，延展德育教化内容，紧贴新闻业实践前沿，探索从理论到实践，新闻教学与价值引领的深度融合道路。[1]

（二）互为主体的师生关系建设

课堂教学过程是卓越新闻人才培养最重要的环节，也是实现教书育人目标最直接的途径。专业知识的传授和价值观念的引领是卓越新闻人才培养的基本实现形式，在新闻教育教学中，既要注重在价值引导中突出知识内容，又要注重在知识传授中体现价值内涵，使得显性的知识传授和隐性的德育教化相融通。

1 潘燕.新时代高校"思政课程"与"课程思政"的协同育人机制研究［J］.湖北开放职业学院学报，2019，32（17）：87-88.

一直以来，在课堂教学过程中，教师与学生之间的关系因循守旧，强调以教师为主导，主客体泾渭分明。但这种教学关系的构建已经不适应以卓越新闻人才培养为目标的德育发展需要。在多元文化背景的影响下，新闻工作者直接面对多种价值观念的碰撞与冲突，想要使学生提高自身的道德水平，在纷繁复杂的价值观念冲击中做出符合科学的道德判断和选择，必须转变这种以教师为主导的传统德育理念。但是简单的以学生为中心的转向，并不能充分促使学生自觉且主动地接受正确的思想道德观念，自发形成个人的良好道德品质，约束个人行为规范。教师中心论是强调了教师的主导地位，而忽视了学生的主观能动性；学生中心论则是肯定了学生的主观能动性，而忽视了教师的引导作用。

卓越新闻人才培养要求在课堂教学树立"互为主体"的德育理念。在课程思政过程中既要坚持教师的主导地位，又要充分发挥学生的主体能动性，通过教育者与受教育者进行相互沟通、交流，形成平等互动的过程。教师要注重学生个性的发展，尊重每位学生的思想状况和知识储备情况，要结合学生思想变化的规律和特点，把学生的知识盲点和思想道德水平差异作为课堂教学工作的同等重要的切入点，进而有针对性地开展不同层次的教育，帮助其成才，成人。

（三）线上与线下相结合的课程内容建设

新闻学专业每门课程均有其内在的价值取向，并需要通过课程教学的形式得以实现。这是课程思政教育的基本落脚点，而课程思政则是实现专业教育德育目标的重要环节，二者是可以有机结合的。将思政教育的原则、要求与内容和新闻专业课程设计、实施和反馈相互结合，初步形成理论课程、独立实践环节与课外实践活动三位一体、线上与线下教学同向同行的"课程思政"体系，更好地推动卓越新闻人才的培养。[1]

同时，卓越新闻人才培养方案的建构需要根据国际国内形势的变化和社会形势、社会热点的演变，不断将一些与时俱进的内容纳入其中。当前形势下，将例如生命观教育、网络道德教育、生态伦理教育等全新的内容纳入到课程体系中，会使卓越新闻人才道德教育更富有时代特色，符合社会、行业的需求。

通过不同学期的专业见习和毕业实习，利用独立实践环节锻炼学生专业能力的同时，提升其职业道德素养，这种阶段性的实践课程体验，能够有层次、有规

1　焦连志，黄一玲.从"学科德育"到"课程思政"——习近平关于教育的重要论述指导下的高校德育创新［J］.集美大学学报（教育科学版），2019，20（1）：1-6.

律地提升学生在德育课程当中的感悟，巩固德育学习成果。

通过校内外各种实践的开展，课程思政的内容能够从课堂延伸到课外，从线上延伸到线下，通过课外活动积极渗透社会主义核心价值观，渗透思想政治教育信息，传播社会主义核心价值观的作用。这些相关联的课外活动成为了课程思政的补充和延展，与思想政治理论课以及专业课程相互呼应，提升专业德育教育工作的水平，也推动着课程思政的变革与实践探索。

（四）"双向互动"教学方法建设

思政课程侧重教师单方面的灌输，课堂活动缺少互动与对话，教学效果不佳。课程思政改革要求卓越新闻人才的培养要注重互动与对话，充分尊重学生的主体意识，从单向的灌输向双向互动转化。这就要求在课程教学中，教师要以学生为主体，应用平等交互式、生活化教育式、隐性渗透式、价值澄清式等新型德育方法，充分发挥榜样示范、疏导教育、实践锻炼、情感体验的作用。

同时，教师要发挥学生的主体地位，推动、引导、支持、激励学生实现自我教育。让学生在处理现实的道德问题、体验道德冲突的过程中增加对道德的认知感，进而满足自身的道德需求。新闻采写等课程充分利用校级、院级融媒体中心、学生报、学生杂志等校内实践平台，锻炼学生专业能力，同时将德育教育内容与学生所关注的社会生活相统一，让同学们在专业实践中面对社会生活中所提出的道德问题，使德育内容更具现实性与可行性，易于被学生所接受，真正地内化为学生的道德规范。

三、卓越新闻人才培养德育模式学科体系建构

课程思政实现了对专业课程内容的深度挖掘，从专业课程发力，实现对学生的德育教化作用。但卓越新闻人才的培养，不能仅局限于某一课程发力带来的影响，而是需要积极思考建构能够与思想政治理论课程并向同行的专业课程体系。这就要求树立学科德育的理念，整体挖掘新闻学专业的学科资源，从理论到实践，将学科优势转化为育人资源，与思想政治理论课并向而行、共同发力，形成三全育人的典型环境。

通过人才培养方案改革和课程体系的梳理，在对课程资源进行充分挖掘的基础上，新闻学学科可以形成学科基础课程、专业核心课程与独立实践课程相结合的"学科德育"体系。三类课程协同发挥培养卓越新闻人才的专业引领和价值导

向作用（图1）。

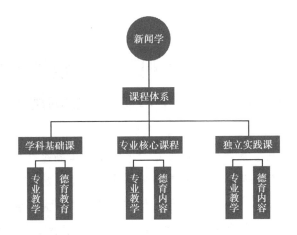

图 1　新闻人才培养德育模式学科体系

学科基础课程的建设要积极渗透社会主义核心价值观的内容。在新闻专业的学科基础课中，相当一部分课程带有一定的意识形态属性，属于社会科学范畴。此类课程对德育资源的挖掘，应更加注重马克思主义理论的引导，注重社会主义核心价值观的塑造与培育。"马克思主义新闻思想""新闻传播伦理与法规"等课程可以对学生进行历史唯物主义教育、辩证唯物主义教育以及爱国主义教育，帮助学生树立实事求是的科学观。

专业核心课程要积极开拓德育教育内容。"新闻学概论""媒介经营管理"等课程应当注重从职业教育、法制教育、管理创新教育等方面进行素材选择，通过大量的案例教学起到启迪学生思想、锻炼学生道德判断能力、帮助学生理解接受与巩固加强思想政治教育课程所传递的思想政治教育信息的作用。

独立实践课程则要积极延展课程育人资源。通过专业实践更好地推动对学生的个人规划教育、科技创新教育实现实践与道德教育的责任，既能达到提升学生综合素养、锻炼学生实践能力的目的，又能达到提升学生的思想政治素养的效果。

卓越新闻人才的培养，需要树立学科德育的理念，通过对专业培养方案、课程大纲、课程内容与课程体系的精心建构，科学设计，合理布局，努力促进专业课程建设与德育内容匹配的一体化建设，以解决新闻学专业德育教育整体内容缺乏统一规划、德育教育缺乏层次感和渐进性、课程与课程之间部分内容重复等问题。从而通过改革实践探索，建立顶层规划整体统一、内容合理布局、层次渐进、匹配学生身心发展规律的卓越新闻人才培养德育模式。

"马克思主义新闻观"线上教学的探索
——基于"超星学习通"平台的运用[1]

贺滟波

疫情改变了全社会既定的生活节奏，也促使全国高等院校开始有计划地逐步推进线上教学工作。为了响应教育部"停课不停学"的号召，重庆师范大学为师生们搭建并对接了各种教学平台，如学习通、雨课堂、爱课程（中国大学MOOC）、智慧树、重庆高校在线开放课程平台、学堂在线等。在已有的教学平台基础之上，教师们使用电脑、手机、平板电脑等设备，以及微信、钉钉、QQ群等新媒体社交工具，共同完成教学活动。就笔者而言，最初在面对学校下发的各种教学平台的操作手册时，无疑就像进入了琳琅满目的超市一样，有点头晕眼花，无处下手，不知该选取哪一个教学平台。源于以前观看过"超星学术视频"的经历，笔者在第一时间选取了在名称上较为接近的"超星学习通"。本文拟以"马克思主义新闻观"这门课程为例，展示普通本科院校教师使用"超星学习通"平台进行在线教学的探索情况，以便为同类型高校关于该门课程的线上教学提供借鉴。

一、问题的提出

第50次《中国互联网络发展状况统计报告》显示，截至2022年6月，中国网民规模为10.51亿人，互联网普及率达74.4%，其中，手机网民规模达10.47亿，较2021年底增长1 785万，网民使用手机上网的比例达99.6%。[2]毫无疑问，手机已成为在校大学生最常使用的移动上网设备，其在课堂上的出现率与使用率也逐年增加。对于高校学生而言，手机成为一把双刃剑，一方面在课堂上能够更方便查询、交流、传递信息资料；另一方面，课堂上的"低头族""拇指族"也变相增多，尤其自控能力较差的学生容易受聊天、游戏、娱乐视频的吸引，无法专

1 本文系重庆市教育科学"十三五"规划2019年度课题"接受理论视域下的马克思主义新闻观教学体系的创新与实践"（2019-GX-338）的阶段性研究成果。

2 中华人民共和国国家互联网信息办公室.第44次《中国互联网络发展状况统计报告》［R］.中国互联网信息中心，（2019-08-30）.

注于课堂学习，严重影响了课堂的教学效果。

如何消除手机在课堂上的不利影响，将手机转变为促进学生学习的有利工具，这一直都是高校教育急需面对和解决的问题。然而，疫情的暴发与蔓延，使得高校教师们不得不面对现实条件，寻找新的教学方式，转变原有的思路，从而重新审视这一问题。也就是说，手机等移动互联网设备在课堂上的使用，不再是一个非此即彼、非黑即白的问题，也不是教师们为提高学生注意力而抗拒（或有限度）使用的问题，而是已然成为了课堂教学的一部分，甚至是非常重要的组成部分。正如教育部在《教育信息化十年发展规划（ 2011—2020 年）》中明确提出，要加快对课程和专业的数字化改造，创新信息化教学与学习方式，提升个性化互动教学水平，创新人才培养模式，提高人才培养质量，以推动学科工具和平台的广泛应用，培养学生自主学习、自主管理、自主服务的意识与能力[1]。由此，开展移动式网上学习，改革创新教学新模式，是顺应互联网时代发展的必然要求，也是提升教育教学质量的有效途径。

二、在线建课：网络公共资源与个人教学内容相结合

1. 课前准备

相对于传统的课堂教学来说，线上教学对教师自如地操作现代化教学工具的要求更高。以"超星学习通"为例，这款手机 App 是超星集团基于移动互联网技术，专为教学而开发的一款教学工具，是集课堂教学、学习社交、考试系统、海量在线资源为一体的综合学习平台。就笔者而言，此次疫情之前，与"超星学习通"类似的现代化教学工具在传统的课堂教学中很少用到，基本停留在"听说过"但并未用过的层面。在疫情防控期间，超星的工作人员通过 QQ 群答疑、视频指导等方式为全国高校教师提供了较为便捷的网络授课的指导服务。尽管如此，笔者在进行线上教学的前期准备中，依然面临着各种各样的问题，颇有"盲人摸象"之感。比如，"超星学习通"App 下载后，为何还要进入学校的教学平台？进入教学平台后，点击课程，为什么会出现白茫茫一片？如何录制课程，并上传到平台？刚刚录制好的资源保存到哪里了？诸如此类技术方面的问题，成为笔者课前准备的主要工作。

1　中华人民共和国教育部 . 教育部关于印发《教育信息化十年发展规划（2011—2020 年）》的通知［ R /OL］（2012-03-13）［2020-04-19］.

除此之外，教师与学生之间的课前联系与沟通也很有必要。由于假期延长，学生在家的作息时间难免会不规律，很容易懈怠拖沓。在这种情况下进行线上教学，教师需要充分调动学生的积极性，使学生意识到"停课不停学"的重要性。比如，在距离正式上课还有两周时，笔者就与学生取得联系，建好课程QQ群，与"超星学习通"配合使用。这样有两个好处：一是查缺补漏，将系统遗漏的学生名单及时添加进"超星学习通"班级中；二是以防"超星学习通"系统因在线使用人数过多而崩溃，QQ群可以替代并开展正常的教学活动。

值得注意的是，由于"超星学习通"有"设置任务点"这一功能，所以教师能够较为便捷地、及时地了解学生的学习进度。教师也利用QQ群、"超星学习通"群聊等方式督促学生进行预习，为线上教学的正式开展奠定基础。

2.课程建设

在进行正式的线上教学之前，教师通过"超星学习通"备课，并同步进行课程建设。笔者在讲授并建设"马克思主义新闻观"课程时，相对于传统的课堂教学而言，"超星学习通"平台的使用更为方便、立体、多样化。主要表现在以下三个方面。

第一，课程整体构架一目了然。在传统的课堂教学中，教师会专门花一节课的时间进行说课，并介绍课程的整体构架与内容。但是，学生对课程的整体印象基本停留于第一节课的课堂上。在"超星学习通"平台上，学生每次进入"课程"页面，都可以不断重复课程的整体印象，从而在每一章节的学习过程中，会有意无意地复习上一节内容，并预先"浏览"下一节内容，这也在某种程度上激发了学生的学习自主性，并形成了一个有序的、整体的学习活动。同时，教师将"学习目标""学习方式""学习参考资料""学习课时""教学安排""教学步骤"等关键点，清晰明了地展现于每一章节前，便于学生在自主预习或复习的过程中，能够有迹可循，有的放矢。

第二，教师录制速课精简凝练、重点突出。在传统的备课过程中，教师更加注重学生在教室里的实际反应，但是，由于在线教学教师难以看到学生细致的表情和动作，因此，教师需要在着手备课之时，预先研判学生的线上学习心理，对备课内容及时做出调整。基于这种情况，"超星学习通"为任课教师提供了录制速课的功能，教师可以根据教学内容提前录制好短视频，供学生观看。为了最大限度地吸引学生听课，提升学生的学习兴趣，速课时间不宜太长，否则学生会产生倦怠心态。速课内容也要有所选择，切忌"满堂灌"，教师需要根据课程大纲与教学进度选择重点内容进行讲解。比如讲解"遵循新闻传播客观规律"，涉及这一命题的"题解"以及习近平总书记的重要讲话，可录制速课共20分钟左右。学生在学习的过程中心有疑惑，可以在速课观看结束后进行"师生讨论"。实际上，速课录制非常考验任课教师的综合素质。由于时间有限，要充分考虑学生听课的效果，教师在录制过程中要注意话语艺术，尽量使用精简生动的语言、富有情感的语调，避免过多的口头禅、语气词的出现。

第三，方便调取、借用并上传成熟的学习资源。在疫情这一特殊时期，师生手头的学习资料都有限。为应对这一突发情况，借用中国高校已经成熟的课程资源不失为一种有效的学习手段。在"超星学习通"平台之上，超星学术资源的使用更为便捷。如果有同名相关课程的话，教师可以直接借用平台资源，师生按照学校教学要求逐步有计划地完成课程内容。然而，笔者从各大教学平台搜索课程"马克思主义新闻观"，所见资源较少，且都是2～3学时的讲座，或者分属于此课程的某一章节（如中国大学慕课中浙江大学传媒学院建设的"媒介融合"系列课程）。尽管这些碎片化的学习资源无法单独支撑起整个课程内容，但是很好地补充了笔者的力有不逮之处，可与录制速课方式搭配进行。同时，将与课程相关的期刊论文、书籍上传到平台的"资料"中，以便拓展学生视野。实践证明，完整、充实的在线课程体系应该是教师个人教学内容与网络公共资源的有机结合。

三、直播讲课：平台观看速课/教师讲解＋师生讨论

笔者在讲授"马克思主义新闻观"时，教学过程主要分为三个阶段：学生在QQ群中签到、学生登录超星平台观看速课/教师讲解、师生讨论答疑。QQ群的"群接龙"功能，不仅帮助教师完成学生的"点名"，教师还可以即时直观地掌握学生的在线情况；由于在线教学的限制，再加上学生网络不畅、个人身体原因等各种问题，笔者多采用提前录制速课的方式，根据教学进度表，上传到平台中，让学生根据自己的时间、精力进行调整，或提前，或稍延后，自主分配个人学习时间，从而完成教学内容。学生可以随时回看，熟悉的内容可以快进，这一点相对于传统课堂教学而言，较为灵活，更有优势。

笔者认为，速课较为适用于理论性内容的讲解，比如"导论"中涉及的"马克思主义新闻观"、"马克思主义新闻学"、习近平总书记关于新闻舆论宣传工作的重要讲话、新闻价值规律等，这些内容在学界多已达成共识，争议性不大，

录制速课能够快速、准确、清晰地传递给学生。然而，讲解具体的新闻案例时，与传统的课堂教学一致，需要教师引导并启发学生，共同讨论，从多个角度思考。关于这些内容讲解的时候，笔者借助 QQ 平台语音直播与 QQ 平台文字交流共同完成授课。在直播中，教师语音提出问题，学生把自己的所思所想形成文字，发在 QQ 班级群里，共同分享，共同参与思考讨论。相对于单独点名让某一学生回答问题，这样可以督促多数学生展开思考，彼此分享、启发，共同提高。需要指出的是，在师生讨论的过程中，教师需要维持好秩序，使讨论在法律法规与教学条例允许的前提下进行，并适时鼓励学生提出自己的见解。总之，在线上教学中，教师与学生虽然无法实际见面，但通过"超星学习通"与 QQ 群的配合使用，师生之间正常的教学活动仍然能够开展。

四、超星"学习通"在线教学模式的展望

综合上述内容，我们对传统课堂教学与"超星学习通"在线教学二者之间的差异已有大致了解。下面用表 1 对两种课堂教学模式进行区别。

表 1　传统课堂与"超星学习通"在线课堂的区别

	传统课堂	"超星学习通"在线课堂
空间 / 场所	教室	家里或有手机、电脑连接网络的其他地方
时间	一节课 45 分钟	同步教学时间 45 分钟或其他碎片化学习
教师角色定位	知识的传授者 / 主导地位	学生学习的指导者、问题解决者 / 协助地位
学生角色定位	知识的接受者 / 被动地位	学习的主动者 / 主动地位
教学方法	讲授式教学	观看慕课，主动探究式学习
教学手段	黑板、粉笔及 PPT 等多媒体辅助工具	PPT 等多媒体辅助工具、学习软件、教学平台空间、网络在线资源等
知识传授	课堂中	课堂前、课堂中、课堂后

关于"超星学习通"教学平台的优势，文章对此已详细论述。事实上，在具体的学习活动中，师生们还是会有各种问题。归结起来，主要有两个方面。

第一，技术性操作欠考虑或教学平台的容量有限。笔者在讲解第二章"把握新闻工作基本要求"中的知识点，即"正确认识新闻的起源"时，提前录制、上

传速课之后，学生在正常的教学时间却因网速太慢而无法打开，或者音视频不同步，导致知识信息的传递不够流畅，对教学效果有一定的影响。

第二，学生的学习期待与现实条件之间的矛盾。"马克思主义新闻观"这门课属于一门理论兼实践的课程，按照原有的教学安排，课程对实践环节设置了 8 个学时，拟打算带领学生前往华龙网、重庆日报报业集团等新闻媒体单位进行实地学习，以了解当前新闻业界进行"媒体融合"的实际动态、痛点难点、未来展望等。但是，由于疫情原因，实地学习的环节只能取消，这显然无法深入地帮助学生理解"媒体融合"理念。加之学生手头没有教材，尽管教师将课程主要内容录制进速课中，或者提前上传与课程相关的学术论文等资料，但是，学生依然感觉"学起来不太系统、规范，学习起来较吃力、抓不住主线"。[1]

除此之外，就教学气氛而言，师生之间的互动性相对较差。传统课堂教学的师生互动属于人际传播，是一种面对面的学习交流，有提问，有回答，主要依靠口头语言进行互动。采用"超星学习通"进行线上教学，尽管教师已经提前上传速课或相关课程资源，指出重点、要点，并专留时间与学生讨论并答疑，或者提出问题引导学生参与讨论，但事实上，在具体的学习实践活动中，由于教师无法照顾到所有学生，加之学生的从众心理，或者怕回答错误，或者因对课程内容不感兴趣而自娱自乐等原因，参与讨论的同学只占小部分，提出疑问的同学也少之又少。即使教师提出问题，引导学生思考，能够即时回应并参与回答的同学也偏少数。教师本意是督促多数同学参与话题讨论，从多角度展开"头脑风暴"，共同分享，共同提高，但是实际的教学效果并不是特别好。

反之，如果为了提高学生的互动性而加强"签到""点名"等环节，似乎又有点偏形式主义，浪费太多时间和精力。可以说，网上教学对学生的自主学习意识与自律性意识要求较高，再加之耳麦收音效果、摄像头清晰度、网速快慢等硬件设备问题，网上教学要想实现传统课堂教学的师生互动效果，依然有很大的距离。

在未来的很长一段时间内，传统的课堂教学依然是教育的主要渠道，不仅仅是因为上述各方面原因的限制，更重要的是，学习也是一项很重要的集体活动，"三人行，必有我师"，同时，学习也是一项有温度、有情感的活动，这是互联网线上教学无法替代的。

---

1 学生反馈来自超星"学习通"平台—"作业"—"中期反馈"，提供者为 2018 级新闻 1 班周丽。

金课与课程改革

"摄像基础与编辑制作"线上教学刍议

张珊珊

线上教学不应只是特殊时期的权宜之计，而应当成为未来教育的常态。为顺应潮流，提升个人的教学技能，笔者根据自身近期在"摄像基础与编辑制作"线上教学中的实践经验，结合在学生中进行的相关问卷调查，作出了初步的总结和粗浅的论述。

一、本人本学期线上课程反馈情况梳理

（一）从线上教学反馈看教师

在80份调查问卷中，实际上课所用软件被提及频率（附录第3题）最高的依次为腾讯QQ（97.5%）、腾讯课堂（97.5%）和超星学习通（67.5%），说明教师们还是倾向于使用自己平时就比较熟悉的软件，以最大程度降低线上课程的备课成本。这种趋势其实是事态发展中自然选择的结果，是有利于线上教学的可持续发展的。否则教师这一主体的能动性在线上教学的实践中被打击，或者实施线上教学等于变相加重教师负担，那么线上教学的实施与普及就难以为继。

（二）从线上教学反馈看学生

学生中只有5%会听课程回放（附录第4题），而针对后续问题"您认为直播学习的效果如何？"（附录第6题），有57.5%（占比最多）的学生认为"一般"；针对问题"上网课时您的状态？"（附录第7题），有47.5%（占比最多）的学生选择了"只关心打卡，保证在线，学习质量不能保证"；针对问题"疫情过后您更偏向于哪一种学习模式？"（附录第17题），有42.5%（占比最多）的学生选择了"线下为主线上为辅"。综合这几个问题，本学期的线上课程，其吸引力应该是不足的，学习效果不如线下课程。其原因应该有以下几点。

（1）线上授课仓促执行，师生的准备均不够充分，尤其是客观条件（网络或平台性能不够好、没有电脑、教材不到位等）的问题一时无法解决。

（2）线上课堂缺乏老师的有效监管，学生容易放任自己。

（3）学生正值精力旺盛的阶段，疫情迫使他们长期困守家中，情绪上的低潮使他们更容易对学习产生抵触心理。

（4）教师们提供的线上精品课、PPT、电子书等资源，首先是方便学生课下预习、复习和拓展学习，但同时也成了学生偷懒的"底气"，认为即使现在不认真随堂同步学习，将来也可以用这些资料自学。

（5）全民网课的大环境下，网课效果不佳的声音流传甚广，这种声音在以负面信息为噱头的微信公众号等学生接触较多的新媒体当中尤为常见。这也令学生产生了"怎样都学不好"和"大家都学不好"的心理暗示和自我安慰。

（三）从线上教学反馈看师生互动

问卷结果显示，40%的学生（占比最多）在线上课程中"只参加感兴趣的互动环节"（附录第8题），而45%的学生认为线上教学的缺点之一是"无法和老师进行深入交流和互动"（附录第14题）。附录第14题中"缺少教室学习的气氛，不能专心听讲"（有73.75%的学生选择）、"看不到老师的肢体语言，无法感受老师的人格魅力"（有55%的学生选择），以及附录第16题中"注意趣味性"（有78.75%的学生选择）和"注意与学生交流"（有33.75%的学生选择），附录第15题中"值得推荐的在线教学方式"，有70%的学生选择"在平台里直播讲解"（在多选选项中遥遥领先，排第二位的"群内交流沟通"占52.5%），哪怕同等条件下，录播比直播在纯知识含量上明显更具优势。根据统计，可以初步得出结论：学生渴望的不是简单的互动，而是能够提起他们兴趣的、具有教师个人魅力的互动。其深层原因之一是学生难以在线上课堂中保持注意力，他们需要感受到人气和氛围，而不只是听到和看到一台机器传来的数字化声像。

值得注意的是，有学生认为，"在线学习的优点"（附录第13题）之一在于"不用面对面，回答问题更放得开"。可见师生之间始终存在无形的藩篱，这或许也是互动环节可见成效的一项障碍。

二、关于线上教学的几点思考

（一）技术或技能

对软件和平台的熟悉程度，固然可以决定线上教学是否流畅，但在线上教学的初级阶段，可以不必过分执着于这个方面，否则很容易令老师丧失信心，本能地抵触这种新型而便捷的教学形式。

另外，教师在初期涉足线上课程时，也不必以线上精品课甚至微课竞赛为标准要求自己。笔者查看了许多精品课和获奖微课，要么是由多位教师组成团队，各自负责擅长的板块；要么是主讲教师花了大量的业余时间和精力，并聘请了学生助理来处理课程建设的烦琐杂务，才最终令线上课程成型。以上的操作固然可贵可敬，但难免成为线上教学这一大趋势在前进中的障碍，无法大规模、高效率地展开工作。

"摄像基础与编辑制作"这门课中，无论是实践环节还是针对实践的理论环节，都需要较多的软硬件演示，比如摄像部分，需要不断在按键操作特写镜头和实际成像效果画面之间切换，还需要穿插大量不同拍摄环境下的实例，因此只能提前进行录制，这对于线上教学而言，前期策划、拍摄和后期制作的要求比纯理论课程要高许多，所耗物资和人力是面对面教学的若干倍，在目前的教育条件下，并不适合每位教师。

（二）互动环节设计

尽管目前仍存在各种问题，但互动环节对线上教学而言还是十分重要的。因为缺少现场课堂中的氛围，教师很难在第一时间接收到学生的反馈，从而相应调整教学进度和方法。所以建议每讲完一个知识点就马上接入互动环节，时间可以根据知识点的重要程度、难易程度而定，形式可以是提问、答疑、讨论，或者让学生提交该知识点的笔记截图等。

而学生互动积极性的问题或许可以尝试用虚拟社区的日常维护来解决，并且这种维护不应该仅限于课堂中和上课前后。"教学过程中虚拟社群能够成为一个长久互动场域，而不只是一种临时需求性的人群聚集。"[1]教师如果期望自己的线上课堂氛围活跃，教学效率有所提升，应该以班级为单位建立虚拟社群，如QQ群、微信群等。并在课堂以外的时间在该群与学生保持沟通、交流，就教学之外的有趣话题进行日常对话，让学生放松下来，消除隔阂，认识教师，认可教师，才可能令线上课堂的互动顺畅，让教学进度不至于阻滞不前。这其实是"磨刀不误砍柴工"的行为，长远看来并不是对教师精力的额外消耗。

在这里，不得不提到萨蒙（Salmon）和吉尔斯（Giles）的"线上教学五阶段论"，分别是："鼓励并指导新手上路、成员进行线上社交、信息交流、知识建构、自立发展。"[2]在这个理论中，明确表示线上教学的第一步是让学生感受到教师

---

1 梅水玲，唐凌.线上教学发展状况与虚拟社群维持策略探析［J］.求知导刊，2017（10）：84.
2 杨家兴.线上教学的设计和支持服务的设计法则［J］.天津电大学报，2006（4）：5.

的热情和宽容，并且感觉到彼此之间在人格上是平等的。第二步则直接指出了师生应该"进行线上社交"。师生之间的信任和自由沟通的良性场域（"信息交流"）建立起来之后，才可能有效地实施"知识建构"，进而引导学生"自立发展"。"五阶段论"显然是对师生共同维护课外虚拟社群的一个有力理论支持。

此外，从教学工具的角度看，在线上教学过程中，将学生的发言设置为"匿名"，或者选择可以无署名发布弹幕的线上教学软件，不驳斥学生的发言内容（只要不违背公序良俗），都可以令学生卸下防备，从而在互动中表现得更加活跃。

"摄像基础与编辑制作"这门课程，如果可以将线上教学和线下实践相结合，有在摄像实践和机房实践过程中师生面对面的交流和磨合打基础，加之学生分组拍摄、剪辑、审片的集结效应和长尾效应，预期是非常有利于课程社群成长的，可惜这门课开设伊始就只能以纯粹的线上教学形式开展。

总之，应尽量将教学模块设计成微型加成长型，精准而持续地吸引学生的注意力，从被动参与变为主动关注，令师生在良性发展、自由活跃的网络社交氛围中达成教学相长。

（三）理论课的线上教学模式探索

由于学生的参与程度相对较弱，理论课即便在线下课堂中的效果也普遍不如实践课。国内理论课的授课一贯以教师讲解为主，学生讨论甚少，而引导学生主动搜寻、整理资料，并从中发现问题、解决问题的情况更是罕见。其实大学生最应该被培养起来的能力就隐藏在其中，这样才可以让他们有自我增值的能力，可以更好地适应社会。知识一直都会更新，拥有强大的学习能力才是发展的根本。所以，借线上教学的东风，应该在理论课中大量引入学生自主建立课题的环节，即在课程所涉及的领域鼓励学生选题、研讨和演讲，用翻转课堂的形式，让学生在教师的引导下，将理论知识系统建立起来，而不是将现成的知识系统灌输出去。

"摄像基础与编辑制作"课程中，因为课时量有限，且学生是大一新生，没有相关的预修课程做基础，所以对摄像机的基本构成和性能指标、后期编辑的观念和艺术这些理论性强的部分，笔者有意将其分解成若干微型自学项目，让学生分组利用课余时间完成自学任务，但考虑到实际情况（学生自觉性较差，课程安排较满，大多数没有电脑），最终没有布置下去。

（四）实践课的线上教学模式探索

以软件教学为主的实践课，如"摄像基础与编辑制作"中的编辑制作部分，在教师演示软件操作的环节，是相当适应线上教学模式的。因为线下课程在这个环节，都是在实验机房以教师机屏幕共享给学生机的方式进行，与线上屏幕分享基本无异。缺点是当需要学生自行操作练习的时候，教师难以当面指导，而无论是学生描述软件操作中产生的问题，还是老师帮助排查这方面的问题，通过网络处理的效率通常是十分低下的。当然这个问题可以通过学生将自己的操作练习录屏后发给教师，从而得到解决。但这样一来，传输、存储和下载的负担将非常之重。另外，学生需要事先掌握录屏软件的使用方法。而依靠逆向屏幕分享解答学生操作疑问的方式，只适用于小组，至多小班级授课，难以发挥线上教学面向对象广泛这一优势。而且，许多线上教学软件的学生端并没有设计屏幕分享的功能。因此，目前实践课的教学，还是比较适合采用线上教授、线下指导的方式，这样能够最大效率地利用实验机房，避免教师讲授环节过多地占用机房的使用时间，因为在此环节，学生机基本沦为单纯的显示设备，在一定程度上造成了公共资源的浪费。

此外，在实践课的线上教学过程中，发现学生之间学习效果的差距比线下教学更加明显，分析原因，应该是学生的自律性、学习环境以及对软硬件的应用能力这三个主要方面的差异进一步拉大了学习效果差距。可想而知，教师很难从根本上解决这些问题。鉴于这种情况，是否可以考虑建议学生以优带差的结合原则建立线上学习互助群组，老师可加入每个群组，以便监督和指导。当然这也取决于学生之间的关系培养。尤其对没有线下联系的学生而言，线上社群培育这一基础就显得尤为重要。

三、结语

无论哪种教学方式，其目的都是让学生获得生存的技能，拥有独立思考、不断学习以及解决问题的能力。因此，线上教学也只是教育宏图中的一支脉络，只不过，它是通往未来的路线，路漫漫其修远兮，途中还需要师生协力共进。

附录：

网课调查问卷

（有效的"其他"选项答案无法一并导出，因此紧随问题单独用截图展示）

第 1 题　您的性别是？［单选题］

选项	小计	比例
男	21	26.25%
女	59	73.75%
本题有效填写人次	80	

第 2 题　您所在的年级是？［单选题］

选项	小计	比例
大一	27	33.75%
大二	0	0%
大三	53	66.25%
大四	0	0%
研究生	0	0%
本题有效填写人次	80	

第 3 题　学校通过哪些平台进行在线教学？［多选题］

选项	小计	比例
钉钉	26	32.5%
微信	15	18.75%
腾讯 QQ	78	97.5%
企业微信	2	2.5%
腾讯课堂	78	97.5%
ZOOM 等视频会议系统	19	23.75%
超星学习通	54	67.5%
知到（智慧树）App	5	6.25%
雨课堂 / 课堂派	11	13.75%
其他	12	15%
本题有效填写人次	80	

第4题　您每天按时听直播课吗？［单选题］

选项	小计	比例
按时听直播课	76	95%
有时需要听回放	4	5%
时间冲突，只能听回放	0	0%
本题有效填写人次	80	

第5题　您在进行网络课程学习之前，一般会做哪些准备？［多选题］

选项	小计	比例
先浏览教学大纲，了解课程的主要学习内容	24	30%
根据课程的教学计划规划自己的学习时间	48	60%
只需具备计算机等设备就可以	33	41.25%
跟传统课程一样，不需要准备	22	27.5%
其他	3	3.75%
本题有效填写人次	80	

第5题：您在进行网络课程学习之前，一般会做哪些准备？---选项详情

搜索答案文本	搜索	关键词分析	☑过滤空选项	导出Excel ❓

序号	提交答卷时间	答案文本		查看答卷
54	4月15日 10:59	笔记本		查看答卷

第6题　您认为直播学习的效果如何？［单选题］

选项	小计	比例
很好	11	13.75%
好	17	21.25%
一般	46	57.5%
差	4	5%
很差	2	2.5%
本题有效填写人次	80	

第7题　上网课时您的状态？［单选题］

选项	小计	比例	
按时上课，课程笔记一个不落	30		37.5%
只关心打卡，保证在线，质量不能保证	38		47.5%
按时上课太难，总是有事错过	3		3.75%
老师讲得津津有味，我听得昏昏欲睡	6		7.5%
其他	3		3.75%
本题有效填写人次	80		

第7题：上网课时您的状态？---选项详情

搜索答案文本　　　搜索　　关键词分析　　　　　　　☑过滤空选项　导出Excel ❓

序号	提交答卷时间	答案文本	查看答卷
5	4月15日 10:40	按时上课，会经常走神，质量不高	查看答卷
19	4月15日 10:43	跟不上老师节奏	查看答卷
36	4月15日 10:50	上课时容易走神，也想认真听来着，不知不觉就走神了	查看答卷

第8题　您是否参加网课中师生互动环节？［单选题］

选项	小计	比例	
每次互动都会认真参与	14		17.5%
只参加感兴趣的互动环节	32		40%
只参加必须参加的互动环节	7		8.75%
偶尔会参加	23		28.75%
从不参加	4		5%
本题有效填写人次	80		

第9题　您在观看网课时有什么问题？［多选题］

选项	小计	比例	
完成率比较差，学习效果无法保证	43		53.75%
学生的学习情况无法反馈，老师无法根据实际情况有针对性地教学	37		46.25%

续表

选项	小计	比例
课程录制时间久远,一些课程内容需要更新(录播)	13	16.25%
课程没有匹配的教材,无法拓展学习	47	58.75%
讲解不细致,学习起来比较困难	5	6.25%
其他	3	3.75%
本题有效填写人次	80	

第10题　在家上网课,遇到不会的作业题您是如何完成的?〔多选题〕

选项	小计	比例
主动问老师,问同学	39	48.75%
抄同学的作业上交	2	2.5%
不会做就不做	3	3.75%
自己网上搜索查找相关资料	73	91.25%
其他	2	2.5%
本题有效填写人次	80	

第11题　对您而言线上上课压力大吗?〔单选题〕

选项	小计	比例
非常大	4	5%
比较大	16	20%
一般大	37	46.25%
不大	22	27.5%
轻	1	1.25%
本题有效填写人次	80	

第12题　您认为上网课学习的压力来自哪些?〔多选题〕

选项	小计	比例
对软件操作不熟悉	19	23.75%
线上学习时间长	24	30%

续表

选项	小计	比例
线下预习和复习时间长	21	26.25%
课后作业多	35	43.75%
自学时间不足	18	22.5%
其他	12	15%
本题有效填写人次	80	

第12题：您认为上网课学习的压力来自哪些？---选项详情

| 搜索答案文本 | | 搜索 | 关键词分析 | ☑ 过滤空选项 | 导出Excel ❓ |

序号	提交答卷时间	答案文本	查看答卷
5	4月15日 10:40	很多内容未能掌握	查看答卷
18	4月15日 10:43	效果不行	查看答卷
36	4月15日 10:50	设备问题，影响学习效率和课后复习完成作业	查看答卷
44	4月15日 10:53	疏于沟通	查看答卷
46	4月15日 10:53	需要用电脑，但没带回来，没法具体操作	查看答卷
56	4月15日 11:03	自我管理能力不强	查看答卷
58	4月15日 11:06	无法和老师针对具体问题解决	查看答卷
79	4月15日 14:36	无	查看答卷

第13题　您认为在线学习的优点有哪些？［多选题］

选项	小计	比例
可以回放，反复听课	54	67.5%
可以灵活安排学习时间	47	58.75%
可以随时下载课件和辅导材料	41	51.25%
可以学习其他高校优质教学资源	46	57.5%
课后可以随时联系老师答疑	20	25%
可以和同学随时交流问题	25	31.25%
其他	4	5%
本题有效填写人次	80	

第13题：您认为在线学习的优点有哪些？---选项详情

| 搜索答案文本 | | 搜索 | 关键词分析 | ☑ 过滤空选项 | 导出Excel ❓ |

序号	提交答卷时间	答案文本	查看答卷
17	4月15日 10:43	无	查看答卷
26	4月15日 10:46	没有	查看答卷
45	4月15日 10:53	不用面对面，回答问题更放得开。	查看答卷

第 14 题　您认为在线学习的不足有哪些？〔多选题〕

选项	小计	比例
长时间面对电脑或手机，眼睛酸痛	57	71.25%
缺少教室学习的气氛，不能专心听讲	59	73.75%
无法和老师进行深入交流和互动	36	45%
看不到老师的肢体语言，无法感受老师的人格魅力	44	55%
其他	3	3.75%
本题有效填写人次	80	

第15题　在线教育过程中，您认为教师采用的哪些方式值得推荐？〔多选题〕

选项	小计	比例
在群里发相关资料让学生自学	32	40%
在群里发语音讲解	21	26.25%
在平台里直播讲解	56	70%
播放录频屏录播视频	30	37.5%
播放他人的课程教学视频	24	30%
在群里与学生交流与讨论	42	52.5%
在线点评作业	31	38.75%
其他（举例说明）	1	1.25%
本题有效填写人次	80	

第15题：在线教育过程中，您认为教师采用的哪些方式值得推荐？ ---选项详情

搜索答案文本　　　　　搜索　　关键词分析　　　　　☑ 过滤空选项　导出Excel　❓

序号	提交答卷时间	答案文本	查看答卷
5	4月15日 10:40	录屏，可回放	查看答卷

第 16 题　您希望老师在网上上课过程中应该注意什么？〔多选题〕

选项	小计	比例
不要拖堂	23	28.75%

选项	小计	比例
注意趣味性	63	78.75%
合理安排作业量	49	61.25%
调整学习难度	35	43.75%
注意与学生交流	27	33.75%
本题有效填写人次	80	

第 17 题　疫情过后您更偏向于哪一种学习模式？[单选题]

选项	小计	比例
线下为主线上为辅	34	42.5%
线上为主线下为辅	18	22.5%
线上线下并重	13	16.25%
线下	15	18.75%
本题有效填写人次	80	

第 18 题　您对直播网课有什么建议？[填空题]

序号	提交答卷时间	答案文本	查看答卷
1	4月15日 10:38	无	查看答卷
2	4月15日 10:39	无	查看答卷
3	4月15日 10:39	无	查看答卷
5	4月15日 10:40	与学生互动，不然真的会容易走神	查看答卷
6	4月15日 10:40	无	查看答卷
8	4月15日 10:41	无	查看答卷
9	4月15日 10:41	无	查看答卷
14	4月15日 10:42	无	查看答卷
17	4月15日 10:43	不要在线点评作业，最好与学生私信，这样学生更好明白自己的优缺点	查看答卷
19	4月15日 10:43	希望可以保证学习质量	查看答卷

在线进行时：混合式在线教学的实践探索
——以课程"光影造型技巧"为例

吴荣彬

　　"光影造型技巧"课程是新闻与传媒学院广播电视编导专业的专业选修课，本应该作为必修课开设的，但由于培养总学分的限制，改为了选修课，所以该门课程实际上并不是学生可选可不选的课程。同时，该门课程又是实践性非常强的课程，如何做到在线教学与传统教学实质等效？如何让学生学有所获？在授课之初，我就一直在思考这些问题。最终我确立了雨课堂直播授课并利用仿真实验的混合式教学模式，达到多方式教学的"混"和课程知识点的有效整"合"。

　　不管是在线教学还是传统教学，都离不开教与学，在线教学也必须实现两者的双赢才是硬道理。

一、雨课堂助力新"教"法

（一）理念先行

　　教学理念先行非常重要，必须明确"教"的理念和目标。有了好的教学理念才会有好的"教"法，才能实现最终的目标，我的教学理念是混合式教学，要"以学生为中心"，但同时又必须"以教师为主导"，这个理念将一直贯穿"光影造型技巧"整个教学过程。形式虽然和传统教学相比发生了变化，但教学质量并不会降低。树立了教学理念，那么课程的教学设计就要紧紧围绕培养的自主学习能力去设计。要实现的教学目标是不仅要让学生全面掌握"光影造型技巧"课程的理论知识，还要掌握影视照明的实际操作，树立正确的用光观念，培养学生不同场景的用光能力。

（二）仿真传统教学

　　树立与传统教室相一致的教学方式。为了在线教学的形式更加接近传统教室里教学的感觉，必须利用一些辅助的工具，以期达到一致的教学效果。首要的工具就是手写板的结合使用，传统的教室授课会在黑板上书写一些重要的知识点，补充PPT不足的部分，也是有效调节授课节奏的方式，因此，在线教学同样需要这种方式。虽然鼠标也能书写，但由于鼠标的不灵活性，并不能让教师获得满意的效果。另外还可以结合无线演示器授课，它特有的对屏幕或PPT重要的部分能高亮凸显的功能，可以很好地让学生的注意力跟随你的授课进度，不出现分神的情形，虽然有些小插件也能替代这个演示器，但考虑到以后在课堂教学使用和长期以来的授课习惯，拥有一支无线演示器是不错的选择。

（三）课件形式必须丰富

在线授课不能和学生面对面交流，如何有效地评测学生？如何形成"以学生为中心"？则必须充分发挥好雨课堂"课前—课中—课后"功能，因此，雨课件就是混合式教学模式下非常重要的教学手段和资源，我们在教学中必须形成诸如语音录播课件、课堂课件、视频慕课课件、测评课件等多种形式，就必须借助雨课堂形成助力。

语音录播课件可以是知识点的授课，也可以是重要试题的讲解。在规定的授课时间里，教师不能一直讲解，因教师和学生不在同一空间内，如何让学生跟随老师的思路，互动就是重要的教学方式。师生之间多次的互动必然会缩减教学时间，会导致理论知识点无法正常讲完，那么语音录播课件的使用则可以很好地辅助教师将知识点完整传达给学生，因此雨课堂的"课前"必须利用起来，辅助学生在课前完成部分知识的学习。

课堂课件是形成"以教师为主导"的重要阵地，它需形成温故而知新、新旧知识点衔接、介绍、课程知识扩展的重要功能。如果同时给不同年级、不同班级授课，还必须做到常备常新。因为每个班都有自己特定的学情。教师必须针对学生课前预习和课后作业或测试情况掌握学生难以掌握的知识点，形成课中回顾，突破学生短板；同时也要根据知识结构情况和学生学习情况凝练课程知识点拓展方向，真正做到"精"而不"泛"；新旧知识点的衔接可以以案例设疑、师生互动、解疑的方式引入新的知识点。并在新知识讲授中嵌入课中测试，摸清学生对新知识的掌握程度，利用雨课堂数据及时做到针对性教学。

俗话说：考考考，老师的法宝。课后课件则要做到教师与学生各自的查漏补缺，以驱动学生探究式学习，同时还必须形成意见反馈，因此课后课件需要设计测试题和问卷调查来达到所述的目的。当然测试题不仅只包含课后测，还包括课前测、课中测等，测试难度的把控需要根据时间、地点的不同，应形成差异，一般是课前难度低、课中适度、课后要让学生"跳一跳"，这样做的好处是先易后难，让学生的学习循序渐进，学习兴趣逐步提高，增加他们的学习主动性。另外为了获得学生的意见反馈，比如教师的内容安排、讲授方式、节奏快慢、时间把握、知识点难易情况等，就需要及时进行问卷调查，以便在后期的在线教学中及时调整。

（四）腾讯会议＋雨课堂的在线教学设计

混合式教学除了体现在混合式"教"以外，还必须强调学生的参与，因此教师需要设计驱动任务、目标诉求、考核形式等，加强学生对在线软件的熟悉，激发学生参与雨课堂直播的教学互动，做好课程知识的归纳、整理。

在这次在线教学中，雨课堂对于在线教学的短板也呈现出来，虽然平台在不断地升级，现在已经很好地解决了屏幕共享、模拟黑板书写的问题，但语音互动、视频互动的功能仍然不能解决。为了更好地仿真传统教学，让学生被抽到回答问题后能像在教室那样有既能看见人又能听到声音的互动形式，则要将腾讯会议设计到教学中来，嵌入雨课堂，即可实现语音互动、视频互动、分组讨论等功能。

在线教学设计中，要充分发挥雨课堂的作用。形成"课前—课中—课后"的闭环式教学。课前可以以公告的形式发布课程目录、每周学习任务、预习内容等；课中则以单选题、多选题、随机问答、弹幕、投稿、红包等形式对学生进行多种形式的测试，为学生答疑解惑，回顾旧知识，讲授新知识、拓展课外知识等；课后依然要用测试试卷、课件等形式形成课后测、调查问卷等。同时我们还可以结合微信、QQ课程群等做到课内课外随时为学生答疑解惑，推送腾讯会议会议号、学习数据、部分视频链接、督促学生完成作业等信息；还可以结合慕课平台进行慕课观看、随堂测验、话题讨论、计时完成单元测验等。

二、雨课堂提升新"学"法

"教""学"必须形成回应，形成闭环。混合式教学中，"学"应为主导，"教"为引导，要做到教由学定、教于学后、少教多学。那么雨课堂可以怎样做到很好地助"学"呢？

（一）"源"

"源"是指学习资源，学生只有获得学习资源才能学习，才能获得知识。学生可以获得的"源"有雨课件、回放、测试课件、慕课视频、重要文献、典型案例等。雨课堂可以将教师所有的雨课件以图片形式传送到学生的手机上，同时针对课堂授课课件还可以形成回放视频，这样的方式对于学生非常好，学生在课堂上没有很好掌握知识点或笔记不全的，可以自行在课后得到有效补学；测试题可以测出学生的短板，学生可以及时复习，让知识更牢固；慕课、案例、文献可以帮助学生拓展知识，寻找到自己的研究方向等。

（二）"渔"

"渔"则是指学生的学习模式，学生应该拥有"渔"的本领，而不是获得教师给了多少"鱼"。学生要在教师的引导下获得正确的学习模式，比如案例讨论式、慕课自学式、测验反思式、思维导图式等，打开学生探索知识的大门，防止填鸭式的教学。

案例讨论模式是指教师以慕课案例、文字案例等设问，学生在教师引导下层层递进，引入新知识，激发学生思考，防止教师对着冰冷的电脑屏幕"独自吟唱"。要借助腾讯会议推动学生分组讨论，利用随机点名方式让学生回答讨论结果，形成问题导向式教学，提升学生自我探究、解决问题的能力。慕课自学模式是指教师可以将知识点以外的知识以课件的形式发给学生，学生按照教师的要求学习，然后以投稿的形式提出自己的疑问、发表自己的观点，并分组协同完成学习，让学生做到真正的自我探索式学习。测验反思模式是教师利用课前—课中—课后的测试，由浅入深，让学生查询自己的短板，主动探求未掌握的知识点，做到知识运用的举一反三。思维导图模式是学生对课程知识点的总结梳理，形成有序链接，从而在脑海中构建起课程的完整的自我体系。

（三）数据

数据是指学生经过学习后建立的数据，学生学习活动的真实性是保证其学习效果的重要保证，也是教师把握学生是否参与学习的有效途径，及时做到针对性教学、实现学生差异化教学的重要依据。

学生学习活动的数据主要体现在哪些方面呢？主要体现在学生签到时间、如何签到、跟随教师弹幕互动的频次、协同完成项目的情况、公告领取情况、慕课课件阅读时长、测试数据、其他课件读取情况等。这些活动所得数据的真实性既关系到教师的教学引导，也关乎学生的学是否为真正的主导。

三、"教"法与"学"法如何相长

不管是传统式的线下教学，还是如今的线上教学，必须做到教学相长，但在线教学由于看不到学生，没有课堂里的目光相接，看不到学生的表情，则在线教学的"教"更要很好地做到以"教"引"学"，以"学"促"教"。

（一）以"教"引"学"

当前在线教学和慕课平台的教学有所不同，学生必须按学校既定时间学习，同时教师也可能是首次进行在线教学，存在经验不足的情形。因此教师必须先学会各种在线教学工具的使用，然后帮助学生迅速掌握教学工具，并能在不同的工具，如腾讯会议、雨课堂、微信之间自如转换。同时教师要给学生建立起"光源造型技巧"课程完整的知识框架，并能在实际案例中分析用光依据，激发学习欲望，达到活学活用的目的。

（二）以"学"促"教"

"光影造型技巧"课程既有很强的理论性，又有很强的实践性。要实现课程既定的教学目标，实现以"学"促"教"，主要通过以下几点来实现。

首先，雨课堂可以对课程"数据化"。因而借助雨课堂的智慧化教学，可以使教师与学生之间、学生与学生之间同时异地很好地实现互动与交流。学生课前学习行为数据的及时反馈，教师能在课堂中及时回应，在课中，教师通过弹幕、投稿的互动，随时掌控学生听课的认真程度，提升教师积极性。课后的测验数据、问卷数据有利于教师进行反思，及时调整教学进度和难点。让"教"与"学"达到了共赢的效果。

其次，雨课堂能真正做到形成性的有效评价。在线教学相较于传统课堂来讲，能获得班级每个同学的详细数据，对学生学习的认真与否，可以通过仔细比对甄别出来，利用测试能了解学生是否认真预习、认真听课；能随时进行考试测验，检验学生学习的认真程度，从而对每一个学生的学习过程了如指掌，公平、公正地形成了学生考核的依据。

再次，思维导图可助力学生建立知识结构体系。当学生在脑海中建立完整的知识体系，能将各章知识串联起来，形成知识点之间的逻辑关系时，则能实现对各个知识点的记忆、学习、升华。

最后，成绩权重更加多样化。传统课程对学生的考核大多都是由平时成绩和期末卷面成绩构成，且主要以期末卷面成绩为主，而在线教学模式下，针对学生的学习权重更加细化，考核成绩的构成形式更加多样化。俗话说"分分分，学生的命根根"，分数永远对学生的学习理念有着驱动作用。因而在线教学的权重可以分属到多个方面，比如课件预习占比、课堂测试分数占比、话题讨论占比、文字材料阅读占比、分组协作占比、课堂互动占比、作业完成占比等，提升平时成绩占比、降低综合考试成绩占比，将考核更多放到学生的平时学习中。

四、教学难题

雨课堂虽然很好地实现了在线授课中的诸多功能，也让教师极具教学成就感，但在线教育也给我们带来了一些教学难题，需要进一步摸索解决。

首先是课堂时间的概念被弱化，学生在课外时间遇到的任何问题，他会在交流工具里随时发问，教师为了及时给学生解疑，导致教师工作和业余时间无法分开，加剧了教师的辛苦程度。

其次是部分学生形成了手机依赖症，在课堂学习的过程中可能会受到微信、QQ 信息的干扰，导致听课效率低下，教师需投入更多精力思考如何调动学生学习的积极性。

新闻专业实训资源库建设探讨
——基于混合式学习理念的思考

李瑞芬

2020 年，几乎所有的高校师生都经历了一次"互联网+"的在线教学方式洗礼，讨论式、研究式、案例式、在线学习、翻转课堂等各种教学策略被老师们逐一尝试，深层次交互融合的混合式教学方式开始被老师们自发应用到这种特殊的教学环境中。各种网络教学平台和教学资源库也在其中接受了一次极限压力测试，这为我们研究在线教学提供了一个极佳的观察窗口。其间探索出的经验和暴露出的问题，让我们开始审视：在线学习和传统课堂教学该如何结合与补充？如何搭建在线教学资源支撑系统？如何进行"互联网+"的教学模式优化？

关于混合式学习的提法，国内学界以北京师范大学何克抗教授的倡导最早。2004 年何克抗教授发表论文，从教育技术理论发展的视角介绍混合式学习理念（Blended Learning），倡导发挥线上线下教学方式的各自优势。他认为，混合式学习"就是要把传统学习方式的优势和 e-Learning（数字化或网络化学习）的优势结合起来；也就是说，既要发挥教师引导、启发、监控教学过程的主导作用，又要充分体现学生作为学习过程主体的主动性、积极性与创造性"[1]。华东师范大学李克东（2004）进一步对混合式学习做了如下总结：混合学习的基本形式是在线学习与面对面教学（课堂教学）的结合，是教师主导与学生主体的结合。但它不是两种形式的简单组合，而是要充分发挥和利用在线学习和面对面教学的优势，同时通过"混合"促进传统教学模式的变革。

十五年之后，混合式学习正式以教育部官方文件的方式进入高校课程建设改革进程中，成为当前"互联网+"课堂教学改革的一个新尝试方向。

一、混合式教学模式正成为高校"互联网+"教学改革的新趋势

为贯彻落实《教育部关于一流本科课程建设的实施意见》，实施一流本科课

1　何克抗. 从 Blending Learning 看教育技术理论的新发展［J］. 中小学信息技术教育，2004（4）：21.

程"双万计划"，2019 年 11 月 18 日教育部下发《关于开展 2019 年线下、线上线下混合式、社会实践国家级一流本科课程认定工作的通知》，要求有关部门和高校要充分认识一流本科课程建设的重要意义，加强一流本科课程建设与应用，提升本科课程的高阶性、创新性和挑战度。该通知还要求积极开展五类一流本科课程建设大讨论，推动教师全员参与课程理念创新、内容创新和模式创新，形成打造"金课"、淘汰"水课"的教学改革氛围。混合式教学理念及相关教学模式的探索正成为高校"互联网 +"教学改革的新方向。

2020 年新冠疫情期间各高校积极开展多种形式"停课不停学"的教学尝试，多地出台加快推进高校"互联网 +"教学等网络教学指导意见，使网上授课教学呈现短暂的井喷式需求。一线教师在"十八线主播"的实践摸索中也开始主动思考如何将在线教学带入到今后的线下教学中。在教学主体教师的积极主动参与下，混合式教学将会成为"后网课时代"的一种常态。同时，在教育部开展的线上线下混合式课程认定工作的推动下，以线上线下混合式教学为主的一流课程建设将成为高校教学改革的一大热点。

二、线上资源库建设短板已制约混合式教学方式改革的推动

数字化的教学资源库建设是促进主动式、协作式、研究型、自主型学习，形成开放、高效的新型教学模式的重要途径，是推进高等教育教学改革的重要举措。

2010 年教育部启动高等职业教育专业教学资源库建设以来，各大院校纷纷在各专业领域争先开展优质的数字化教学资源库的建设工作。教学资源库的建设，一方面可以集中大量的优秀教学资源，构建开放、宽松、高效的网络教学教研环境。另一方面可为教师备课和网络课件开发提供丰富、优质的教学素材，避免大量重复性劳动，也有利于教师的教学创新；同时，丰富高效的教学资源库可为学生拓展学习的时间和场所，有助于提升学生自主学习的能力与兴趣。

但目前部分建设的教学资源库平台，在资源规划和设计上过分依赖于外部技术和设备的支撑，大部分的资源库和资源库管理系统都是通过购买一些商业化信息软件实现，这使得资源库建设上不得不放弃自身特有的教育特性和一些资源特色而迎合这些资源系统的管理架构，难以实现服务于专业教学活动的个性化需求，存在建设和实际应用相脱节的问题。

2020 年因为新冠疫情的影响，老师们在网上教学活动初期对各种资源库平

台抱有极大期待。但经过两周的尝试后，老师们面临的最大问题是网络教学平台无法满足专业课程教学的个性化教学需要，线上教学资源库灵活性较为欠缺，教学活力不足，应用场景不尽如人意，用户使用体验不佳。导致大部分专业课程的教学方式被迫转为与传统线下课堂教学相似的群课堂直播，直接放弃了教学资源库在网上教学中的运用。

教学资源库构建起在线学习社群方式，无疑是混合式教学模式下的高校"互联网+"教学改革方向。但如何支持教师进行混合式教学、情境教学、翻转课堂等教学方式创新，如何引导学生自主学习、合作学习、问题导向学习，专业教学资源库的建设显然任重道远。

三、教学资源库建设是当前新闻专业实训教学改革面临的紧迫问题

（一）新媒体技术实训教学急需专业教学资源库支撑

互联网技术推动的新闻行业的全媒化变革，不仅是媒体形态的融合，更是各种媒体采编方式和呈现方式的融合。新闻采写呈现出数据化、可视化、网络化的新趋势，这要求我们在实训教学中必须加大对新媒体技术使用的训练。由平台、资源和工具共同构成的专业教学资源库，是当前新闻专业实训教学的基本保障。由大数据、网络课程和工具（包括开发工具、交互工具、学习工具、评价工具等）搭建的专业教学资源库平台能有效地提升新闻专业实训效果。

（二）专业实训资源库建设有助"在线多导师"模式搭建

传统的新闻采写实训教学，通常以"田野式"或"项目式"的现场教学为主。目前既缺有丰富实战经验的业界师资，又缺通晓全媒体采编技能的老师。各新闻学院尝试的校媒合作的"双师型"指导方式中，业界指导老师不太熟悉教学规律和教学要求，学界教师在技术实训教学操作上也很难做到一专多能。双方的指导工作通常是"各自为政"。混合式教学理念下的线上线下结合的实训教学方式，一方面可通过真实环境和任务驱动方式完成现场教学实训；另一方面以素材库、工具包、案例库、课程包等搭建资源库系统，为学生提供丰富的自主学习资源。资源库中的微课资源及教学互动平台，连接线上线下，连通业界学界，可助新闻专业实训教学构建"在线多导师"模式。

（三）专业实训资源库建设可促进教学管理数字化、规范化

以现场教学主导的新闻专业实训课程，教学管理较为粗放。在实训内容安排

和实训任务布置上较为粗线条，在教学考评方式上较为主观，考评方式基本是指导老师根据完成作品的质量和工作量及学生的现场表现给出学生的课程成绩。过程性管理较为薄弱，实训的过程环节难以做到可追踪，相关教学成果材料留存性欠缺。新闻专业实训资源库的平台功能可促进课程管理规范化、考评管理标准化、过程管理可追踪、教学成果数字化。

四、新闻专业实训教学资源库建设的构想

新闻学作为一门实践性的学科，"混合式教学模式"在本学科有较强的适用性。新闻专业资源库建设正是通过为学生提供丰富、便捷、指向性明确、能解决新闻采写实操问题的学习资源、实用工具及教学互动平台，让学生在讨论式、研究式、案例式的学习中有适当的学习条件，从而能最大限度地提高实训教学效果。所以，补齐新闻专业资源库建设短板是当前迫切需要解决的问题。图1为笔者构想的教学资源库平台支撑的新闻实训混合式教学模式示意图。

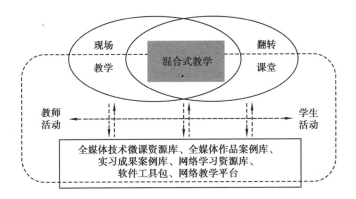

图 1　教学资源库平台支撑的新闻实训混合式教学模式构想

在新闻实训混合式教学模式构想中，教学资源库是重要的平台支撑。新闻专业实训教学资源库建设可遵循以下原则。

（一）服务混合式教学和新闻采写实训课程需要

资源库使用管理的最终目的是满足混合式教学模式的需求，发挥资源库和网络学习的优势，提升教师的教学质量、提高学生的学习兴趣和学习效率。

新闻专业实训教学资源库资源建设应以新闻采写实训的混合式教学方式改革和课程改革为前提系统设计，以颗粒化的资源建设为基础，以结构化的课程建设

为骨架，充分发挥多媒体技术展示资源的优势，开发建设以学习者为中心的必要数字资源。基本资源应覆盖新闻采写训练的所有基本知识点和新闻采编岗位的基本技能点。建成集自主学习与教学功能于一体的个性化学习与教学平台，具备资源共享、自主学习、在线交流功能的资源库。

实训指导教师可以针对不同的学习对象和课程要求，利用资源库灵活组织教学内容、辅助实施教学过程，实现实训目标。学生在实训中，可以通过使用资源库巩固所学知识，实现自主学习、问题式学习。学生可以实训项目的任务为导向，充分利用教学资源库的资源，结合线下老师的现场指导，进行针对性学习，以解决实训中遇到的各种问题。

（二）遵循"碎片化资源、结构化呈现"建设原则

教育部关于教学资源库建设的基本要求是遵循"碎片化资源、结构化课程、系统化平台"的基本原则。新闻专业实训教学资源库建设，必须结合新闻专业实训教学的现实需求，细化资源库平台中的素材层、功能层、应用层的建设标准。通过优化数据分类方式和信息搜索界面，呈现结构化、体系化、逻辑化的资源，方便师生快速搜索，在线浏览和下载。

教学资源库的库内资源应包括素材、积件、模块等不同层次的实训课程资源及课程包资源。

素材——最基础的、颗粒化的资源。库内资源要尽可能设计成最小学习素材，进行颗粒化存储。素材一般应包括文本类、图形（图像）类、音频类、视频类、动画类、甚至虚拟仿真类等。要提高微课程、动画、虚拟仿真等资源比例，努力实现资源类型多样化。全媒体微课资源库的建设要尤为注意。可尝试微课式视频教学资源颗粒化存储，嵌套新闻专业实训教学的技术指导环节，便于混合式专业实训教学活动的开展。

积件——以知识点、技能点为单位，多个关联的素材结构化组合形成的资源，便于学生和教师进行知识和技能的单项训练。积极寻求网络学习资源库和技术工具包的资源融合。可结合新闻采编的业界标准和流程，设计可分解、可整合的技能训练所需的资源单元。

模块——以学习单元、工作任务等项目为单位，结构化组合形成的资源。近几年笔者所在学院新闻采写实训课程是以现场教学为主。学生以小组为单位，以真实的主题采写任务为实训目标，走进基层、走进乡村进行新闻现场采写实训，以媒体发布为考核导向。这种实训教学设计可以任务进展工具条的方式构建各模

块，以全媒体技术微课资源库、网络学习资源库、全媒体优秀作品案例库、学生实习成果库、软件工具包等支撑满足学生自主学习和教师的项目式教学需求。

课程——包含完整的教学内容和教学活动，包括课程标准、实训方案设计、实训过程记录、实训效果评价等环节，支持线上教学或线上线下混合教学。将资源的建设、存储、管理、教学应用、评价进行有机整合，以满足于教学实施的各个环节，譬如答疑、讨论、备课等。

（三）以用促建，注重生成性资源的建设

资源的建设不是一朝一夕的事情，以用促建、以建促用才能保证资源的可持续发展。

一是教师在教学过程中完成的资料、学生完成的作业、教师和学生互动的讨论等均是资源库的重要组成部分。平台可将这些资源进行整合，实时更新。要调动实训指导教师的积极性，让他们真正参与到实训教学资源库存的建设中。各类优秀教学案例、教学图片、视频的收集、整理才是新闻专业实训教学资源库建设中生成性资源的真正"活水"。

二是选取中国大学慕课、重庆市高校在线开放课程、学堂在线、超星慕课和智慧树五大在线教学平台，对涉及新闻专业实训的慕课资源库建设情况进行梳理，整理新闻专业实训教学资源库的可用外部资源。

三是加强与媒体合作，搭建实习成果发布平台，引入实训作品的行业评价标准。同时收集、整理、更新媒体行业资源，包括优秀作品案例、行业合作信息、各类专业赛事资讯、专业领域前沿技术动态等，注重来源于行业的生成性资源建设。同时让新闻专业实训教学资源库建设成为校企合作联手培养新闻人才的一个重要平台。

2020 年后，混合式教学模式会成为很多高校专业课程建设面临的一个新选项。以"课堂为主、线上为辅"的混合式教学可能成为未来教学组织的新常态。新闻专业实训资源库建设是新闻学专业探索混合式教学模式的有力支撑，会成为新闻学专业实践教学改革的重要推力，它也是当前新媒体环境中探索"互联网 +"式的新闻人才培养模式的切实可行路径。

公民媒体视域下跨媒介写作素养的培养
——新闻与传媒专业"应用文写作"课程改革构想

蒋华

一、新闻与传媒专业写作素养培养现状

2020 年 3 月 30 日下午,一次特殊的直播在疫情期间得到了广泛关注。清华大学写作与沟通中心关于通识课程"写作与沟通"所做的课程宣讲"探索中的清华写作课"在雨课堂、新浪微博、哔哩哔哩、快手、抖音等平台上线,直播观看人数超过 33 万。这个直播的"火爆",体现了清华大学两年前在全校范围内开设"写作与沟通"通识必修课的教学改革所引起的社会关注一直持续到现在。清华大学的写作课程改革之所以引起广泛关注,除了"名校"效应外,更重要的原因是清华大学的举措切中了当下大学教育的一个"痛处":在新媒体环境中大学生写作能力的退化、弱化,以及大学教育中写作能力培养的边缘化。《光明日报》曾有《"写作与沟通"将成清华大学本科新生必修课,大学生写作短板亟须补齐》的报道,关注了当代大学生写作能力堪忧的状况。

新闻与传媒专业所面临的"写作"教育挑战更大。随着新媒体的兴起,融媒体环境的形成,传统媒体在缩减,其他各个行业却出现了"传媒化"的现象。政府机关、事业单位、私人企业都开设了微信公众号、微博、短视频号等进行信息发布,整个社会出现了"传媒+"——传媒赋能的情况。随着 5G 技术的应用和发展,"万物皆媒体,一切皆平台"的传媒剧变即将到来,用户作为信息"受众"的需求、喜好、消费和行为都将发生改变。更为重要的是用户成为信息的源头,在 5G 时代,每一个人都将是一个媒体(公民媒体)。如疫情期间所出现的"云课程""云蹦迪""云综艺"等,让以往很多线下情景中的普通人都转换成了线上"网红""主播"。

"公民媒体"传播环境的形成,需要新闻与传媒教育培养具有良好写作能力的内容提供者。白岩松在谈到新媒体环境下的新闻传媒教育时,提出要培养学生

的核心力量。他提到新闻传媒专业学生必须拥有四种核心力量：写作能力、采访能力、表达能力、浓缩新闻的能力（提取关键新闻信息能力）[1]。这四种能力其实都融合在"写作"这个活动中，都可以通过"写作"这个课程来进行训练和培养。

但是随着媒介环境的改变，写作本身也发生了变化。相比印刷媒介场景中的写作活动，电子数字媒介场景中的写作活动已经有了很大的不同。电子数字媒介场景中所出现的短信、博客、微博、微信、公众号、网络文学等新文体在语言特点、结构特点和整体风格上与传统文体区别很大；交互式写作、集体式写作、图像化写作、多媒体写作等新的写作手段与传统写作手段相比有着天渊之别；碎片化、缩微化、情绪化、游戏化等新的写作风格也与传统写作相去甚远。

传统的新闻写作也受到了新的媒介方式的影响。"过去我们学新闻的时候，导语写作必须五个 W 齐全。但是近二三十年来，全世界的导语写作全变了，五个 W 是残缺不全的。举个例子，过去的导语写作是'中央电视台节目主持人白岩松和他的东西联大，昨天下午十二点十五分开始，在位于北京市朝阳区的读库编辑部进行了一下午的课程'，五个 W 是全的。现在的导语写作很可能是'白岩松那一瞬间的表情非常尴尬'，这是导语。接下来就是'他的尴尬表情出现在张立宪建议他收回学生所有作业的时候'。你看，它开始分解，把五个 W 分解到写作的过程当中。为什么？广播电视时代，人们开始看电影、电视剧，慢慢接受讲故事的新模式。"[2]

因为媒介环境的改变而引起的写作特性、写作过程的改变，是我们新闻与传媒专业写作素养培养必须注意到的问题。但是另一方面，现有的写作教育却有着诸多不足，表现如下：

一是写作教育的断层。中学写作课程与大学写作课程无法顺利衔接。笔者曾经在大学新生中做过调查，在中学阶段接受过专门的写作课程学习的同学寥寥无几。而且，中学写作教育实为"作文教育"，模式化、套路化的应试性写作，与写作本身"表达与沟通"的本质相违背。

二是写作课程设计的陈旧。作为新闻与传媒专业教育的一项基本素养培养课程，"应用文写作"课程存在于各个专业的培养方案中。但是现有的"应用文写作"课程沿用传统的培养方案和教材，所涉及的写作情景多是"报告写作""通知写作""演讲稿写作"等传统情景，没有对新媒体环境下的新的写作形态进行回应。

1　四大核心能力，白岩松给传统媒体人指出路［OL］.参考网，（2019-03-28）.
2　白岩松＆东西联大＆读库，相互砸一砸［OL］.知乎，（2016-11-28）.

三是理论性强，实践性弱。重视基础理论的讲解，忽视实践应用。

现实环境和需求的改变，与现有"应用文写作"课程设计的矛盾，使得写作课程成为一个不太受学生重视和欢迎的课程。学生没有意识到写作是"传媒+"时代新闻与传媒人才的核心素养，出现不喜欢写作，不懂写作，不会写作的情况。本文在"公民媒体"视域下提出新闻与传媒专业"应用文写作"课程改革的构想：建构"公民媒体"的写作主体观念，设计"主题化\情景化"的写作客体，采用"跨媒体"的写作载体，引入"朋辈式、社交式"的写作受体，以此来回应这些挑战。

二、"公民媒体"视域下跨媒体写作课程设计

（一）为什么写——建立"公民媒体"的写作主体观念

在构成写作活动的"写作主体、写作客体、写作载体、写作受体"四个要素中，写作主体是决定和影响写作活动的核心环节。构建新闻与传媒专业跨媒介写作课程中，建立"公民媒体"的写作主体观念是首要任务。"公民媒体（citizen journalism），也有'独立媒体''公共新闻''另类媒体'等多种称谓，是指广大普通民众或未经过新闻职业训练的人员进行独立的信息整合、采写拍摄，并将其成果（文字、图片、视频）上传至网络平台，抑或被官方媒体采用的过程。"[1]疫情期间，公民媒体的特点得到了突出和关注。拍下被多家媒体采用的"抗疫最美夕阳照"的摄影师是一名普通的大学生志愿者。用一个"窗帘"的特殊"连续剧"展现武汉抗疫日常景象的拍摄者是普通上班族，写下多部"抗疫日记"的也是普通市民和医护人员。公民媒体是新闻与传媒教育的一个挑战，也是一种警醒。当人人都可以是"记者"、媒体人时，我们新闻与传媒专业所培养的学生更应该是其中的佼佼者。

建立"公民媒体"的写作主体观念，有助于学生改变以往狭隘的写作观念，将写作从一种"单纯的文字表达工具"变为一种在"传媒+"时代中人人必备的素养和能力。写作本质上是表达和沟通，是一种信息的传递活动，利用各种不同的语言（信息、符号、代码等传播媒介）传播信息，使接受者知晓、照办、充实、愉悦等。让学生意识到这一点，写作就不仅仅是他们大学某一个阶段、某一门课程所学的知识、所做的训练，而是一种终身工具和技能。

建立"公民媒体"的写作主体观念，也有助于学生将"传媒"意识贯彻到生

1　傅钰．"公民媒体"条件下传统媒体的舆论监督［J］．新闻爱好者，2010（4）：38．

活中，打通所学与所需、所用的隔阂。在以往的写作教学中，学生反映写作最困难的就是不知道写什么。但是从公民媒体的视角出发，同学们在每天的生活中都会产生信息的收集、组织和传播，都在进行着"传媒"的活动，又怎么会出现"无从下笔"的情况呢？疫情期间，新闻与传媒学院组织了"抗击疫情"征文比赛。作为评委，笔者观察到很多同学的文章都是"应试作文"，缺乏从自身出发的对于抗疫生活的真实体验和提炼，很大程度上也是和缺乏这种"传媒"意识有关。

建立"公民传媒"的写作主体意识，将使学生改变以往狭隘的写作观点，意识到写作已成为现代生存的重要素质和终身工具；将帮助学生把传媒意识贯穿到生活中，真正做到生活的"有心人"和"传播者"；将以往的写作从"要我写"转变为"我要写"。

（二）写什么——抓准底层代码，主题化、情景化写作

以往的写作课程在"写什么"的设置上存在着写作体裁比较传统、与学生生活场景距离较远，引发不了学生兴趣等问题。应用文写作所涉及的写作体裁包括公务文书、事务文书、职场文书、经济文书、传播文书，其中很多写作体裁的应用场景与大学生的生活相距甚远，也难免让学生产生学习"屠龙之技"的感觉。

传统写作课程设置这些写作体裁当然有不得已之处。写作是一个非常复杂的活动，涉及的内容又非常广泛。作为往往只有 36 课时或者 48 课时的一门通识课程，必须要设立某种"界限"。而那些体裁的确也是经过时间和实践检验的经典体裁。如何解决这个问题，笔者认为可以用"抓准底层代码，主题化、情景化写作"的思路来进行。

"抓准底层代码"是指找准写作课程教学的核心目标，以此为中心来设计写作课程的教学内容。如前所述，写作的本质是"表达与沟通"，是"信息的获取、提炼、表述与传达"。所以，写作并不仅仅是自我情感的文字表达，也并不仅是各类应用文体模式和范式的学习，而是信息的处理和组织能力的学习，是连接自我与外在社会的桥梁和工具。以此为核心，写作课程的内容设计就可以"万变不离其宗"，有一个坚实的支点。

"主题式、情景化写作"是不拘泥于体裁的限制，围绕社会热点、学生关心的兴趣点，形成具有时代气息、生活气息的主题，以解决"信息收集、提炼、表述、传达"任务为导向组织学生的写作活动。比如学习口头写作这一部分，就可以不再是"演讲稿"的写作，而可以结合非常受欢迎的网络视频节目"TED 演讲"，设计"讲好知识的故事——TED 演讲技巧及实践"这一写作主题。

（三）用什么来写——跨媒介写作

多种媒介并存的传媒生态环境，影像写作、口头写作、数字写作等写作方式兴起的现实，使得"跨媒介写作"已经成为写作教学不可回避的任务。教育部2017年印发的《普通高中课程方案和语文等学科课程标准》，已经明确提出在中学阶段培养学生"跨媒介阅读与交流"的能力，"能凭借语感和对语言运用规律的把握，根据具体的语言情境和不同的对象，运用口头和书面语言文明得体地进行表达与交流；能将具体的语言文字作品置于特定的交际情境和历史文化情境中理解、分析和评价。"新课标"跨媒介阅读与交流"内容的设立其实是对于一个以往被忽视事实的回应，即媒介在某种程度上决定了信息所呈现的形式和特质，也就是麦克卢汉所提出的"媒介即讯息"。甚至，随着媒介对于社会生活全方位和深度的介入，"媒介即世界"的趋势已经呈现。媒介，已经改变了世界的面貌。"跨媒介"写作训练首要的是培养学生的"媒介意识"，信息的传递、写作的进行，一定要和自己所使用的媒介相结合。只有清楚认识、熟练使用这些媒介，才能真正进行有效的信息传递。

跨媒介写作应该关注两个媒介时代，一是麦克卢汉的"电力时代"，一是洛根的"数字时代"。电力时代，以电视、电影、广播、漫画、打印机、电报、电话、音乐、图书等为主要媒介；数字时代，"新媒介"呈现爆发式增长，罗伯特·洛根在其《理解新媒介——延伸麦克卢汉》一书中，对新媒介做了梳理，包括网络帖子、网聊、聊天室、电子邮件、即时通信、短信、表情符号、表情包、电子书、有声读物、电子杂志、互联网广告、电子游戏、网络数码电影、网络广播、播客、博客、社交网络、微博、微信等。这些是以往写作课程所忽略的媒介形式，也是当下广泛应用的媒介形式。

面对如此浩瀚的"跨媒介"媒体，需要有着某种结构化思维。电力时代可以以影视文本为核心，涉及如微电影、经典文本影视改编等；数字时代以互联网为核心，涉及如微信、微博、公众号、网络文学创作、自媒体创制，建构合理的写作课程结构，而不是漫无边际的媒介"冲浪"。

（四）为谁而写——朋辈式、社交式写作

"大众传播"时代，是一个从"写作者中心"变换到以"读者为中心"，从"单一传播"变换到"互动传播"的时代。"公民媒体"视域下写作的根本目的是完成信息的有效传播。信息的传递是以到达接受者为最终目的，写作受体是完成写作活动不可或缺的一环，也是过去新闻与传媒专业写作教学过程中所忽视的一环。以往学生写作多以完成任务的心态来进行，作品的受众一般是老师，是一种"单点对单点"的封闭式传播，学生缺乏"受众"意识，更没有公民媒体所需要的"单点对多点"的"大众传播意识"。

"朋辈式写作"改变了以往写作课以教师为主导的情况，引入学生互评的方式，让学生有更多的参与感，也树立写作是"平等交流表达"工具的认识。而"社交式写作"则是利用社交软件，如建立写作课程的微信公众号，结合课程安排，将学生所写的东西发布到公众号中，利用公众号中的打赏、点赞、留言等机制，形成"反馈"和"互动"的写作氛围，也让学生注意到传播技巧、规律等在写作过程中的运用，从而打通写作与传播的知识界限，让写作的传播本质得到凸显。

三、课程教学模式

（一）"互联网+"写作课程

以往新闻与传媒专业写作教学活动受限也有一些教学资源上的原因。其中最为突出的是师资的不足使得写作教学改革举步维艰。写作活动本身的特点使得"小班制"教学和"面对面批改"可能是最为有效的。美国大学写作课的基本教学模式是小班研讨式教学，"低生师比""师生研讨"成为国外写作课的基本特点。以高等教育写作课程的改革先锋清华大学为例，为了推进写作课程的改革，清华大学设立"写作与沟通教学中心"，配置了多名专职写作教师，还从各个学院招募兼职写作课教师。这种重视和投入也是我们难以企及的。但因为疫情而广泛开展的线上教学课程的实践，让我们看到一种利用互联网信息技术解决写作教育资源不足的可能。例如，原属于小班教学的课堂讨论、师生互动等环节，就可以在课堂前后通过钉钉、微信、QQ等社交工具的在线讨论予以解决；利用中国慕课网、超星、雨课堂等课程平台数字化教学方式，能够使教师及时获得反馈、调整教学内容和手段；引入云文档的在线协作可以使得教师与学生在文稿形成的所有阶段积极互动，将传统修改和面批的时空成本大大缩小。

（二）"BYOD+"写作课程

传统的写作课堂所依靠的教学设备是黑板、投影仪、幕布和电脑。展开"互联网+写作课程"的跨媒介写作教学方式，必然要涉及如何利用新媒体设备的问题。"BYOD"（Bring Your Own Device）成为现代学习的一种重要趋势。事实上，国际教育界早就提出鼓励学生自带设备进课堂。预测和描述未来全球范围内会对教育产生重大影响的新兴信息技术的《地平线报告》，在 2015 年高等教育版中提出学生自带设备进课堂是新兴技术在教育中应用的大趋势。在这次疫情中，"BYOD"学习成为一种现实，也让人们看到了这将会变成未来学习的一种常态。在写作课程中，开展"BYOD"式学习，一方面让"互联网＋写作课程"真正落实；另一方面，也是对于老师和学生如何利用和掌控新媒体的一种锻炼。作为老师，一定要加强课程的设计，将新媒体移动终端的运用有机地结合到课程环节，吸引学生的注意力，引导学生对于新媒体移动终端的使用。学生也在这个过程中锻炼了自己对于新媒体移动终端的掌控能力，成为真正具有媒介素养，掌控媒介使用的公民媒体人。

理论是灰色的，实践之树长青。变化的教学现实总是让教学理论面临挑战，从而充满生机。面对新的公民媒体环境的形成，这里所构想的新闻与传媒专业"公民媒体"视域下跨媒介写作课程的设计，是一种对于现实冲击的回应，也是教育"在教中学，在学中教"特点的响应。希望它能在实践土壤中生根、发芽、成长，结出一些有用的果子。

基于 BOPPPS 模型的影视创作类课程教学模式设计

张楚

学习质量是高等教育领域中的核心研究问题，学习者积极投入学业活动的程度是提升其学业成绩和认知发展以及改善教育质量的首要条件。近年来，随着高校信息化建设的发展和教学改革的深入推进，网络教学平台混合式教学日益成为改善学生学业质量的一种重要的教学形式。教师在网络教学平台开展线上辅助教学和学生自主学习的服务，成为混合式教学和翻转课堂等教学模式的方式，如中国大学 MOOC、智慧树网、雨课堂、超星学习通等。教师利用网络教学平台可以构建丰富的教学资源。

从上述在线开放课程平台来看，教师构建的资源一般包括教学大纲、教学课件、课程教案等课程基本教学资源，然后配合以简单的试题测试，综合效果还是以教师的教授为主。学生在学习过程中产生了一些具体的问题：线上教学方式学生的学习投入存在主动性低、深层次投入较少、消极互动等现象。教师缺乏与学生的有效沟通，无法根据学生的实际情况展开针对性的教学工作，对混合式教学活动的运用不够充分，提升整体教学效果不明显。

这些都表明相对于师生分离状态的在线学习，只重视了知识点的传授，忽视了教学是一个完整的体系，除了课程资源本身还应有教学运行过程的设计。学生学习投入不仅体现在对课程资源的占有上，还应体现在积极参与教学的整个过程，课堂内外教育活动上的时间和努力。合理的教学过程的设计是混合学习中的关键环节，它能够充分使学生投入教育活动，会最大限度地提高其学习成绩，促进个人发展。

一、BOPPPS 教学模式

BOPPPS 教学模式（简称为 BOPPPS）[1] 最早由加拿大教师技能培训工作坊（Instructional Skills Workshop, ISW）创建，目前已被全世界广泛应用。BOPPPS

1　CAFFARELLA R S.Planning programs for adult learners: a practical guide for educators, trainers and staff developers[M]. San Fancisco: Jossey-Bass, 2002.

教学模式是将教学过程分为六个阶段，包括引入（B）、学习目标（O）、课前摸底（P）、参与式学习（P）、课内评估（P）和总结（S），并给出了每个阶段的主要任务，包括吸引学生注意力、明确教学目标、测试学生、设计一系列参与式教学活动、检验学习效果、对所学内容进行总结反思等。通过上述六个模块的连贯，构成一个有效的完整课堂教学过程，这个教学过程充分考虑了教师教和学生学的特点，强调师生参与式互动学习的核心环节，因此对于提高学生积极投入学业活动的程度都具有很强的适应性和可操作性。

目前 BOPPPS 教学模式应用在以应用型人才为培养目标的专业中得到高度重视。该教学模式的核心问题在于：第一，通过引言环节激发学生的学习积极性，引导学生明确在什么情况下将学到什么知识、达到什么标准，最终明确学习目标；第二，在摸底测试环节重点了解学生的学习兴趣与学习能力，帮助教师调整教学内容的深度和教学进度；第三，在线下讲课环节重点考虑如何鼓励学生积极参与教师设计的多种互动教学活动；第四，通常在课内采用虚拟项目引入或提问方式等来掌握学生是否达成教学目标；第五，最后通过课堂内容的总结，帮助学生复习讲课内容，启发创新能力，同时铺垫下一个知识点的引入。

二、基于 BOPPPS 教学模式在影视创作类课程中的具体运用

笔者将这一模式以影视专业的创作型课程"纪录片创作"为例，探讨利用 BOPPPS 教学模式和网络教学平台以及线下面授课程两种方式，将整个课程分成若干组成部分，如"纪录片创作"微课资源、参与式项目创作设计、丰富的题库资源、个性化作业资源等个性化教学资源建设，来解决该课程学时不断被压缩，理论与实践相互脱节，学生对纪录片认识过于抽象，学习兴趣不足等传统教学中普遍存在的问题。通过"纪录片创作"课程的改革，将该课程的学习目标分成知识目标、技能目标和情意目标，建立基于参与式项目为导向、以提高学生理论和实践能力为目标的教学模式。

"纪录片创作"课程的知识目标：了解纪录片创作在不同时期的影像语态特征，让学生了解不同类型纪录片的理论和创作手法。技能目标：强调用理论联系实践应用，结合课程在整个培养目标中的定位，通过教师设计的参与式项目培养学生运用影像叙事手段和前沿技术手段创作纪录片的职业技能，以及培养学生在实际工作中需要的沟通、团队、领导和自我管理能力。情意目标：使学生掌握毕

业后在职场中需要掌握的职业伦理和管理团队经验，培养学生的敬业精神、职业道德和社会责任感，待人处世的态度、勇气、精神，提升学生适应社会发展的综合管理素质。

（一）教学改革思路

根据上述教学目标，重新构建课程内容体系，并通过 BOPPPS 教学模式对本门课程进行教学改革，基于线上微课视频、丰富的题库资源、作业资源、精品教材和影片资源，以及线下参与式项目任务来进行教学内容、教学方法和考核方式等全过程的改革与完善。具体来说，在学习过程中，所有学生线上进行理论课和作业测试环节，而线下课程教学以实践为主，分小组开展，每个小组通常由 4 ~ 6名同学组成，教师负责整个教学实践环节的主持、指导和协助工作。

导入环节以激发学生学习兴趣与动机为主，教师在该环节的教学主要可通过线上播放典型类型纪录片视频、提出问题等方式进行。学习目标环节，根据人的注意力大约只能持续维持 15 分钟的自然规律，BOPPPS 教学模式将知识点的理论教学内容切割为 15 分钟左右的多个教学微课小单元，根据不同章节内容、不同问题导向而录制若干微视频，主要目的是让学生掌握本节课程核心知识点和重难点，学习更有侧重性，同时在这个阶段配合精品的教材资源，如涉及纪录片理论、纪录片创作，以及艺术、文学等相关社科知识领域的参考书籍，以及对自建影片资料库影片的观摩。前测环节教师主要通过线上前测题库模块形式进行，掌握学生对基础知识的了解情况，并布置该知识点需要完成的参与式项目任务。同时设立线上答疑和讨论模块，线上答疑是授课教师根据学生提出的问题进行实时解答，而讨论区则是为教师和学生提供了一个开放式互动区。在讨论区师生可就"纪录片创作"课程涉及的章节知识难点、影片资料库中发现的有价值的创作现象或问题、学习的心得，甚至课程建设等发起或参与讨论。教师根据学生个体的差异调整教学活动。参与式教学环节——完成项目任务，在学生通过前面环节的课前自主学习的基础上，教师通过本环节的线下课堂，先对线上课程教学内容做补充性讲授。接着的主要内容是对教师在学习目标环节提出项目式任务，结合本节课程的纪录片创作类型，学生以课堂提案讨论的方式以翻转课堂和教师指导实际策划文案操作开展教学，帮助学生在实践中掌握本节知识的重点和难点。后测环节则主要由教师通过在线后测题库练习的形式检验本节教学目标总体上是否达到教学要求。总结环节则主要通过教师引导学生学会总结课程内容，以应用思维导图的方式阐述本节知识点的自我掌握情况。

总之，以 BOPPPS 教学模式为核心理论基础，通过项目式任务为导向、学习内容线上线下互补、讨论答疑实时互动等，建立了翻转课堂的教学模式，以实现培养学生自主学习、独立思考、发现和解决问题能力等目标。

（二）以项目式学习为引导的教学过程设计

以 BOPPPS 教学模式的全教学过程为设计原理，本文以"纪录片创作"课程知识点之一的"调查性纪录片创作语态"的内容设计为例进行具体阐述。该节的知识性目标是了解纪录片创作类型中调查性纪录片的创作语态，系统掌握该类纪录片的叙事策略、镜头语言以及类型制作。技能性目标是学生能够进行调查性纪录片的短视频文案策划写作，并能组织完成一次实际拍摄。情意目标：与本课程的总体情意目标一致。

第一，导入。课前利用线上平台播放一集典型的调查性纪录片作为案例，例如《1405 郑和下西洋》第一集。配合内容提出问题：该纪录片的什么内容让你持续看下去？该纪录片使用了哪些新的表述方式？该纪录片在影像呈现上有哪些创新？

第二，教学目标学习。教师提前录制 15 分钟本节核心知识点的教学视频，通过对典型影片的分析，讲解调查性纪录片的定义、创作的基本原理、镜头语言的表达方式，以及该片的创新点等。该环节主要通过线上自主学习的方式来完成。

第三，前测。通过线上教学微视频的学习后，学生利用在线课堂平台的本节知识题库进行自我测试。教师可通过测试了解学生对调查性纪录片的语态特征、讲述故事的结构方式等的了解情况。在本环节要求学生以小组的形式策划写作一个调查性纪录片的短视频文案，并做好 PPT，准备汇报。

第四，参与式学习。这个环节主要以线下课堂的方式进行，分为课堂讲授、翻转讨论与实操训练，分别针对理论课程的补充性讲授和项目任务的课堂师生讨论部分，通过翻转课堂等形式开展授课任务。

教师在线下课堂中请一名小组成员到课堂上按照调查性纪录片创作基本结构进行报题答辩。学生在报题中需完成：选题名称、核心人物介绍、观点陈述、讲述结构阐述、拍摄手法、团队构成以及工作周期等内容。在汇报的基础上，教师针对每组的具体情况进行讨论，在讨论中增强学生策划方案的可执行性，同时也是对知识点的再一次夯实。在与每组的讨论中，其他小组同学也能在这种氛围中查找自己的优势和不足之处。这样就使得本节知识的应用更加系统化、清晰化。最后学生在讨论的基础上修改自己的想法，形成一个可执行的策划方案。

接着进入项目运行阶段。项目是基于任务驱动的模式进行操作训练及调查性纪录短视频的完成。其成果将与后测阶段一并考核。

在整个参与式教学环节中，学生既巩固了知识，又学习了如何利用知识解决具体的问题，同时也培养了学生的专业能力和基本的创新思维能力。

第五，后测与总结。后测环节包括课程知识点复习和项目验收两个部分。教师通过线上教学平台的试题库来巩固学生对本节涉及知识点和原理的掌握，并对学生上传的调查性纪录短视频进行验收，引导对已有的创作方式提出新的假设，以及学会探索新的创作方式。总结环节主要是对整个实践过程的注意事项、学习心得、对本节课程内容设置、实践条件、团队协作、教师指导等提出意见和建议，以利于课程的持续改进和完善。教师则在这个过程中教学相长，为今后的备课留下丰富的资料。

（三）形成性考核方式设计

传统的课程考核方式主要以期末有试卷或者无考试为核心，缺少多角度评价学生培养质量的考虑。在 BOPPPS 教学模式的全教学过程中，建立起学生的形成性学习评价及考核方式，将从多方位、多角度、全过程评价学生的学习成绩。首先，理论知识部分主要借助网络学习平台，通过线上视频学习、作业、问题讨论等权重设计，实现网络学习评价。线下项目部分成绩评价则通过项目撰写的 PPT 设计、课堂讨论参与度、项目完成质量、项目完成报告撰写质量、期末考试等环节进行综合评价。

三、结束语

影视专业应用型课程属于理论和实践并重的一门课程，将 BOPPPS 教学模式引入，可以培养学生学习的积极性、主动性和动手实践能力，以适应应用型人才培养目标需求。教师以培养方案为依据，重新构建课程内容，实现理论与实践有机融合，并通过 BOPPPS 教学模式对本门课程进行教学改革，可以有效促使学生加深对与本门课程相关知识点的理解和应用。综上所述，基于 BOPPPS 教学模式的课程改革将为分析、构建、实施高校课程创新教学模式提供参考，为使学生逐步成长为符合影视创作工作岗位要求的创新及应用型人才探索培养之道。

网络传播时代教学方式的思考与探索
——以线上教学为例

杨晓茹

网络技术开始于20世纪60年代，先后经历了远程终端连接、局域网、Internet、信息高速公路等不同的发展阶段，与传统的传播媒介相比，网络具有信息容量大、速度快、互动性强、参与性强等传播特征，满足了大众传播信息、休闲娱乐、获取知识等多方面的需求，受到了大众的喜爱，网络使用者人数不断增加，据中国互联网络信息中心《第44次中国互联网络发展状况统计报告》数据显示：截至2019年6月，我国网民规模已经达到8.54亿，网络普及率达到61.2%。[1] 网络通信、网络消费、网络支付、网络教育等网络生活方式已经成为人们社会生活中不可或缺的一部分，可以说，网络传播时代已经真正到来了。网络的使用不但改变了大众的媒介接触习惯，形成了网络电影、网络文学、网络音乐等新型的艺术形式，而且也改变了大众的消费理念和生活方式。网络传播时代的到来，对教育来说既是机遇又是挑战，教育理念、教学方法等都因为传播环境的改变、新型师生关系的形成而不得不改变。

一、网络传播时代下的学生群体与师生关系

对于网络和教育之间的关系不同学者从不同的角度进行了研究，有的学者认为网络对于教育来说就是一种工具，是教学环境的改变，教学的某些内容和过程需要通过网络传播完成；有的学者认为网络不仅仅是一种工具，对于教育来说它是一种新的知识生产，是知识转化、储存和学习方式的改变，[2] 有的学者认为网络的出现不仅仅是学习方式的改变，还是为构建教育过去、现在和未来而搭建的桥梁。[3] 网络传播与传统媒介传播相比，在传播速度、范围和形式等方面都具有

1　中国互联网络信息中心.第44次《中国互联网络发展状况统计报告》［OL］.（2019-8-30）.
2　刘宏森.互联网时代的教育：困境和作为［J］.中国青年研究，2015（007）：30-34.
3　颜正恕，徐济惠.线上线下一体化"网络+"个性化教学模式研究［J］.中国职业技术教育，2016（5）：74-78.

较大的优势，教育也因为传播环境的改变而发生了较大的变化，在网络传播时代，教育应该立足网络传播特征，改变教育理念，形成新的管理模式、教学方式和服务体系。

（一）网络传播时代下的学生群体

学生群体是一类特殊的群体，精力旺盛、思想活跃，在网络传播时代，学生群体受到网络参与式文化的深刻影响，具有鲜明的时代特征，追求自由、个性和时尚，自主意识强，喜欢挑战权威。1992 年美国传播学家亨利·詹金思提出了参与式文化这个概念，参与式文化的形成源于网络传播，大众通过网络平台参与信息制造和传播，参与式文化注重身份认同和彼此之间关系的建立，参与式文化崇尚个性化生产和自由表达。

在网络传播时代，学生群体依靠 QQ、微信、知乎等社交软件和平台传播信息，沟通交流；借助数码大师、会声会影、premiere 等各种视频制作软件制作视频；通过起点中文网、纵横中文网、晋江文学城等网站阅读或者进行文学创作；使用网易云课堂、YY 教育、沪江英语、一点英语等各类学习软件和平台查阅资料、学习知识，等等。与传统媒介传播相比，在网络传播时代，学生拥有了更多的选择和表达的机会，具有更强的参与意识。

（二）网络传播时代下的师生关系

师生关系是在教师与学生相处之间形成的一种特殊关系，与同事关系、父母关系、朋友关系等不同，师生关系对于相互之间的地位、作用和态度要求更高。在传统的师生关系中强调的是师道尊严和传道授业，在教学中，学生被动接受知识，缺少主动性和自主权。在传统的课堂教学中，教师和学生通过线下面对面的交流完成教授和学习的过程，在这种传播层级中，教师处于上层，学生处于下层，学生属于被动接受者。

在网络中，不仅人人都可以成为传播者，而且传播的层级不再按照现实生活中的身份地位来划分。此外，在虚拟的传播空间里，言论的发表不再受到现实生活中身份的限制，这改变了现实人际关系建立的方式，形成了新的网络人际关系。

网络空间的虚拟性弱化了现实中的身份和地位，权威和秩序受到了挑战，学生在教学中获得了更多的参与和表达的机会，新型的师生关系因此形成。与传统课堂教学形成的"教师主导、学生主体""教师主体、学生客体"二元对立关系相比，这种新型的关系更加亲密和平等，是一种"我与你"的关系。[1]

二、网络传播时代的教学特征

与传统媒介时代的教学不同，网络传播时代的教学具有高时效、便利性、互动性和丰富性等特点。

（一）高时效

网络有着惊人的传播速度，它突破了时空的限制，可以将信息快速地传播到世界各地，网络的出现将地球"缩小"了，将时空"拉近"了，人与人之间的关系变得更加紧密。在网络传播时代，学习资源可以以文字、图片或者视频等形式通过邮箱、网站、通信软件等平台上传或者下载，可以以最快的速度传递给需要者。

（二）便利性

传统课堂教学必须要有固定的时间和固定的教室，教学受到时间和地域的限制，任何人在任何地点都可以通过网络传播和接收信息，这在传统媒介时代完全是无法想象的。在网络传播时代，只要时间合适，即便学生遍布世界各地，教师也可以通过网络教学平台完成授课。

（三）互动性

互动性强是网络传播的核心特征，在网络传播中，信息不再是被动地推给受众，而是受众主动参与到信息的传播中来。在网络传播时代，受众可以通过网络投票、论坛发言等形式进行互动，自由表达意见，与以往相比，受众拥有更多的主动权、选择权和控制权。对于教学来说，网络的使用给学生与教师、学生与学生、教师与教师之间的互动提供了更多的便利，教师和学生可以通过 QQ、微信等社交软件随时随地沟通、交流，讨论问题，辅导功课。

（四）丰富性

网络传播时代，教学的丰富性主要表现为教学资源的丰富，借着网络传播的东风，一大批课程学习平台涌现出来了，例如学堂在线、智慧树、腾讯课堂等，涉及大学课程教育、职业教育和中小学教育等不同的层次。这些平台拥有丰富的

1 马治国，绪可望，田凤梅.网络师生关系："我-你"关系的视角［J］.教育科学，2010，26（3）：27-31.

教学资源，以中国学堂在线为例，学堂在线是由清华大学开发研制的中文慕课平台，自 2013 年 10 月启动以来，已经运行了包括北京大学、清华大学、牛津大学、圣彼得堡国立大学等多所国内外著名大学的各类优质课程。

三、网络传播时代教学方式的思考

教学方式是指在教学活动中，教师为了实现教学目标，取得更好的教学效果而采取的教学策略，包括教学内容的组织和教学方法的使用。在网络传播时代，学生的学习方式、需求、师生之间的关系都发生了较大改变，我们需要根据这些改变更新教育理念，修改教学内容，采用更适合网络教学的方式方法。

（一）教学内容

教学内容需要根据课程的性质、采用的教材、学生的水平和教学方式等进行准备和设计。教学内容需要根据具体情况进行调整，例如，需要根据理论课和技能课、高年级和低年级、小班课和大班课等不同调整授课内容。在传播技术不够发达的时候，大众获得信息的渠道有限，教材成为课堂教学的主要内容，课程教学内容的设计紧紧围绕着教材，教师以讲授教材内容为主。在网络传播时代，教学资源丰富，学生可以通过搜索、链接等网络技术轻松获得教学资源，在这种情况下，教学内容设计就不能完全以教材上的知识为主，而应该重新设计课堂教学内容，重点从培养学生的思维能力、分析能力入手，帮助学生获得更深层次的理解，将"填鸭式"的被动学习变为"发现式"的主动学习。

在网络传播时代，可以积极尝试使用"翻转课堂"的形式组织教学内容。"翻转课堂"这种称法最早见于美国，所谓"翻转"是指对教学内容的转变，将课堂教学内容与课外教学内容进行对调，在传统教学中，课堂教学内容是以教师讲述教材知识为主，"翻转课堂"提倡将以前的课堂教学内容放到课外让学生自主学习，学生通过观看相关教学视频、查阅相关书籍或者资料等多种形式自行学习，课堂上不再讲授基础知识，而是将重点放在解答疑难问题上，通过讨论、测试等方式引导学生进行深入思考。这是一种将被动学习变为主动学习的教学方式，是一种对基础理论知识进行深度解读与练习的教学方式。

（二）教学方法

教学方法是指在教学过程中为了实现教学目的和教学任务要求而采取的方式方法。常规的教学方法有讲授法、讨论法、直观演示法、练习法、读书指导法和任务驱动法等。教学方法的使用是否合适决定了教学效果的好坏，在课堂教学中，讲授法是最常用的教学方法，这是一种以教师讲授为主的教学方法，教师讲学生听，这种教学方法的好处在于教师对于课堂的整体控制方面比较强，教师能够更轻松地完成教学任务，但是，在这种教学方式中，学生完全处于被动接受的地位，学生的学习积极性无法得到体现。当然，在教学中，不会只采用一种教学方法，经常会结合使用 2 ～ 3 种教学方法，以便获得更好的教学效果。在网络传播时代，学生的学习方式和师生关系都发生了较大的改变，学生的学习资源更多，学习的时间更加灵活，获得知识的渠道也更加多样化，在这种教学环境中，课堂讲授这种常用的教学方法不再适合网络教学，无法完全满足学生的学习需要，这要求我们必须改变传统的教学方法，采用更加适合网络教学的方法。

四、线上教学探索

线上教学就是在网络传播背景下出现的一种新的教学形式。具体来说，线上教学是借助网络传播平台将课堂教学转到线上授课的教学，线上教学对教师的备课、教学过程实施和教学效果评估都提出了新的要求。

当前线上教学使用的平台主要有中国大学 MOOC、钉钉、雨课堂、学堂在线、腾讯课堂、微信、腾讯 QQ、腾讯会议、超星慕课、智慧树、网易云课堂等，主要采用录播、直播和直播＋录播三种形式。录播是指教师将提前录制好的相关课程内容上传到学习平台，让学生自主学习的一种形式，教师通过线上课堂提问、课堂练习和考试等形式帮助学生掌握学习内容。直播是一种教师通过直播平台给学生上课的形式，当前直播效果比较好的平台有钉钉、腾讯 QQ、腾讯课堂和腾讯会议等，在直播课堂中，教师可以分享 PPT、视频、文档等教学资料，学生可以通过举手或者留言的形式随时与教师沟通交流。直播＋录播就是将直播和录播这两种形式结合在一起，同时满足两种教学需要。

（一）线上教学中存在的问题

线上教学与传统课堂教学相比，教学形式多样，既能够点对点地单独授课，也能够点对多地群体授课和多对多地讨论授课。但是，任何事情都是一把双刃剑，网络传播的虚拟性、开放性等传播特征使得线上教学在教学内容准备、教学过程控制和教学考核等方面存在一些问题。

1. 教学内容准备

教师在线上教学内容准备方面主要存在两方面的问题：第一，对软件操作不熟练，因为很多教师没有经过相关的培训，在软件使用方面存在问题，尤其是对于年纪比较大的教师来说难度更大；第二，面对网络上传播的大量教学资源，很多教师面临着需要修改教学内容的问题。有些教学内容不仅仅在网络上可以免费学习，而且有的教学水平较高。针对这种情况，授课教师需要及时调整自己的教学内容。有些教师的教学内容较陈旧，缺少新东西，在教学中就会出现学生已经学习过，不感兴趣等各种问题。

2. 教学过程控制

在课堂教学中，教师可以根据学生的反应及时调整教学内容和方式，如果学生有思想抛锚、不认真听讲的情况，教师也可以及时发现并且提醒。但是，在虚拟空间中，教师面对的是一个个图像符号，符号后面的学生具体在做什么，有没有认真听讲，听懂了没有，教师都无法及时掌握，教学过程基本处于失控状态。

3. 教学考核

为了更好地掌握学生学习情况，在教学中需要对学生进行考核。考核的手段多种多样，有课堂练习、课后练习、课堂考试、开卷考查、闭卷考试等。线上授课使得教学考核的难度增大，一方面，网络上的信息资源丰富，学生通过搜索可以很容易找到相关答案，这使得考查失去应有的意义；另一方面，线上授课考核的形式受限，课堂考试、闭卷考试等形式都难以实施。

（二）"私人订制"教学策略

针对线上教学出现的问题，为了适应网络线上教学，取得更好的教学效果，在教学中我们可以采用"私人订制"的教学策略。"私人订制"教学是指根据学生不同的学习需求而采用的有针对性的教学方法，"私人订制"教学是一种个性化、差异化和项目化的教学方法，是为了调动学生学习积极性，控制教学过程，达到最佳教学效果而使用的教学方法。

"私人订制"教学过程一般可以分为三步：首先，通过邮件、QQ 或者微信等交流工具与学生沟通交流，了解学生的学习需求和掌握程度；其次，根据学生的需求确定教学内容，并且根据学生的掌握程度设计不同的练习题目；再次，根据学生完成练习的情况及时修改教学内容。

在"私人订制"教学中，教师对教学内容和教学练习的设计需要有科学性、连续性和针对性，既要关注到每个个体的需求，也要完成既定的教学目标。这就要求教师要合理安排好线上讲授的内容和时间，要利用课余时间与学生多沟通交流，让每一位学生都有明确的学习任务和需要达到的学习目标。

在网络传播时代，面对不断变化的教学环境，每一位教师都应该积极尝试改变，接受新的教育理念，改变传统的教学方式，调动学生的学习积极性，取得更好的教学效果。

遵照实践教育传记学理念，探索建立体验课程范式
——"中外新闻传播史"线上教学理论与实践

刘远军

一直以来，新闻史的教学都被认为是单调无味的，学界很多师生和业界很多新闻人甚至质疑新闻史在整个新闻教学中存在的必要性。为了提高新闻史的课程地位，一直以来，教师在教学中采取了很多方法，其中，行之有效的教学方式之一是教育传记学方法，即遵照实践教育传记学的理念，探索建立传记文本型的存在体验课程范式。教育传记学认为，课程既非静态的学科科目和活动计划，也非僵化的学习进程安排，而是个体生成主体性、检视和转化生活体验的动态过程，是个体在课程中发现自我、重建自我的过程，是充盈着浓郁生命意识和人文情怀的课程。2020年疫情的暴发，让我之前预设的所有教学设计遭遇巨大变化。由于当时身处湖北，网络条件一般，怕拥堵，本课程在教学上没有选择雨课堂、学习通和云班课等教学环境，而是因地制宜地选择了腾讯课堂加上QQ配合的线上教学方式，面对冷冰冰的笔记本电脑，还有一让同学们回答问题，对方的麦克风就坏了的窘境……有二十年教龄的自己，突然对本课程能否按照既定目标上下去产生巨大的怀疑。

如何才能有效激活"数字原生代"的学习主体能动性与课程参与水平？如何才能应对"后喻"时代的新闻教育危机？经过一段时间痛苦的调整，本课程不得不探索实施使学生改变被动的"听"的状态，转变为师生一起"思考""讨论"的状态的方法。在此背景下，如何培养使学生终身受益的阅读能力、分析能力、自主学习能力等也成为本课程自觉探索的重要问题。经过痛苦的思考和转型后，本课程慢慢探索出了一条遵照"实践教育传记学理念，探索建立体验课程范式"的线上教学理论与实践。

一、教学理念革新——唤醒

在"中外新闻传播史"的线上教学中，本课程一直探索如何依循存在体验课

程范式，改变传统的控制取向的教学理念，代之以自我实现取向的新人文主义教学理念。即扎根于学生的生命经历，特别是新闻生产者体验、新闻接受者体验以及新闻领域之外的其他体验，如对生活的感悟、生命的自觉、社会的认识等而指向未来的新闻传播活动，谋求其从"受众"到"传者"的角色转换。这一理念的形成有其现实的土壤，如果单从媒体的可读性和先进性等角度来看，中外新闻传播史上的新闻事业和今天的新闻传播业是无法相提并论，甚至是腐朽落后的。就像有学生在课外与我交谈时所言，既然这些媒体在今天看来其方法是如此幼稚，为什么我们还要去学习。

因此，本课程在理念上有一个重大的课题就是要把学生带回到新闻事业发生发展的那个年代去，要让这些准记者将自己的生命经历回到那段时空中去感同身受。因此，本课程首先必须开创一种自由宽松的学习氛围，通过传统的知人论世等方法激发学生的学习积极性和创造性。按照这种思维，本课程设置各种古今中外的比较，譬如邵飘萍和小野秀雄等出身上的比较以及中国和法国在反对新闻腐败传统上的比较，设置"假如我是××"等情景扮演，设置撰写某某新闻颁奖词、墓志铭等环节，增加"数据新闻时代，新闻教育还需要新闻史吗？"等讨论……通过这些立体体验式的活动改变以往教学中只重视学生的知识结构，忽视学生的身心发展的误区，真正以学生的需要为核心，注意课程内容和生活内容的统一性，使学生的情感发展与自我认知发展协调统一。在教学过程中注重学生潜能的发挥，高尚道德的培养，正确人生观、价值观的形成，让教学适应人的需要，强调以人为本，而不是人去适应教学过程。如此，有同学课后跟我聊天说，黄远生那一代的新闻记者真不容易，要把四万万同胞唤醒真不容易，当好一名时代需要的新闻记者真不容易！

二、教学模式创新——体验

本课程依循存在体验课程范式，改变传统的程序主义课程方法论主导下的讲授模式，拓展"回溯——前瞻——分析——综合"的研讨模式。即：引导学生通过"回溯"寻找生命历程中的"刻痕"；引导学生通过"前瞻"想象未来职业角色；引导学生通过"分析"，自省、反思"回溯"的"刻痕"和"前瞻"的愿景；最后，引导学生通过"综合"，"螺旋上升"回到现在，重新认识自我。在这个过程中，学生的自我认同、自我完整和生命自觉得以培育，职业认同和职业自觉得以培育。其中，有几个关键环节需在此重点讲述。

（一）要精选研讨议题，并按类目建立课前阅读文献库

阅读文献的质量直接影响本课程研讨实施的质量，整个课程的阅读文献库建设是一项耗时不小的工程，需要投入大量精力。本课程导读过的文献包括诸如《读开元杂报》《论禁小报》《宋会要辑稿·刑法二》《朝野类要》《万历邸钞》《天变邸钞》《急选报》《论报馆有益于国事》《大乱者救中国之妙药也》《本报第一百册祝辞并论报馆之责任及本报之经历》《张作霖自由行动》《论出版自由》《普利策传》……阅读文献的时间移到课前来完成，课堂讨论议题在课后的课程QQ讨论群中可以继续延伸，这使"存量"课程变身为"增量"课程，教学的空间得以拓展，学习的效能得以放大。具体而言，一方面让学生充分利用了课外的时间，另一方面也让师生之间有了对话的基础，同时，也贯彻了教育部对专业课"增负"的倡议。很多学生反馈说，上大学后从来没有这么集中地看过文献，虽然很苦，但是过了一段充实的日子。

（二）做好充足的开课准备

由于在线教学中，课程的设计不再以教师的讲授为主，但并不意味教师的工作量会减少，相反对教师提出了更高的要求。首先，教师必须对每次课的教学内容了然于胸，如此才能在研讨中全身心投入，而不是置身事外；其次，教师必须对每次课的教学内容有充分的科研积累，才能够满足、覆盖学生在讨论中所涉及的知识的深度和广度；再次，教师必须有出色的课堂管理能力，善于引导、激发学生的研讨兴趣，熟练掌握运用"回溯——前瞻——分析——综合"的研讨模式，保证课堂的教学效能。本学期，我的课程教学任务较少，但是仅这一门课程就让我有点焦头烂额。做直播难，但功夫在课外！

（三）贯穿新人文主义理念

任何的历史教育，"从基本上讲是一种人性化的教育，是经过授予历史学问，使受教育者在认识自我世界、认识和顺应社会、处置人与人之间关系的才能和审美才能等方面得到开展"的教育。具体而言，本课程在人文主义的培养方面，一是培养人文肉体，二是把握新闻事业的普遍规律，增强人文素质与人文素养的交融。本课程在教学改革中，力图融合感性和理性因素，兼具个体性和社会性维度，培育学生的人文情怀。例如，在"邵飘萍颁奖词"与"黄远生颁奖词"中，同学们异常踊跃，课堂内外营造的氛围非常活跃，每名同学都以独特的方式向那个特

殊年代的名记者们致敬，有的制作精美的卡片，还有部分同学自制了音频和视频，同学们还自评出最后的颁奖词，比如：

他渴望新闻救国，他铁肩辣手著血泪文章。盘空硬语的文字，启蒙了无数乱世下的寒儒儿女。在战乱之时，一生捍卫中华，坚韧的言论自由，人性、人道、人权，与文字与政府听命于正当民意，并把民主政治推向高峰的他。一生飘萍，从不碌碌。——学生胡蝶儿

三、教学内容革新——延伸

本课程改变传统的客观主义知识观主导下的知识灌输型教学内容，以人物为脉络重新设计中国新闻史的知识体系，并将这一知识体系具体转变为可思考、可讨论的内容，从贴近新闻工作者的生命历程与个体社会化历程的角度，着重探讨新闻工作者的专业图像如何形成、他们的职业认同如何生成、职业价值的嬗变等议题，突破以往大写的、一元的、"脸谱式"的简单判断，创生出小写、多元且自我认同的专业群体图像。由于学院课程改革要求压缩水分，本课程的中国新闻传播史和外国新闻传播史只有各16个学时，课程教学压力骤增，因此只能充分利用网络教学的优势，在课前推送一些课程知识，让学生自主学习，在课堂上尽量讲解重点内容。

在教学处理上，"中外新闻传播史"需要掌握的重点内容主要包括：中外新闻事业产生、发展、变化的大体脉络；中外新闻史上著名的报刊、通讯社、广播电台、电视台等传播媒介；新闻界发生的重大事件；著名的新闻工作者；中外新闻事业发展的基本经验和教训。其中，为了提高学生对外国新闻史的学习兴趣，其重点内容还需要增加外国与中国、历史与现实相联系，新闻史与政治史、社会史相结合的一些材料。

由此，中国新闻传播史教学内容的八章分别为：第一章　从"邸报"到《京报》——中国古代报纸的起源、发展与终结；第二章　从传播宗教到营业谋利——外国人开创了中国近代新闻事业；第三章　从改良到革命——两派报刊大论战；第四章　从"耳目喉舌"到"监督政府"——梁启超的新闻思想；第五章　从黄远生到邵飘萍——中国最早的职业新闻记者；第六章　从文言文到白话文——五四时期新闻事业的重大改革；第七章　从《申报》到新记《大公报》——我国民间报纸的辉煌历史；第八章　从"星星之火"到"全国燎原"——中国共产党

的新闻事业。外国新闻传播史教学内容的八章分别为：第一章　新闻传播的起源；第二章　近代资产阶级报业的产生和发展；第三章　近代无产阶级报业的创建和发展；第四章　主要发达国家现代报业的发展和变化；第五章　新闻通讯事业的产生和发展；第六章　苏联——独联体和东欧现代报业的发展与变化；第七章　电子媒介之广播篇；第八章　电子媒介之电视篇等。

此外，讲述历史上的今天也是本课程延伸的一部分内容。在每次课前回顾复习过前面所讲的内容之后，师生都很自觉地提前准备历史上的今天有什么大事，媒体对其是如何报道的，并结合当今媒体讲述当前新闻大事件，从"历史"回到"当下"。从而拉近与历史的距离，以古今结合的方式来了解"当下"，来思考当今政治经济文化状况与新闻界之间的关系。

在考核方式上，本课程探索以过程性考核为主的合理考核方式。本课程的最终考核方式加强平时成绩的比重，降低考试成绩的比重。平时成绩的考核方式尽量合理，重点是阅读文献，通过学生的阅读心得、课堂发言次数、发言质量、作为课堂讨论后续的小论文等项来考察。期末考试成绩主要考察学生的分析、综合能力。考核的最终目的是导引学生（即未来的新闻工作者）建构新闻工作者职业角色认知与职业价值感，培育学生的职业自觉，以应对当前新闻业职业精神严重失守的行业危机。

另外，线上交流中，本课程之所以有很多同学选修，还有一个很重要也是很无奈的原因，即考研需要。因此，为了帮助准备考研的同学，本课程几乎每次都要布置足够多的思考题，每次课程都要精讲一些高校的考研压轴题，尤其以时间为经，以人物活动、事件为中心来讲述一些重要新闻事件的来龙去脉，帮助学生理清思维、加强理解；此外，在考研之外，很多同学的思想政治教育或者说三观问题，尤其是对新闻史或者当前新闻界中的一些审美与审丑中的困惑，也是"拔出萝卜带出泥"，因此，课程思政教育在本课程中也居于十分重要的地位。当然，这又是需要花费大量时间，也无法得到工作量认定的事情，但是，被学生信任，也是另外一种奖赏吧。

本学期课程即将结束，下一阶段本课程将通过半结构深度访谈，了解新闻史同行以及学生们对本课程的思考，整理形成"中外新闻传播史教学现状调研报告"，将目前已经阅读过的文献整理规范形成"课前阅读文献库"，完成《新人文主义：解读中国新闻传播史的一种视角》《教育传记学方法在新闻传播史教学中的应用》等教研论文。

正如江卫东在《新闻史教学在当下面临的问题和挑战》一文中所言：新媒体时代，具有近百年发展史的新闻史教学存在学生不感兴趣、学习动机不强、教学内容与当今传媒实践脱节、课堂教学偏重知识灌输、史识与能力培养欠缺等诸多问题，面临学分减少、课时压缩、教学资源被挤占、专业基础课地位被边缘化，甚至出现生存合法性危机等挑战。不管新闻教育如何改变，本人坚信：新闻史作为新闻学教育中不可缺失的根底课程，其位置和作用不可或缺。未来面向大型MOOC等的挑战，本次线上教学的经历启示我，一定要坚持混合教学，让这门古老的课程焕发出年轻的生命。

部校共建背景下的新闻摄影教学设计

向卫东　金鑫　思扬　黄梅　向丽

2013年底，中宣部、教育部联合发出《关于地方党委宣传部门与高等学校共建新闻学院的意见》，2014年4月，重庆师范大学与中共重庆市委宣传部合作，联合举办重庆新闻学院，并于同年开始招生，2014级新闻学专业本科生成为学院首批入学学生。在2013新闻学本科人才培养方案中，新闻摄影为专业主干课程，2+2学分，64学时，开设于本科第2学期，并首次实施于2014级新闻学专业的本科教学中。

2009年重庆师范大学院系专业融合调整，原属文学院的新闻学专业并入传媒学院，在当时的新闻学本科人才培养方案中，新闻摄影属专业主干课中的核心课，1+1学分，32学时，开设于本科第6学期。截至2019年上半年，我院新闻摄影课程已累计开设有10年，仅以新闻学专业本科学生统计，已累计教授学生800人左右，至少有6～7位教师轮流授课达1024学时。

2019年，我院新闻学专业获批重庆市本科高校一流专业立项建设，在2019新闻学本科人才培养方案中，新闻摄影的教学主要由"摄影基础和图像处理""图片新闻报道"和"专业见习（一）"体现，其中"摄影基础"和"图像处理"属学科基础课，2学分，32学时，开设于本科第1学期；"图片新闻报道"为专业核心课，2学分，32学时，开设于本科第2学期，而"专业见习（一）"属独立实践教学环节，1学分，16学时，开设于本科第2学期末。对于我院新闻摄影课程的教学设计来说，这不仅标志着一项阶段性任务的完成，同样也意味着一段新征程的开始。现在，就让我们梳理过往，并憧憬未来。

一、课程思政是新闻摄影教学设计的时代变化要求

部校共建新闻学院的举措与新世纪以来全球化、信息化、数字化的新传播环境密切相关。新传播环境给我们带来的益处和机遇是显而易见的，而存在其中的威胁和负面效应也是不容忽视的。从传播的角度看，任何文化信息都反映着传播

者的思想、意识和价值观，也不难发现西方发达国家存在的向其他地区的单向文化输出和意识形态渗透。在高校领域，如何规避和改善这种不良影响，是我们在教育教学过程中无法回避也必须积极面对的问题。"培养什么人，是教育的首要问题"，同样也是新闻摄影课程教学设计的首要问题。

按照习近平总书记提出的"要使各类课程与思想政治理论课同向同行，形成协同效应"的指示，在专业课程教学当中融入思想政治教育，深入挖掘专业课程的育人元素和思政元素，这种课程教育理念和实践已成为广泛共识。作为本科新闻学专业课程体系中的一员，新闻摄影课程既有知识传授、能力培养，也有价值引领、观念导向，思政教育始终贯穿其中。课程思政旨在实现知识传授与价值引领的有效结合，不能为了"思政"而"思政"，而是要将"育人"放在首位。为此，新闻摄影课程思政始终奉行如下原则。

（一）育人导向与课程目标相统一

高校思想政治教育的目的是培养有纪律、有理想、有文化、有道德的新人，将思政教育学习融入专业课程教学，须做到三个坚持：坚持历史往昔和现实当下相统一，提升讲授吸引力；坚持理论知识和实践实训相统一，提升教学说服力；坚持业界和学界相统一，以整合力提升核心力。总之，将立德育人的道理和培养目标以"讲故事"的方式传递，用故事讲清道理，以道理赢得认同，以潜移默化取代机械灌输，实现育人目标与课程目标相统一。

（二）思政元素与主流话语相融合

我们知道，任何政治权力的稳定与合法性的维持都离不开特定意识形态的宣传与维护。新闻摄影作为一种特定的媒体活动，必须服务于国家政治认同的现实需要。高校思想政治教育的一个着力点在于更好地服务于国家主流意识形态教育，而新闻摄影的专业教育在"敢于直面社会生活中的敏感问题，不回避热点问题、不逃避难点问题"等方面与思政教育的"要立场明确，敢于亮剑，积极引导并科学解释中国特色社会主义建设中的重大问题，发挥好释疑解惑的重要作用"等诉求天然融合，并由此巩固、扩大大学生对中国特色社会主义道路、理论、制度和文化的政治认同，增强中华民族向心力、凝聚力。

（三）教育方法与载体路径相呼应

结合实情对授课内容进行精准加工，将思政课程的一般性理论与学生文化需求、行业具体实际、专业岗位实践相结合，使思政理论内化于心、外践于行，切实适应学生的文化诉求与未来发展。通过应用教师引导、学生参与、学界业界协同等教学方法，了解学生需求、掌握媒体诉求，充分利用我院已有的校企合作、校部合作、实习基地等载体，以与业界建立课堂授课与实战讲座的路径模式、实践教学与跟踪实习的路径模式、标志性成果与赛事活动实战的路径模式，来实现培养具有终身学习能力并能创新创意的人才目标。

二、画面造型是新闻摄影教学设计的客观现实要求

世纪之交，新闻摄影的教学生态开始发生变化，主要体现在两个方面，一是对"新闻摄影"的重新界定，二是新闻摄影教学设计中对画面造型的重新认识。

在我国，新闻摄影一词在相当程度上是约定俗成。一般情况下，无论是媒体人士还是普罗大众，新闻摄影的所指大致是明了的。如果细究起来，则"新闻如何能够摄影"本身就是一个问题。第二次世界大战前后，传播学作为社会学的一门边缘学科，在西方得以迅速发展和完善。新闻学在传播学的发展中成为极其重要的组成部分。在新闻摄影领域，美国密苏里大学新闻摄影教授克里夫·艾邓（Cliff Edom）在 20 世纪 20 年代率先将"Photo"（摄影）和"Journalism"（新闻报道）连起来，创造出新词"Photojournalism"来涵盖报刊上"图片与文字相结合的报道形式"。"Photojournalism"的出现在理论上解决了摄影记者实际工作中的一些问题，并使摄影记者的采访报道行为有了更强的理论依据。对于"Photojournalism"的译法，我国目前有两种形式：一是以人民大学盛希贵教授为代表的学界译法，仍然翻译为"新闻摄影"；二是以新华社记者曾璜为代表的业界译法，翻译为"报道摄影"。可见，对应于"Photojournalism"译法的"新闻摄影"和"报道摄影"，两者实际上是一回事，即媒体上图片与文字相结合的报道形式。

课程内容是教学设计的核心，作为本科新闻学专业课程体系中的一员，新闻摄影教学的课程内容主要由三部分组成，即摄影知识、新闻知识和行业知识，而影像技术、画面造型以及业界实务则一直是摄影教学知识内容的经典构成。

新闻摄影的教学内容首先意味着摄影基础知识的学习，并随时代的变化呈现不同的侧重。

在以化学影像为主的传统摄影时期，新闻摄影课程中的摄影基础知识不仅包括前期的照相机、感光材料、摄影附件的操作使用以及常规情形的照相技术和拍

摄技巧，也包括后期环节的底片冲洗、印相和放大等暗室技术和加工工艺。对于一门学时有限的课程来说，上述内容就占了几乎一半多学时，加上教学过程中的讲评总结、重复训练等要求，留给其他内容的学时寥寥无几。因此，这个时期的新闻摄影教学基本等同于摄影器材、技术工艺教学，新闻摄影课其实就是摄影技术课。

新闻摄影教学当然不能只是摄影技术学习，不过，从当时全国范围内来看，这几乎也是一种普遍情况，传统摄影的学习是需要一定时间的，类似于现在的驾驶技能学习。然而，课程的教学效果却出奇的好，学生的获得感很强——他们学会了摄制照片的技能。同时，学生所摄的画面，形式感并不差。一方面是当时这种学习机会难得，学生会很珍惜，学习也十分专注；另一方面也与当时影像借鉴、模仿的范例只能通过报刊、画报、书籍等相对有限的渠道接触到，学生长期耳濡目染于这些专业水准图片的氛围，实际拍摄时的画面形式感也不会差到哪儿去。上述现象，在数字影像盛行和网络资讯发达的今天，确实值得深思。

进入新世纪20多年来，随着智能手机、人工智能、泛在网络等新技术的不断发展，新闻摄影的教学内容逐渐从摄影技术转向图片新闻，这一点已在业界和学界形成广泛共识，也是今后新闻摄影授课内容的必然发展趋势。那么，新闻摄影的教学还需要摄影知识的传授吗？或者说，图片新闻报道的学习，学生应该具备何种基础？实际上，摄影专业知识的学习涉及技术、造型和实务三个层面。如果将摄影知识理解为技术范畴，那可以认为如今的新闻摄影教学基本不需要摄影；如果将摄影知识拓展至画面造型，新闻摄影的教学则与摄影密不可分。

一张新闻图片实质是一种视觉关系，而不是单纯对象的指涉。对象容易辨认，视觉关系却不容易发现，后者需要相应的视觉训练才能获得。这也是为什么现实生活中人们往往较易判断出不同照片的画面优劣，却很难在类似的条件下亲自摄制出一张佳作，摄影记者和文字记者之间最大的不同也在于此。也正因如此，我院在2014级、2015级新闻学专业的新闻摄影教学中，对"画面造型"开始有所侧重，并在期末考核中增加了影展环节，但最终仍收效甚微。由于未能及时对此加以重视，2016级、2017级、2018级新闻学专业的新闻摄影教学亦未有所改善。2018年上半年，教育部颁发了《普通高等学校本科专业类教学质量国家标准》，按照新闻传播学类教学质量国家标准的规定，新闻学专业的课程体系在理论课程和实践教学环节两个方面都有新闻摄影的教学要求。在2019级新闻学本科的人才培养方案中，新闻摄影的教学主要由"摄影基础""图像处理""图片新闻报道"和"专业见习（一）"体现。在教学交流中，学院领导、新闻系主任及相关师生也以各自的方式表达了"希望新闻摄影的教学能够改善学生实拍画面的视觉美感"等相关要求，也从一个侧面反映出新闻摄影授课内容中摄影部分内容正由原来的摄影技术向画面造型转变这一客观教学实际。为此，在"摄影基础"和"图像处理"课程中侧重画面造型，在"图片新闻报道"课程中巩固画面造型，在"专业见习（一）"课程中检验画面造型，将是自 2019 级之后各年级新闻摄影教学设计的标志性特征。

三、移动学习是新闻摄影教学设计的未来发展要求

进入 21 世纪以来，新技术、新媒体、新思想、新理念等给高等教育教学带来了深刻变革，传统教学模式的霸主地位逐渐衰退，混合式教学模式（传统教学和网络教学的有机结合）日渐成为常态。从教学设计上讲，线上空间既无法回避也不可或缺，已是与线下领域同等重要的核心组成，并业已成为我国高校几乎大多数课程的普遍共识。从新闻摄影课程的线上教学现状看，既有不少依托知名平台、同步配套线下课程并已在线开放的成型范例，如殷强（中国人民大学）基于融优学堂的新闻摄影课程等；也有众多针对实情、面向地方的积极探索，如廊坊师范学院石宏伟、王玲基于新闻摄影课程的教育教学改革项目（课题编号 K2018-09）等；更不乏大量源自激情、拥抱时代的有益尝试，如中国 MOOC 大学的微摄影之"社交摄影"基础（刘宏江，上海工程技术大学）等。同时，我们也不难看到，伴随着移动互联网、云计算、大数据等催生出的新教学生态，"从学习的角度出发，以学生为中心"的教学现实已然显现，"从知识的传授者转变为知识的引导者，从以往全部教学环节的设计和单向执行者，转变为科学的课程设计者、学习过程的管理者和学生自主学习的激励者"[1]，教师的角色转变已成必然，一场围绕个性化学习诉求的教学设计运动已普遍展开。

在新闻传播学类的专业中，新闻摄影是一门代表性的经典课程，一直以来始终受三个问题的困扰：课时少与内容多、理论学习和实践操作、学界面对和业界实务，也即人们普遍认为，通过该课程的学习，新闻学专业的学生应该能摄制出悦目的画面、能提供视觉新闻的影像。上述矛盾以往只能通过场所设施建设、材

1　石宏伟，王玲.混合式教学模式的探索与实践——以《新闻摄影》课程为例［J］.西部广播电视，2019（24）：72-73+94.

料器材配置、双师型师资引进以及师生比合理把控等举措，在传统教学模式下进行一定程度的改善；而在高校扩招背景下，基于网络、能满足个性化定制需求的线上教学为我们解决问题提供了方向，混合式教学模式便是其中之一。

线上教学只是混合式教学模式实施的要求之一，不仅在线下开展教学，而且在线上开展教学是混合式教学模式实施的本色要求，而线上线下相结合才是关键。新媒体传播环境下，一门课程的教学已不是要不要实施混合式教学模式的问题，而是如何实施、有效实施的问题，这也是当今高校教学改革的研究热点。近一段时期有关新闻摄影教学研讨交流中出现"整体效果不甚理想，在实务应用上离业界要求也较远"等类似反映，固然有部分学生积极性不够、主动性不强、专注性不足等缘故，但在教学设计中未能真正实现传统课堂教学环境和网络在线学习环境的有效融合，这一点可能更为主要。

随着5G技术、手机折叠屏工艺等日渐成熟，在新媒体联盟推出的《2019年地平线报告（高等教育版）》中提出了"移动学习（Mobile Learning）"，一个基于碎片化、微内容、移动中的新教学环境将以更大的移动性、灵活性和多种设备的兼容使用，来支持未来的学习。"对于习惯使用移动设备的年轻一代，不是去限制他们在课堂上使用这些移动设备，而是要考虑如何将这些移动设备与教学进行有效的整合。"[1] 因此，基于自带设备和适应性学习要求的移动教学设计不仅是线上教学的未来发展方向，也是混合式教学模式中能真正实现线上与线下有效融合、无缝衔接并具有高度现实可行性的重要途径之一。

从某种程度上讲，突如其来的疫情也意味着我国高等教育在线教学的一次集体亮相。从当前全国开放的在线课程来看，各平台上新闻摄影课程屈指可数，也未能窥见重庆市高校的身影，希望本文的探讨能对现状的改善尽一份绵薄之力。

---

1 石宏伟，王玲.混合式教学模式的探索与实践——以《新闻摄影》课程为例［J］.西部广播电视，2019（24）：72-73+94.

基于协作学习的"纪录片创作"课程混合式教学策略

杨燕

2018 年 6 月，教育部召开新时代全国高等学校本科教育工作会议，会议强调要"加快建设高水平本科教育、全面提高人才培养能力"，本科教育教学改革也要不断取得新突破。探索混合式教学、翻转课堂等线上线下相结合的教学模式，引导学生自我管理、主动学习，激发求知欲望、提高学习效率、提升自主学习能力，成为推动"互联网 +"高等教育深度融合、促进高等教育质量"变轨超车"的必要途径。同年，《关于加快建设高水平本科教育全面提高人才培养能力的意见》等多份指导性文件接踵而至，剑指当前本科教育质量问题，严把毕业出口关，加强过程考核，调整教师评价等"指挥棒"，对我国高等教育进行重新定位和全面提升。

为了提升本科教育水平，2019 年重庆师范大学新闻与传媒学院广播电视编导专业成功申报了重庆市本科高等学校"一流专业"建设项目，线上线下混合式教学模式建构就是项目建设的目标之一。学院拟从教学平台建设、配套环境建设、教学资源建设、教师教学观念转变和教学能力建设、学生学习方法和习惯的转变、教学管理改革以及激励机制建设等方面去进行系统规划。作为广播电视编导专业的核心课程，"纪录片创作"也将进行混合式教学全新探索。

一、"纪录片创作"课程现有线上资源分析

在中国大学 MOOC 中以"纪录片"为关键词进行搜索，可以查到 5 门课程，分别是：北京师范大学的纪录片制作、浙江工商大学的纪录片专题研究、浙江大学的纪录片创作理论与实践、福州外语外贸学院的纪录片创作和深圳职业技术学院的纪录片策划与制作课程。在全程跟踪了中国大学 MOOC 这几门线上课程的教学，并同步研究了包括超星慕课、学堂在线等平台的类似课程之后，本人发现目前"纪录片创作"课程的 SPOC（小规模限制性在线课程）教学模式存在以下问题。

（一）形式大于内容

大部分网络课程的教学模式依然采取传统模式，只是借助网络平台简单做了形式上的改变，内容设计上并没有结合线上线下教学的特点进行细致的研究，缺乏对教学流程的重构与创新。

（二）学生的学习体验不完整

从现有的线上创作类课程看，有的强调创作理念的建构，有的突出创作史论的梳理，有的进行问题研究，很少有课程利用线上教学的优势进行创作实操环节的细节展示，用真人模拟结合案例分析等手段展示创作细节。学生对于创作课程从理论到实践的完整体验被打断，反而影响了课程的学习。

（三）创作类课程的线上教学中师生情感交流缺失

现有的线上创作类课程中，有的缺乏线下互动，有的线下互动不充分。一方面导致学生学习的诚信无法保证，另一方面对学生自主学习能力也提出了较高的要求，使最终的学习效果难以评估。

二、"纪录片创作"课程网课教学效果调查

2020年初全国大中小学生开始了全面网课，为贯彻落实习近平总书记关于打赢疫情防控阻击战的重要指示精神，针对疫情对高校的正常开学和课堂教学造成的影响，教育部对疫情防控期间高等学校在线教学组织与管理提出了重要指导意见。重庆师范大学新闻与传媒学院根据重庆市教委《关于进一步明确"停课不停学"网上教学工作有关要求的通知》和《重庆师范大学关于做好2020年春季学期开学期间教学工作的通知》，提出开展网络在线教学的工作实施方案。学院组织教师依托学校引入的中国大学MOOC、重庆市高校在线开放课程、学堂在线、超星慕课和智慧树五大教学平台，组织学生利用超星学习通、雨课堂、慕课堂、腾讯课堂、QQ群课堂等工具，采用MOOC、引用SPOC、自建SPOC、直播课堂等模式，根据教学需要组合应用，很好地实施了疫情期间的在线教学工作。

本人承担了2018级广播电视编导专业纪录片创作课程的教学任务，在疫情期间引入中国大学MOOC资源，利用腾讯课堂和QQ平台进行了课程教学的安排，其间对该课程的教学广泛收集了全班51位同学的教学反馈，总结如下。

（1）提前将教学资源（视频或者文档）发到讨论群，要求学生有针对性地

进行预习，此举大大提高了学生上课的积极性。

（2）线上教学中，知识点不宜分布太过密集，因为学生在居家状态下的学习注意力比在教室环境下差很多。

（3）线上教学无法进行实践环节，希望教师能够多结合优秀的作品来弥补和提升创作能力。

（4）根据教学内容设计的随堂小组讨论以及在线小任务受到普遍欢迎，这些有效的互动设计有利于集中大家的注意力，也有利于加深对知识点的印象。

（5）针对线上教学中涉及的知识点组织线下的深度实践教学，将有利于将理论与实践有机结合，便于学生加深对知识点的理解，将理论应用到实践中去。

三、"纪录片创作"课程混合式教学改革的目标

一直以来创作类课程采取"师傅教、徒弟学"的老套模式，教师通过筛选、编制和传递共性的标准化知识作为教学的主要手段。在"互联网+"时代，学生已经不能满足传统的授课方式和知识内容，只有混合式学习才能满足个性化知识的习得与创造性知识的生成。可是网络教学的泛在式教学环境，让很多课程内容对学生不具备吸引力。同时，缺乏有效的互动机制，也让教学流于形式。具体到创作类课程则表现得尤其明显，线上线下教学内容的脱节，理论与实践的脱节，学生学习体验差，创作能力提高的空间不大，从而影响了教学效果。

针对学生的意见反馈结合本人的网课教学感悟，本人认为"纪录片创作"课程进行线上线下混合式教学改革需要达到以下三方面的效果。

（一）创作实践类课程的线上教学要为课程后期的深度学习埋下种子

很多专家对泛在学习环境对学生学习效果的影响进行了较广泛的研究，从目前的研究成果看，大家普遍认同泛在学习环境可以促进自身学习并满足自我学习需求[1]，但此环境下的学习也不可避免地阻碍了大学生深度探究的脚步[2]。因为学习场域中多种元素的参与会使学生的注意力分散，在网络课堂教学中进行纯理论知识的传递也使学生的学习大多停留在浅表学习状态。因此泛在学习环境下"纪录片创作"这样的创作实践类课程的深度学习开展存在困难，必须要与线下课程有机结合，线上学习必须为后期的深度学习埋下种子，方能达到最理想的教学效果。

1 张景生，李娟，康晓萌.大学生泛在学习的个案调查［J］.当代教育科学，2018（3）：77-81.
2 王君，黄永辉，李云晖.泛在学习环境下大学生深度学习场域建构研究［J］.黑龙江高教研究，2020（1）：54-58.

（二）通过真正意义上的联通式教学设计有效提高网络教学质量

教师的教学工作是通过一个个知识节点的累积实现的，教师们虽然已经建立起了知识节点之间的联结与交互，并能通过有效迁移实现新旧知识的互联，但学生个人的阅历以及知识结构决定了他们对知识进行交互关联，甚至联结重建的能力尚未建立。要让学生在泛在学习环境下达到深度学习的效果，需要通过线上线下混合式教学改革给学生创造联通式学习的环境。例如，学生反映纯理论的知识通过网课方式学习的过程中很容易注意力不集中，如果课前有互动预习，课堂中能够结合案例进行讲解，课后针对性布置实践任务将会对理论的理解有极大的帮助。

（三）线上线下混合式教学设计为创作类课程构建更加合理的学习场域

一门课程的教学是建立在资源、问题、交互与评价共同作用下产生的整体效应，需要一个良好的生态系统。和其他课程不同，创作类课程强调理论与实践的有效结合，要达到优质的教学效果，更需要建立合理的学习场域。

四、"纪录片创作"课程线上线下混合式教学改革的思路

（一）教学理论依据

1. 新建构主义学习理论

建构主义学习理论强调，学习是学习者在一定真实且复杂的情境中借助教师和其他学习者的协作和交流，经历一段依据自我经验进行的自主探索，从而实现与学习内容的充分交互，进行意义建构后的结果[1]。在建构主义理论中，情境创设、协作、会话和意义建构是学习发生的三个关键环节。

王立竹老师提出了新建构主义学习理论[2]，在强调真实情境、协作的重要性的同时，认为意义建构包含了知识创新的部分，主张"零存整取"的学习策略[3]，将学习、应用、创新三个阶段合为一体，强调在线学习的学生应该在教师的有效指导下学会知识的检索、选择，利用"积件式写作""个性化改写"和"创

1 冯晓英，孙雨薇，曹洁婷."互联网+"时代的混合式学习：学习理论与教法学基础[J].中国远程教育，2019（2）：7-16.
2 王竹立.新建构主义：网络时代的学习理论［J］.远程教育杂志，2011，29（2）：11-18.
3 王竹立.零存整取：网络时代的学习策略［J］.远程教育杂志，2013，31（3）：37-43.

造性重构"进行"零存整取"式学习，逐渐构建个性化的"三级知识结构"[1]。通过组织学生参与各项学习活动，如探究学习和协作学习，激发学习者深度思考与互动交流，促成知识创新[2]。这是网络时代开展个性化学习活动的核心[3]。

2. 联通主义学习理论

2009 年加拿大作家乔治·西蒙斯在《网络时代的知识和学习：走向连通》一书中系统提出了联通主义的思想，他将学习概念化为基于连通的过程，并探究知识存在情境的变革性。他认为学习不再是一个人的活动，而是连接专门节点和信息源的过程，需要基于大规模网络化和社会化的交互，从而建立联结，形成人际网络、知识网络和概念网络。

（二）教学策略

基于建构主义理论和联通主义学习理论，"纪录片创作"课程混合式教学改革首先需要将线上线下教学过程看成一个有机的整体，根据学习进程合理分解成不同的阶段，为每个教学阶段确定教学支架，提供交互式教学、同伴合作、认知学习的科学设计，让学生在学习过程中完成交互、联通并形成自己的网络。

英国教授吉利·西蒙在她 2000 年出版的《在线辅导：在线教与学的关键》一书中按照学习者的交互深度和知识建构层次，提出了在线学习五阶段模型，即新手上路、在线社交、信息交换、知识建构、个人发展。加拿大远程教育学者兰迪·加里森 (Randy Garrison)、特里·安德森 (Terry Anderson) 和沃尔特·阿彻 (Walter Archer) 等人共同创建了探究社区模型，模型提出了影响混合式学习三个关键要素：社会临场感、教学临场感、认知临场感。结合在线学习五阶段模型和探究社区模型，可将"纪录片创作"课程的混合式教学阶段分为以下三个部分。

（1）初期阶段：教与学双边社会化交互阶段——学生熟悉"纪录片创作"课程的线上线下学习环境，接触课程教师，适应自己的新角色。

教学任务：为教学搭建社会临场感支架，为教学班级创建友好活跃的交流环境，让学生建立对创作团队的归属感；同时搭建教学临场感支架，建立对任课教师的信任感，努力将师生之间这种良好的关系和归属感延续到课程结束。

教学目标：设计线下活动，激发学习动机。具体细化为三个任务：让学生理解纪录片创作课程线上线下教学设计的理念；解决线上学习的技术困难；建立创

1　王竹立.新建构主义的理论体系和创新实践［J］.远程教育杂志，2012，30（6）：3-10.
2　王竹立.新建构主义与知识创新［J］.远程教育杂志，2012，30（2）：36-43.
3　郑云翔.新建构主义视角下大学生个性化学习的教学模式探究［J］.远程教育杂志，2015，33（4）：48-58.

作小组，完成小组分工。

（2）中期阶段：参与学习任务、社群化探究——促进学生开展线上线下结构化的学习活动，以小组为单位指派角色和任务，推荐进行深度学习的各种资料，建立小组团队协作学习制度，鼓励学生讨论和反思。

教学任务：通过搭建教学临场感和认知临场感支架，支持学生的问题探究与整合。鉴于中期学生都容易出现倦怠低落，尤其是线上学习，及时设计和组织线下活动，及时总结鼓励学生的学习表现，为学生的问题提供反馈和支持。

教学目标：将"纪录片创作"课程的学习内容合理分解为线上理论知识（含课前预习）、线下理论深度学习（含课后研究）、课外创作实践三个部分，实现三个部分的互相呼应，互相配合。教师不再是课堂的决策者和唯一传授者，而是学生学习活动的设计者和组织者、学生自主学习或小组协作学习的支持者、学生问题解决或任务探究过程中的引导者和促进者[1]，促进学生开展开放性的学习活动。

（3）后期阶段：个体知识建构——在完成小组协作任务的基础上，帮助学生在小组协作中达成个人的知识建构。

教学任务：为学生提供最高强度的认知临场感支架，教师从旁协助学生用所学的知识进行复杂问题的解决、总结与反思。同时，教师要提供"促进会话"的教学临场感支架，尽量避免"直接指导"。

教学目标：在纪录片创作任务的验收阶段，为学生提供进一步理论学习和创作实践的建议和指导；以线下设计总结与作品展示、线上小组互评等手段支持学生自我知识的建构和协作知识的建构，形成个人的知识网络和概念网络。

五、总结

创作类课程的混合式教学改革要建立全案设计理念，在操作层面上以问题为导入，以协作为基础，将使教学更有针对性，更加符合不同学习要求和学习能力的学生的个性化学习需求特点。依据这样的教学改革策略，接下来可以根据创作需求研究如何对核心创作技巧进行有效分解，引入 ARCS 设计理念。在视频内容设计上吸引学生注意力；明确线上与线下教学的关系，提高内容关联度；强化教

1　冯晓英，孙雨薇，曹洁婷."互联网＋"时代的混合学习：学习理论与教法学基础［J］.中国远程教育，2019（2）：7-16.

学班级引领式学习，列出明确的教学目标，增强学生自信心；适时测试、及时反馈，以提升学生满意度。

鉴于创作类课程与行业的紧密联系，在实践环节的设计上还可以进行基于多元导师制的实践教学环节设计，将课程与未来职业发展建立联系，使创作类课程紧跟行业发展步伐，与行业接轨，与市场接轨，提高本科生的创造力和综合素养。

在该学科的总结评价体系方面可以进一步探索相对线上线下课程更加灵活的评价机制，实现真正意义上的全案教学与学习的管理。

艺术硕士教学中植入"专业学术能力"的探索与实践

——以在线"网络视频创作"课程为例

唐忠会

艺术硕士培养中，"专业学术能力"非纯学术研究能力，是与艺术硕士培养方案相一致的专业学术能力，包括专业学术口头表达能力和专业学术书面表达能力，这与学术硕士的学术研究能力不同。强化艺术硕士的"专业学术能力"培养，是为了培养升级"专业学术能力"在内的艺术硕士，非削弱对实践创作能力的培养，是在专业学术表达能力中进一步规范专业创作实践能力，在专业创作实践中升级专业学术表达能力。

一、艺术硕士教育的研究现状

2005 年我国设置了艺术硕士专业学位（MFA），其培养目标被确定为"高层次、应用型艺术专门人才，包括音乐、戏剧、戏曲、电影、广播电视、舞蹈、美术、艺术设计等艺术创作领域"[1]。2015 年，《艺术硕士专业学位研究生指导性培养方案》（修订版）将艺术硕士的培养目标界定为"培养具有良好职业道德、具备系统专业知识与技能的高层次美术创作专业人才，以及胜任文化艺术事业与产业方面所需的创作、管理与策划等相关工作的高层次专业人才"[2]。在这样的大背景下，国内对艺术硕士培养的研究愈加重视，目前主要聚焦在艺术硕士培养的内涵和特征、某一具体领域艺术硕士实践能力培养、国内外艺术硕士培养的异同等。其中，《MFA 中的艺术设计专业硕士教育的研究》《广播电视领域艺术硕士人才培养模式探究》《当前艺术硕士培养模式的回顾与反思》是对艺术硕士的培养进行总体思考。《艺术硕士（音乐）专业学位研究生实践能力的内涵及重要性》《基于专业能力导向的音乐专业艺术硕士培养改革》《基于艺术硕士研

1　中华人民共和国教育部. 艺术硕士专业学位设置方案［EB/OL］.（2005-03-05）［2020-04-03］

2　全国艺术硕士专业学位教育指导委员会. 艺术硕士专业学位研究生指导性培养方案（2015 年修订版）［EB/OL］.（2015-04-09）.

究生培养基地建设的创新教育探索》等是对艺术硕士实践能力培养的研究。国内研究者也关注国外艺术硕士的培养，如 *Assessment of Graduates of Master of Arts in Education (MAED) in One State University in the Philippines*、《美国艺术硕士研究生与中国艺术硕士研究生培养模式的比较研究》《发出自己的声音——美国哥伦比亚大学编剧专业艺术硕士学生剧作研究（2013—2019）》等研究。随着艺术硕士培养的发展，研究者开始对专业硕士培养中的学术能力培养进行了关注，如《人文社会学科教育的在场与不在场——以书法艺术硕士人才培养为例》《艺术硕士的文化内涵与美育实践——首都师范大学艺术硕士十周年书画展》《习近平文艺创作论在艺术硕士（MFA）培养中的融入》《艺术学研究生学位论文撰写问题刍议——基于广州美术学院论文盲审结果的分析》《"中华美学精神"与新时代艺术硕士（MFA）的培养》等。

国外对艺术硕士培养的研究较多地从艺术学科的现实需求角度出发，很有客观性和针对性。第一，国外大多数国家认为，艺术产业是一个多学科综合的创意产业，要求从业人员具有优良的综合素养，于是在教育中偏重于学生艺术创新思维的开发和艺术个性风格的培养，注重培养综合性艺术创新人才。第二，在设置艺术方向时，国外较多国家根据文化产业链中各个具体环节对艺术人才的不同需求来确定，重视艺术专业的基础能力培养。第三，国外高校提供强大的数字教学资源和数字服务平台，强调校内和校外的资讯对称，非常注重基础专业的教学质量。第四，国外艺术教育领域重视校企合作，不仅包括人才合作，还包括学术研究的合作，企业充分运用学校的新技能，为企业发展的核心技术竞争力作保障，甚至让一些专业能力强的学生直接服务于企业项目本身，实现校企双赢。最后，国外的艺术教育比较注重专业实践，在校期间需要完成大量的高质量实践作品，对质量的要求很严格，给实践作品的专业性设定了很多具体要求。

也就是说，国外的艺术硕士培养主要是针对创新性的综合实践能力培养，跟国内不同的是，对创新力要求更高，对综合性要求更严。由此可见，国外的艺术硕士培养，并没有把专业学术能力和专业实践能力二元对立，而是有机融合。

二、艺术硕士的教育大环境

党的十七届六中全会、党的十八大、党的十八届三中全会、党的十九大等先后明确提出了加快发展文化产业要达到的目标和要求。我国文化产业的现状是，虽然文化产品的文化性、艺术性和技能性有了长足发展，但还存在着很多问题，与国际先进水平还存有一定的差距，艺术性、思想性、观赏性统一的精品之作偏少，制作平庸、粗制滥造的作品充斥社会，尽管提升了文化产品数量，质量却没有紧跟上来。一个国家的文化产业能否长足发展主要取决于对文化人才培养的力度和重视程度，人才是源源不断制作文化精品的根本保证。

我国高校艺术硕士教育的现有状况是这样的。首先，对艺术专业硕士教育的认识不够全面，片面认为艺术硕士就是研究生教育层面的艺术职业教育，造成在培养过程中缺乏基本创新意识，一味强调技能技巧的培养。其次，部分高校没有制订独立的培养方案，即便有，也是一纸空文，造成艺术硕士培养过程中学术专业能力的缺失。再次，课程体系、课程内容、教学模式等没有按照专业学位教育的特殊性进行科学合理建构，盲目照搬国外的课程设置，甚至只是在本科课程体系上稍作加工而成。最后，师资力量参差不齐，严重表现在专业学术能力和专业实践能力均不足，没有真正深入领会艺术硕士培养的内涵所在，同时高校教师、学校、企业自身价值取向也不明确。目前在艺术硕士培养中的"双师型"导师队伍建设中，大多数院校的教师专业实践能力缺失，专业学术能力无力。虽然我国高校教师的价值取向部分是重实践轻理论，但并没有明确要求高校教师应该达到的融专业学术能力在内的实践能力标准，这种现状不利于调动教师主动发展专业实践能力积极性的同时增强学生的专业学术能力。部分高校实施了校企联合办学模式，成立了校外实践基地，不过部分企业认为，校企合作会挤占企业的资源，甚至会干扰企业的正常工作，这些顾虑在一定程度上削弱了企业参与协作培养的积极性，致使校企合作没有实质进行。于是需要有融"专业学术能力"在内的具有专业实践能力的导师，使联合培养达到预期目标。

2020年，全国艺术专业学位研究生教育指导委员会（以下简称"教指委"）发布了《艺术硕士专业学位研究生指导性培养方案（2020年修订版）》《艺术硕士研究生专业学位论文写作规范》《音乐教育方向艺术硕士专业学位基本要求》三个培养工作文件。三个文件对完善艺术硕士专业学位研究生培养质量保障体系建设、促进内涵式发展具有重要的指导作用，体现了新时代的新思想和新要求，为深化研究生教育改革，提升研究生教育质量提供了有力支撑。最新修订的《指导性培养方案》由培养目标、招生对象、学习方式与年限、培养方式、课程设置、毕业考核、学位授予、学业档案8个部分组成。与原来的相比，主要在五个方面进行了修订：一是培养目标方面，进一步明确了艺术硕士专业学位教育根本目标，旨在贯彻落实党的教育方针和立德树人根本任务，培养能够胜任艺术创作、表演、教育、管理等相关工作的应用型高层次专业人才；二是课程设置方面，增加了"课程类型""课程内容""课程学分"的分项说明，为各院校具体课程设置和教育主管部门检查考核提供依据，同时给出不同领域、不同专业方向的课程内容和学分要求，强调课程要有利于增强和提高学生解决实际问题的能力和适应社会的能力；三是毕业考核方面，将上一版的专业能力展示改为"专业实践能力展示"，将学位论文改为"专业学位论文"，根据专业特点，在电影、广播电视领域增加了专业学位论文字数；明确了毕业考核包括专业实践能力展示和专业学位论文答辩，两部分均须达到合格标准，缺一不可；强调了毕业考核各环节均应公开进行，提倡专业实践能力展示和专业学位论文答辩同时进行；明确了毕业考核总成绩计算方法为专业实践能力展示占 70%，专业学位论文答辩占 30%；四是增加了"学业档案"内容；五是增加了核心课程列入必修课程类的"注"。

艺术专业学位研究生教育指导委员会在 2018 年 3 月下发了《关于艺术硕士专业学位论文抽检评议要素的建议报告》，文件对评审材料的组成、评审专家的遴选、评审程序的规定、评审标准的把握等做出了详细的说明[1]。2020 年，《艺术硕士研究生专业学位论文写作规范》明确规定了艺术硕士研究生"专业学位论文"的写作选题、格式、方法等方面的内容，厘清了艺术硕士"专业学位论文"与学术型学位论文的区别，对于导师指导和学生写作以及送审论文具有更强的指导作用。艺术专业学位研究生教育指导委员会的三个文件呈现了高层次艺术专业人才的培养特点，如教指委俞峰副主任委员所言："修订后的这一版指导性培养方案，应该是较为客观、实事求是、可操作、可比较、有参照、有具体要求，并是发展提高的一版方案，希望对全国艺硕发展和质量内涵建设有关键指导作用。"由此可见，在艺术硕士专业创作课程中植入"专业学术能力"的研究恰逢其时，与全国艺术专业学位研究生教育指导委员会的目标完全一致。

三、在线"网络视频创作"课程植入"专业学术能力"的培养过程

根据教育部和重庆市教委的统一部署，各个高校都延迟了 2020 年春季学期到校授课时间，为保障本专业疫情防控期间硕士研究生教学工作的顺利开展，根据《重庆市教育委员会关于进一步做好延迟春季开学工作的通知》（渝教发

---

1 胡亮. 艺术硕士学位论文质量监控及抽检评议机制研究［J］. 中国高等教育，2019（7）：52.

〔2020〕5号）、《重庆师范大学关于疫情期间实习工作安排的通知》（重师教〔2020〕18号）文件要求，结合专业和当下实际情况，对"网络视频创作"课程进行调整，重新规划了如何实现既有的教学目标。本课程拟提高硕士生在网络视频创作的选题、编剧、创作、模拟提案、后期推销等方面的综合能力，使学生真正走通网络视频在创作、制作，以及网络传播的全过程，培养学生掌握网络视频制作和传播能力。基于上述目标，我们的课程慎重确定了以"新冠肺炎"为主题，通过网络搜集素材、整理素材，在符合疫情管理条例的情况下，就近拍摄一些与表达主题相关的视频，并完成剪辑、审片、修改等具体环节。整个过程注重强调网络视频在制作过程中的创意能力和专业表达能力。

与传统课堂授课相比，在线授课具有资源丰富、教学方式灵活、与学生互动便利等优势，同时极大地拓展了学习的空间和深度，摆脱了面对面课堂的时空限制，让教学可以随时随地发生。对于课堂接受度不高的同学来讲，可以反复回看录播是一大福利，有利于巩固加深所学知识，有利于解决班级成绩两极分化的问题，教学平台强大的数据统计功能也给教学带来了更多的便利。但是如何在前期选题环节具有专业性，是该在线课程的首要要求。由于"网络视频创作研究"是硕士研究生一年级的课程，班上同学的本科学习背景不同，授课很难做到整齐划一，同时在疫情期间，创作型课程也只能进行在线授课，更不能实现大量外拍，于是我们没有固化本次的网络视频风格，希望学生充分利用本科所学专业知识进行创作，这样可以保证从前期策划就植入"专业性"。这里以一名学生的创作过程为例，分解植入"专业学术能力"的全过程。该生是山东济南人，本科专业为广播电视新闻学，她的"网络视频创作"课程作业《"疫"路有你，文贤在行动》被济南日报报业集团旗下的客户端"爱济南"App（《济南日报》官方App）采用，网络传播能力和社会反响力都很突出。以下为该网络视频创作的文案和对创作过程中的经验和不足之处的总结。

（一）选题缘由

一场突如其来的疫情使得2020年的开头注定不平凡。假期期间，能看到电视上报道很多"90"后穿上了工作服冲向抗疫一线，我心生佩服，希望也能尽自己的一份力量去做些什么。作为一名广播电视专业的学生，我认为应该用影像记录下这场疫情。电视上和网络上对于医护工作人员的事迹报道非常多，在思考之后，我将我的采访目标定位在奋战在一线的基层工作人员的身上。在社区的选择上，我选择了有山东省最大的公租房的社区——文贤社区。文贤社区的居住人群以低保、残疾、低收入、退役士兵为主，居住人员复杂，来往人群流量大，所以文贤社区既有众多社区的代表性又有其独特性。我希望通过视频能够向观众展现真实的基层社区的工作人员的工作状况，以此来致敬所有奋战在抗疫一线的工作人员。他们的工作琐碎、繁多，在物资紧缺的条件下，通过自制口罩来顶替医用口罩。冒着被感染的风险，帮助隔离居民倒垃圾、购买生活物资。疫情来临，他们是抗疫一线冲锋员、是居民健康守护员、是群众的勤务员、是政策的宣传员，他们的事迹应该被记录，也应该让更多的人去了解。

（二）创作过程

前期准备：在与济南国际医学中心产业发展有限公司副总经理取得联系后，我们约定 2020 年 3 月 27 日在文贤居街道办事处进行第一次拍摄。在拍摄之前，我上网搜集了关于公租房以及文贤居公租房社区的相关资料。观看了《武汉英雄》《武汉日记》《守望空城》等与抗疫相关的纪录片和很多自媒体博主的 Vlog。根据老师的建议，去发现并挖掘工作人员中的特殊人群，同时，了解被摄者的需求，方便后面的宣发。正式采访之前，我整理出了拍摄大纲以及采访问题：

（1）拍摄大纲：A.社区的基本情况以及每个工作人员的主要工作，他们是如何把工作做细的；B.辖区内是否有行动不便或者特殊的人群；C.辖区内的独居老人；D.搜集他们之前拍摄的照片和视频资料。

（2）拟定采访对象：医学中心下沉社区的工作人员、文贤社区的工作人员、保洁阿姨、门卫、送菜商户、老兵志愿者等。

（3）拟定采访问题：A.是从什么时候开始进行防疫工作的？ B.在防疫过程中，有没有令人难忘或者感动的事情？ C.在防疫过程中遇到了哪些困难，是怎么克服的？ D.现阶段面临的困难是什么？ E.对于防疫工作的感受。

第一次采访回来后，我及时整理了拍摄素材，与老师交流沟通，并确定好下一次拍摄的拍摄计划。

第二次采访：

4 月 3 日的拍摄采访计划如下。1.拍摄居委会工作人员一天的工作过程，包括工作人员贴封条、倒垃圾、看望孤寡老人和发热病人、走访隔离商户；2.拍摄清明节上山防火的过程，完成对工作人员以及老兵志愿者的采访；3.采访办理业务的工作人员的感受，并对采访的资料进行整理。之后，粗剪十五分钟的素材发给老师，与老师商定下一步的拍摄计划，并对主要采访人物和采访问题进行补充。

第三次采访：

4月10日的拍摄计划如下。1.记录工作人员一天的工作行程，还包括拍摄文贤居早上和晚上的空镜头，社区街道的空镜头，小区环境的空镜头、小朋友的特写镜头；2.完成对社区居民的随机采访。第三次正式采访结束后，再找时间去文贤居社区，补拍了一些镜头，如社区横幅、早上的小吃摊，补录早晨社区的鸟叫，找志愿者录他们说"中国加油"的音频。在后期剪辑过程中，确认被采访对象字幕条的职位名称、姓名等。

拍摄过程中的注意事项：

①单机位拍摄，在拍摄过程中既要考虑到镜头景别的多样性，还要考虑到采访对象说话语言的连贯性，方便后期剪辑。②社区工作人员的工作是忙碌的，所以拍摄过程中要尽量不打扰他们的工作，所有素材均为一次拍摄完成，没有摆拍，同时尽量多拍各个景别的镜头，方便后期剪辑。③由于工作人员是在运动的，所以整个拍摄过程均为手持拍摄。④拍摄素材为日常琐碎工作的镜头，要将素材组织起来，形成一条完整的叙事线索，所以在拍摄中尽量多拍影像推动叙事的镜头。⑤网络短视频需要在网络上进行传播，所以需要与被摄对象充分沟通，了解他们的需求，为此，我们做到了在所有采访者都同意的情况下进行创作。

（三）视频结构

被采访对象：济南国际医学科学中心工作人员、文贤社区居委会工作人员、老兵志愿者。采访问题：是从什么时候开始进行防"疫"工作的？在防疫过程中，有没有令人难忘或者感动的事情？在防疫过程中遇到了哪些困难，是怎么克服的？现阶段面临的困难是什么？对于防疫工作的感受。

声音：①解说词：位于山东省济南市市中区的文贤居公租房，是山东省规划面积最大、住宅套数最多的公租房项目，是以保障性住房群体为主的社区，居住人群以低保、残疾、低收入、退役士兵为主，居住人群特殊，是一个人口密度大，民意较为复杂的社区。而社区常驻工作人员仅有六名女同志，防疫压力极大。从正月初三开始，文贤居委会的六名工作人员与济南医学中心下沉社区的同志们和老兵志愿者们一起开始了抗疫的战斗。挨家挨户走访登记信息，排查武汉返济人员，通知外省返济居民进行隔离，疏导居民在出入口的出入，办理出入证，协助居民办理健康登记卡。防疫期间最大的困难就是物资缺乏。让社区工作人员印象最深的事情就是一名从安徽回来的社区居民出现持续发热的症状。因为被需要，所以勇往直前，他们放弃了休息时间，在自己的岗位上坚守职责，传递能量，却也忽视了对家人的关心和照顾。下沉小组和社区的工作人员一起，克服了一次又一次的困难，也与文贤社区结下了深厚的感情。疫情来临，他们是抗疫一线的冲锋员、是居民健康的守护员、是群众的勤务员、是政策的宣传员，他们就是最美的逆行者。②配音：男声。③配乐：在片子前半部采用舒缓的背景音乐，结尾选择了音乐《运命》渐入，提升整个片子的气势。

剪辑思路：整部作品的核心思想是抗疫在行动。在确定了主题思想后，我将拍摄目标集中放在了济南国际医学中心下沉社区的工作人员、文贤社区居委会工作人员以及老兵志愿者的身上。展现抗击疫情并不是单方面的行动，而是集结了来自各行各业的大家的力量。剪辑方面以时间线为线索，以济南国际医学科学中心产业发展有限公司副总经理和文贤社区居委会工作人员作为主要讲述对象，因为他们的身份角度不一样，所以他们对于同一个问题的论述也不一样。为了使作品更加饱满，角度更加丰富，我采访了文贤社区老兵志愿者、来办理业务的居民、隔离居民、社区孤寡老人等，从多个角度向观众展现文贤社区居委会的防疫工作情况。整部片子基本做到了声画统一，例如当社区工作人员说要挨家挨户登记扫码信息的时候，对应的画面内容是工作人员下楼梯和向住户解释扫码。对于解说词和采访中拍摄不到的画面采用照片形式展现。一部作品要打动人，就一定要有真情实感，作品中将文贤社区居委会工作人员的儿子写的作文《我不能和父母拥抱》展示出来，画外音是工作人员在提到儿子这篇作文时觉得很亏欠孩子的话语，母子情深深深触动观众。此外，工作人员在讲述一位拄着拐杖的老人来给他们送一百块钱的故事也让整部作品显得很有人情味。一部优秀的新闻作品需要有烟火气息，所以在片子开头，出现片名字幕时的配音是公交车上"文贤居到了"的到站音频录音。这样在片子一开始向观众说明本片是一部与文贤社区相关的作品。字幕出来后是一段对早餐摊的快速剪辑，配乐轻松愉快，与接下来出现的字幕："一场突如其来的疫情改变了这一切……"的黑底白色字幕形成鲜明对比，带给观众触动。

（四）视频传播效果

网络视频新闻运用视频的方式记录新闻事件，并通过网络渠道进行传播。网络视频新闻与传统电视新闻传播最大的区别在于以互联网为基础进行新闻的传播，所以也体现出不同的传播效果。《"疫"路有你，文贤在行动》于2020年4月26日首先在优酷视频上进行发布，4月27日被济南市七贤街道办事处微信公众号推送；4月29日被济南国际医学中心物业管理有限公司微信公众号推送，并在济南日报报业集团旗下的爱济南新闻客户端"医学中心"和"本地"版块以《社区防控，"疫"路有你：医学中心一直在行动》为标题发布；5 月 4 日被重庆师范大学新闻与传媒学院的重师新传公众号推送。截至 2020 年 5 月 31 日 9:30，视频播放量统计如下：爱济南客户端中播放 45 892 次，优酷视频中播放 290 次，济南国际医学中心物业管理公司公众号被阅读 65 次，济南市七贤街道办事处公众号被阅读 246 次，重师新传公众号被阅读 493 次。

在这门基础性课程教学中，我们是以分解"专业创作能力"为导向构架学位课程结构。艺术硕士学科基础课程设置的改革可以从梳理艺术传统、分析艺术语言、训练基本技能三个具体的方面去思考，探索课程之中知与行的关系。基于此，我们整个课程把艺术原理、艺术技能、社会科学、人文科学等相关知识植入其中，即规划出人文社科知识板块、艺术专业知识板块和艺术技能板块，同时，实时更新优化课程教学内容，充分利用在线课程的特殊性，动态优化。

总的来说，在这门课程的教学中，我们探索了在课堂测试、课后练习、期中期末考试中对专业实践作品的笔头学术表达能力与口头学术表达能力的培养，形成了一套包括升级"专业学术能力"在内的学业考核评价机制。学生对专业能力的"被动汲取"转变为"主动摄入"。此外，通过定期和不定期开展组内作品展和班里作品展，让硕士研究生置身于"高手如云"的群体中，并意识到竞争的无处不在与合作的迫在眉睫，通过与水平相当的同仁进行作品交流和思维碰撞，实现圈内成员间的互动与共振，确保课程教学鲜活有生命力。

网络教学中创作型课程授课的形式探讨
——基于编导创作型课程的思考

栾鹏

多媒体网络教学应用于高校课堂教学中，不仅是现代教育改革的需要，也是教育现代化的必然方向。将网络教学和科学的教学方法、教学方案、进度有机地结合起来，既能教给学生知识，又能培养学生自主、创新探索的能力，同时掌握适应社会发展、未来多种交流的技能。而现有的课堂教学形式是"三统一"，即统一的上课时间、统一的上课进度、统一的课程考试。如果运用这种教学形式，优势必然明显，但教师在课堂讲授过程中难以做到因材施教，尤其对于编导专业创作型课程而言，学生的学习也难以做到个性化。网络授课突破了制约教育发展的时空限制，课堂空间延伸到网络所能覆盖的任何一个场所，因此每位学生不仅可以在统一的教学活动安排下规范必要的进度，也可以相对自由地根据自己的空闲时间和制定的计划安排上网学习的时间，课程的全部教学内容、教学重点、教学难点以及教学基本要求都开放性地展示给了每一位学生，使他们能够心中有数、把握全局，极大地方便了学生的自主学习。

一、网络教学的利与弊

从教学方法上来看，没有教学方法创新，就没有教育创新。创新，不是噱头的创新，是应更好地服务于教学需要，为得到更好教学效果的创新。任何脱离实践仅仅停留在理论上的所谓创新，夸夸其谈，都是无意义的。

网络教学的发展为教学方法创新提供了台平。其最大价值，是在一定程度上真正贯彻启式教学思想，可以广泛开展讲座式、问题式、讨论式、会话式等创新教学方式，改变以往传统教学中讲得过多、过全的教学方法，为学习者留有足够的思考和创新余地。与网络授课形成对照的是，传统教学中"填鸭式""保姆式"等窒息学习者思维的教学方法，越来越成为制约教学方法创新的瓶颈。从网络教学的表征上看，网络学习者具有高自主性、高主动性和高速度性的特点。学生在网上学习时可以对自己非常熟悉或是掌握得很好的内容"一笔带过",而对自己掌握上存在缺陷的内容多钻研、多练习。这样就有可能最大限度克服传统课堂上无论会不会,都要一样浪费时间去听的不足与不合理。

从教学内容上来看,尤其是对于创作型课程而言,在创作前期的策划阶段,无论是纪录片的选题、策划案;故事片的梗概、剧本;广告宣传片的创意、文案等,都打破了空间、时间上带来的限制,所带来的是更多充分准备的可能。同时交互上的即时性,无论是"在场"还是"回看",都可以第一时间解决问题。

以小组为团队进行实践是创作型课程的基础特点,其成员的构建,选题的多样性,伴随的问题、困惑、难点都不尽相同。利用网络教学的优势,"必要问题集中说,个案问题点对点",不仅宽裕了更多学生的准备时间,也更易于形成教师对每个小组的深入指导,同时利用"回看",不仅可以看到自己小组的指导现场,利用课后"指导点"的反复整合与思考的深入,还可以选择性地观看其他小组的指导记录,而这种记录不仅具有现场感,也在一定程度上避免了在传统课堂同一时空内,对于不感兴趣的选题,学生出现"人在心不在"的状态,而对感兴趣的选题却"一直在等"的状态,极大地节省了教学双方的时间和精力。

对于网络教学而言,我们应该肯定它具有一些有利于创新教育或授课的诸多主客观因素,但也不能否认或根本无视它本身的存在所带来的阻碍。网络教学虽是现代教育技术的重要组成部分,但不可能涵盖创新教育的各个方面。对编导专业创作型课程而言,这种阻碍就显得尤为突出。

编导类创作型的课程,在某些程度上而言,不是简单的技术技能的反复操作。创作的本身凝结了太多的元素,而这其中较为关键的是师生之间具有现场感的情感交流与必要的示范。面对面,是创作必不可少的重要环节。

在网络教学中,编导创作的落地性与现场跟进指导将变得极其薄弱。然而,创作在很大程度上其实是一种认知,是一种综合的认知体验与思辨过程。作为指导者,在基本的理论普及前提下,更多是从经验的把控上进行教学。在过往的教学中我们认知到,学生更乐于听取教师在具体实拍中对于细节、情感、节奏等上的把控意见和经验之谈,这也是本专业的特性决定的。因为专业的特性决定了实操的成果必然是以影像画面叙事来呈现,而文字变画面,这不是理论问题可以解决的,需要有大量的实践作为基础,在时间上需要更多的宽容度。

理论,是实践总结的理论,其是否可以指导我们的实践活动,要从实践中去验证,或者说是一种"反哺"的过程。而影视创作行业无论从技术还是概念上,在今天日新月异的变化中都存在着些许影响，也就存在着一定程度的知识与概念的更迭。自电影诞生伊始百余年，影像专业便是一个理论滞后的专业，这甚至是它的一种特性，而不是它的诟病，是其不断探索、发展的必然规律。其后续的理论研究更多是围绕着文本内涵、社会学层面来展开的，我们很少看到针对影像创作本身的文献与著作，因为这是一个漫长的过程，其不仅与时间空间有关，也与指导者本身的从业经历和经验息息相关。我们的惯性思维会认为学了几门课、读了几本书、知道了一些专属名词就可以拍成片子，这是有悖于创作本身规律的行径。所以我们不仅看到大量现实中理论头头是道，而创作尚未入门的学生或群体现象，也不难看到很多精品课程基本没有涉猎于此，而有"干货"的社会课程又面临昂贵的学费。跳出高校教学这个层面，这也是网络课程中"普及性教育"和所谓"精英教育"两者并存的现实状态。

所以，当我们重新审视网络教学这个既平常又特殊的方式时，是否需要以一个"收放"的心态来面对它。针对高校教学而言，网络授课有其明显的优势与便捷，由于种种原因，无论是课程理念、设计还是教师，也存在理论重于实践等特点。而站在更为开放的层面上说，网络授课教学让我们面对"创作型课程如何突破网络技术屏障"这一事实时，我们不局限于突破技术，而是借此立足于理论与实践创作这个思考的契机，线上线下的有效结合，对于创作实践课程本身，在培养方案和课程设计中是否具有一定的积极意义。

二、课程建设与实施的初探

自 2020 年 2 月 24 日始，直至本文写作前，历时两月有余（9 周），我在网络授课中共教授了 3 门编导专业创作类型的课程，现以"广告宣传片创作""视听语言"两门课程为基础进行有侧重的梳理，一是对自己的教学有认知、有反思；二是向诸位专家、同行汇报、请教。

本课利用腾讯课堂、腾讯会议为媒介平台，直播授课。利用录屏软件 EV 录屏与 EV 剪辑，在直播授课的录屏基础上，对局部进行调整后发到课程群里，以便学生课后观看。此次录屏容量共 15.8G，搜集课程反馈以便调整后续教学，其中个人反馈 52 份，班级汇总反馈 2 份，共 54 份调研。

正式授课前，我为所授课班级逐一建群，改群名为"年级 + 课程名称"，群性质为"家校师生"，要求学生实名制加学号，并将该群置顶方便查看与接收信息。约定课前三天集中，测试签到方式、录屏方式，并要求每人将腾讯 QQ 升级到最新版，并下载腾讯会议 App 备用（这在日后的行课中起了很大的作用，若遇网络不稳定，学生们可熟练地灵活切换，保证教学的完整性）。测试过程中，发现问题及时解决，逐一评估哪一种平台大家用起来更方便，了解所属班级学生所用的设备为电脑或手机，以便调整课件中文字与图片的呈现方式，为正常行课做好准备，不耽搁无谓的时间。测试完毕后，侧面交流对本课的预期和想法，了解学生对本课的看法和兴趣点（这在某种程度上是网络授课的优势）。

每班正式行课首日结束，询问学生有无听课障碍或建议。准备工作越充分，行课期间所碰到的问题就会越少，即便碰到，也会有预案，迎刃而解。

对于录屏，保证其完整性。我将每门课程独立建档，建立文件夹，每次课程建立子文件夹，以日期与周次命名，每段视频以授课主题为文件命名。不仅在群上传可方便学生快速查找，回课观看，也在很大程度上通过自己回看视频，使是否将本课讲透了，主题是否明确，方法是否得当，学生的反应，疑问等等一目了然，这是传统课堂讲课不具备的条件，也是从正面提升自己的教学水准。我个人认为这是有很大的积极意义的，也是此次网络授课中的一个不小的收获。

关于对腾讯课堂与腾讯电话的使用。个人认为，两者最大的区别在于创作型课程中不同环节的使用。腾讯课堂界面整洁，视觉集中，对话栏使用方便，一目了然。教师可以边讲边关注学生在对话栏里面的问题，是形成互动很好的方式，有效地保证正常上课的严肃性。腾讯电话利用电脑投屏，发言自由（多人亦可），切换迅速，师生间可以随意有序切换，对于故事选题、策划、创意方案的提案展示、讲述极其灵活，旁观的同学可近距离看到方案，如临现场，这是传统课堂不能比拟的，虽然缺少了面对面情感的传递，但行业中无论远程会议还是远程沟通，甚至提案，早已不是先例，这在很大程度上促进了学生在方案上的严谨性和形象性。据学生反馈，他们私下进行小组会议时，引用了课堂上的这种方式，不仅觉得方便，同时对方案的呈现更具要求。

此次为期 8 周的"广告宣传片创作"课程结束，在这次课程进行中，感触颇多。虽然无法进行实地的现场教学，但学生的方案更为细致了，从创意到文案，从文本的深度、节奏到镜头的设计，无形中拉小了方案与成片的距离。而对于"广告宣传片创作"或其他同类型的课程而言，这种实战性极强的课程，方案的精细程度是学生一直薄弱的所在，而在行业中，方案最能体现学生的专业素养与能力，是思路清晰、认知到位的重要体现。在本课程中，沿用了课堂教学的重要环节——

"提案"，目的是让学生通过充分的前期准备，模拟行业中广告制作前的全流程，从选题到方案建设，"头脑风暴"到模拟提案现场讲标，真正体会一个项目的由无到有的全过程，在这其中看到自己的不足，也体会到影视行业不是只有制作这么简单，沟通、思辨是编导专业最为基本的能力，而这种能力也会直接影响到日后其他片型的创作，从而可以更加全面地认知行业。据学生反馈，这是最具收获的地方。

此次的毕业设计也是全程通过网络指导完成的。从论文与设计的初稿到4稿，平均每次耗时2.5小时，利用"批注"与截图相结合的方式，线上全程展示学生的毕业论文，重点清晰，尚可回看，个人以为这是今后很好的一种指导方式。

综上所述，网络教学在创作类型课程中的部分环节，是具有一定优势的，也是有可行性的，但就影像创作而言，在落地上也的确存在着缺失。线上线下的有机结合，不失为一种良策。对于教学本身而言，不仅对教学活动的开展，学生的受益程度有提升，在专业培养和课程设计的层面来说，也具有积极的一面。

三、结语

网络教学是随着计算机技术的不断发展而产生的一种新型教学模式，它符合信息社会的要求，它得以发展是必然的。但由于受学科及专业类型的限制，以及其本身的一些"先天不足"的因素影响，决定了网络教学在创作型课程中，目前只能作为教学的有益补充，尚不能与课堂教学并驾齐驱，更不能取而代之。我们对待网络教学，一方面，既要求我们要加强对网络教学的管理，着重研究在网络教学中应采用什么形式才能真正达到创新教育的目的，又要给网络教育的学习者以正确的指导和引导，以尽量弱化不利影响，强化其积极作用；另一方面，网络教学虽是现代教育技术的重要组成部分，但不可能涵盖所有专业的教育。

虽任重道远，但网络教学的确是实施创新教育的途径之一，就创作型课程而言，可以给予我们更多的思考。譬如网络授课中学生的自律性问题，往往就不是一个简单的、提升兴趣的问题，也不是只有网课中才存在，勤奋与自律是一切学习的基础。用一位学生的课程反馈的话来说："网上授课是对我们自律的一种考验，自律是一种秩序，是一种对快乐和欲望的控制与平衡。作为成年人应该很好地控制这种平衡，保障自己的学业"，这显然又是一个课题，也是网络教学中带给我们的值得思考的问题。

人工智能时代新闻传播专业智能化实践教学体系构建探索[1]

金鑫　贺一

人工智能（Artificial Intelligence, AI）也称智能机器(Intelligent Machine)，是计算机科学的一个分支，它企图通过了解智能的实质，生产出一种新的能以与人类智能相似的方式做出反应的智能机器，来完成人类的复杂工作[2]。人工智能不仅深刻地影响着媒体生态环境，改变着人类的社会生活，也给世界的经济发展、国际竞争带来了新的挑战和机遇。在新闻与传播领域，基于物联网传感器的信息采集与应用、语音数据的采集与文字化转化、多语言数据采集与实时翻译、社交机器人采访、新闻现场要素的智能识别、专题的智能化生成等人工智能驱动的内容生产新革命也带来了媒体生态的深层变革，促使新闻舆论传播方式与相应的新闻舆论核查、社会治理手段发生巨大的变化。为应对新挑战，习近平总书记高度重视新闻传播人才培养工作，强调"媒体竞争关键是人才竞争，媒体优势核心是人才优势"。为此，2018年中宣部联合教育部下发了《关于提高高校新闻传播人才培养能力实施卓越新闻传播人才教育培养计划2.0的意见》，要求"培养造就一大批具有家国情怀、国际视野的高素质全媒化复合型专家型新闻传播后备人才"。教育部关于印发《高等学校人工智能创新行动计划》的通知，提出"人工智能+X"复合特色专业建设和实践创新要求，为新闻传播研究生培养走向一个全新的高度，提出了更高的要求。[3]

一、人工智能时代我国新闻传播专业教育与人才输出现状

对近几年新闻传播人才需求和相关文献分析不难发现，我国新闻传播院校"人

1　本文系重庆师范大学校级一流课程（YLKC2020029）项目的成果；重庆市研究生教育教学改革研究项目（项目号：yjg183064）。
2　张绍欣.普罗米修斯精神与人工智能前史——人工智能概念的历史规范主义回顾［J］.中国图书评论，2018（7）:18-25.
3　中华人民共和国教育部.教育部关于印发《高等学校人工智能创新行动计划》的通知［EB/OL］.（2018-04-02）［2020-05-14］.

工智能＋"高水平人才培养尚处在起步阶段，且人才培养体系不清晰，缺乏先进、完善的模式。表现为：第一，国内外"人工智能＋"人才培养链条初见端倪。例如，麻省理工大学组建全人工智能实验室，卡内基梅隆大学开设人工智能本科专业；中国科学院大学成立人工智能人才培养学院，北京大学、清华大学等9所高校及清华大学出版社成立中国人工智能教育联席会等。第二，基础教育师资短缺，课程、平台不完善。在课程方面，依托传统课堂为主要教学活动场所，现阶段的传媒教学场景不能匹配满足人工智能应用型人才培养目标；在师资方面，能将智能与传播作为"交叉学科"相融合的教师过少，现有师资配备不可能把所有课程串起来。第三，"人工智能＋新闻传播"人才市场响应不足。例如，2022年《上海人工智能产业人才发展白皮书》称，截至目前，上海人工智能领域人才规模超过23.2万，而需求规模约34.3万～41.4万人；浙江大学2022年初发布的《中国人工智能人才培养白皮书》显示，目前人工智能行业人才缺口高达500万，并且在高度跨学科复合型人才的标准下，人才短缺将会长期存在。[1]

二、探索智能化"人工智能＋新闻传播"实践教学体系

（一）智能化体系在教学中的作用

人工智能的数字化、动态性为学生的参与提供了通常在教科书式或典型教室的固定环境中无法找到的协同机会，提供了开发人类心智更精确和更详细的工具，具有推动学生前进、加速技术创新的巨大潜力。这种潜力具有三重优势：其一，以大数据为资源，消除平台与学科边界。在智能化的体系中，优质"交叉学科"师资和教学资源的共享，能够实现学科融合、补充师资短缺。其二，以算法为支撑，实施个性化教学，使丰富的算法如机器学习算法、遗传基因算法、数据挖掘算法等，为个性化教与学提供智慧支撑，为师生提供整体性更强的决策建议，推送的个性课程内容和学习路径也能更有效地支持个性化教学活动，从而提高学生的参与度，减少教与授之间的阻隔。其三，将技术嵌入教学体系，促进学生人工智能技术的训练与提升。可以项目为载体，融新闻传播专业学习和技术能力培养于一体，实现个体学习向合作的转变，在培养学生综合专业技能的同时，使学生在实践中了解工作环境，理论联系实际，提高分析、判断与

1　人工智能产业规模持续壮大 人才供需失衡问题受关注［EB/OL］.新浪网，（2022-09-05）［2022-11-19］.

解决问题以及团队协作的能力。[1]

综上所述，"人工智能＋新闻传播"提供了一种全新的人才培养方式，既能充分地解决传统教育所存在的参与难题，也能为新闻行业输送智能型人才提供积淀。

（二）智能化实践教学体系的构建

智能化教学体系是一种学习模式，旨在将实时课堂方法与最适合的虚拟技术（包括远程学习和培训项目中的虚拟辅导者、增强现实、智能导师和其他技术）和人工智能技术（包括语音识别、图像识别、文字识别技术等）集成在一起，通过将原有的专业的教学计划作为研究平台，将虚拟人类、智能辅导、认知和学习科学、专业教学和娱乐等领域嫁接起来，利用类似游戏的场景，重新设计了现有的课件，让学习者在实践任务中扮演不同的角色，并在与虚拟导师的游戏式互动中练习他们的人际交往技巧和程序的操作[2]，形成一个为学生提供虚拟专业实践参与的互动式平台，用于对专业学习进行智能的设计和开发。

本文将基于现有的新闻传播课程计划和教学环境，搭建一个符合新闻传播专业人才与智能技术改革配套的实训教学改革、实验教学改革和实践教学改革"四位一体"的"人工智能＋"创新教学实践体系（表1）。

表1　"四位一体"的"人工智能＋"创新教学实践体系

名称	方式
课程内嵌	人工智能＋实训教学改革
关联实验	人工智能＋实验教学改革
仿真引领	人工智能＋实践教学改革
技术辅助	人工智能＋三实技术保障

1. 课程内嵌

目前，在新闻传播生产的过程中，人工智能技术可有效辅助新闻从业者采集、储存与处理海量信息。同时，需要对新闻用户的需求进行分析和精准推送；在新闻写作上，通过机器人进行的数据收集和写作能更加精准、客观地报道新闻，在大大缩短新闻生成时长、解放人力的同时加强新闻的深度；另一种视觉化无人机智能操作，不仅能获得具有冲击力的视觉新闻信息，也能够大大降低媒体从业者

1　LEI Y, ZHAO J,LI G.Construction of Artificial Intelligence Curriculum System in the Background of New Engineering[J]. Advances in Education, 2019, 9(2)：79.
2　Convert Effective Instructor-led Training to Captivating eLearning ［EB/OL］. （2017-09）［2020-05-05］.

的风险。在此专业需求下，将课程内嵌到实训教学环节中，与智能师资深度合作，采用最新的场景式设计教学理念，开设新兴的人工智能技术搜集、处理信息的实训课程。例如"大数据文本挖掘""智能图像识别和处理""机器人新闻写作""无人机摄影技术"等课程，提升新闻传播专业学生的智能信息搜集和智能信息采集、处理能力。

2. 关联实验

传统的新闻传播类专业课程设置遵循精英式教育模式，专业课程贪大求全，学生盲目学习，对专业的认知缺乏系统性。针对此问题，该方案围绕新闻传播核心专业能力重构"四维度学习环境"，设计了由"智能化＋启发式"双线并行的实验体系构成进阶课程模块（表2）。

表2 新闻传播进阶实验模型

内容	技能知识教育	基本技能知识的理论学习由教师与虚拟助理员共同完成
	课程认知、基础知识	
方法	专业提升的方法	专业成长由教师与智能辅导系统、众包资源系统共同完成
	示范：教学卡片及优秀成果	
	辅导：实验对应指导者；小组成员讨论、总结探索；进入下一轮的制作	
运行顺序	项目实施的顺序	项目实施由教师与问题识别和解决系统共同完成
	增加复杂性：难度、长短控制	
	全局到局部技能：2+1 的项目训练	
智能化实践	智能化实践的学习环境	智能化实践由教师与问题识别和解决系统共同完成
	情景化学习：针对行业需求发布项目任务实践共同体；学生团队内部交流、团队之间交流，并进行智能化反馈	
	内部动机：建立周目标并分解最终方案	

该实验模块由内容、方法、运行顺序和社会化实践四个部分构成。第一，内容部分主要解决课程的基本认知和基础专业知识、媒介技术等问题。教师通过对课程的整体和知识要点进行基础性的介绍，为学生提供一个基本的课程学习框架，并指引学生通过智能平台进行辅助深入学习。第二，提升方法部分，教师通过教学优秀案例展示，布置实训项目，智能监督学生宣发与展示来有效控制学生的制作流程，而学生主要通过智能辅导系统和众包资源系统来进行自主深入学习。第三，运行顺序，教师将学生安排进入到项目的流程中，每个同学担任并负责项目

中的具体环节。第四，智能化实践，在这个环节中，教师重点考核学生的合作及沟通能力，通过问题识别和解决系统，教师能够快速、清晰地及时了解到学生的优点与差距，及时地对学生进行指导或调整流程，帮助学生提升自主学习的能力。

3. 仿真引领

面对传统实践教学内容教师自主设计，与行业真实项目、标准相去甚远的问题，建构横向双流程行业仿真体系。包括①根据真实的数据新闻项目要求嵌入教学要点；②改革教学时段，营造真实项目实战环境；③加强协同合作，提升实践效果；④改革课程管理模式，实施个性化评估；⑤真实岗位设置与高频次轮换式训练结合。

根据上述技术与操作的融合，可以实现一个完整的"人工智能＋新闻传播"仿真实践教学体系的建构。通过重新设计现有课程体系和课件内容，让学生在学习中扮演不同的行业角色，练习与教师和同学们之间的人际沟通，并与虚拟员工进行游戏式互动的技能训练，从而完成诸如新闻采集、编写、传播等具体实务。此外，该智能仿真实践教学体系是多学科的体系，将连接虚拟人类、智能辅导、认知和学习科学等研究领域，通过引人入胜的功能，帮助学生在理解专业知识、完成专业实训的基础上操作和使用智能技术。同时，提供学生参与的、互动的材料来补充现有的课堂教学，通过学生持续地练习和表现反馈，增进教师对学生学习情况的了解，从而形成一个寓教于乐的多元新闻传播实践学习体系，在潜移默化中提升学生的专业知识和人工智能技术。

4. 技术辅助

为了确保智能化教学能力的支持，需要构建四个维度的技术保障。第一，构建虚拟助理员的学习环境。数字化教育平台虽为传统教室环境提供了协同机会，但通常依赖于教师辅助的异步课程，而不是实时进行。构建数据新闻虚拟助理员的学习环境能让学生与私人导师进行联系，对数据新闻学习的上百个常见问题提供实时答案。该虚拟助理员学习环境的构建既能够替代教师进行基础专业知识和技术的实时回答，快速解决学生因基础知识或技术产生的学习畏难情况，又能避免教师面对大量学生进行高度重复的烦琐工作。同时，通过后台的学生行为分析，也可以让教师能够清晰、快速地掌握学生的学习动向。第二，构建智能辅导系统。智能辅导系统(ITS)可以通过认知科学和先进技术来提供实时反馈和个性化辅导。在数字新闻实践中，智能辅导系统能够针对数据新闻要求，提供丰富的活动，有针对性地对学生的课程实践进行反馈并对学生的习作进行纠正，提供灵活性、便利性和差异化学习的可能性。第三，构建问题识别和解决系统。每个教师每次教学都要面对数十、数百名学生。学生学习的速度和进度各不相同，因此很难确定和满足他们的具体教育需求。问题识别和解决系统的构建，是通过人工智能算法分析数据来识别学生对数据新闻的学习差距，分析教师互动和学生表现数据，以补充课堂教学的个性化需求。第四，扩展众包辅导资源。数据新闻是典型融技术与艺术于一体的新闻实践课程。专业和技术的复杂性对其实践指导的全面、具体构成了障碍。众包辅导可以通过教育社交网络链接、筛选，帮助学生们在全国和全球范围内获得精准的相互协作和支持，以提升专业学习的兴趣和能力。

（三）智能化教学体系的实施与困境

"人工智能＋新闻传播"智能化实践教学不仅是通过人工智能技术对新闻与传播教育的辅助与补充，而且是面对新时代新闻与传播教育的深度改革。它的构建不仅能够满足传统教学的需要，也能在人工智能迅猛发展的新时代下，为培养智能型新闻传播卓越人才提供一个可行的基础。因而，该体系既要强调技术平台的重要性，也要大力改进课程实践的内容，才能实现体系的合理性，达到新闻传播卓越人才培养的要求。因此，实践体系的构建不是一蹴而就的，需要大量时间、经费和技术的投入，其完善还需要教育学者们不辞辛劳的努力。

双一流背景下"纪录片创作"实践课程线上线下混合式教学模式探索[1]

杨阳　黄姣姣

随着信息化和网络化进程的加速以及新冠疫情影响，线上教学以其便利性、广泛性及丰富的网络资源迅速成为一种重要教学方式。2019年10月教育部发布《关于一流本科课程建设的实施意见》明确提出认定6000门左右国家级线上线下一流课程，加强学生线上线下学习的评价。[2]在意见指导下，各高校相继推出一大批线上线下混合式课程。混合式课程主要是指以面对面线下授课融合中国MOOC大学、学习通、雨课堂等网络学习资源，打造网上学习平台，提供师生互动专区的新型授课方式。广播电视编导专业强调实践能力培养，教学注重"传、帮、带"和"干中学"，混合式教学为其专业实践课程带来了新挑战，也提供了教学转型新机遇。"纪录片创作"作为编导专业实践核心课程率先尝试了线上线下同步教学，改革课程评价模式，取得了一定效果。

一、课程建设目标

"纪录片创作"是广播电视编导专业主干课程，也是着力打造的市级一流课程。本课程综合性、实践性极强，一方面讲述纪录片相关理论知识，另一方面探讨纪录片创作业务，既要"务虚"，也要"务实"。因此，课程在开展混合式教学实践中从专业素养、知识储备和实践能力三方面设计了具体可实现的教学目标。

专业素养目标上，坚持以立德树人、厚积薄发贯穿整个人才培养全过程，以"双一流"为导向，以纪录片创作发展历程为线索辐射相关学术研究，激发学生对纪录片的热情。力求精选一批内容博大精深、思想深邃的纪录片，以高尚精神塑造学生，选取一批优秀纪录片，以优良的作品鼓舞学生，挑选一批文化底蕴深厚的作品，在润物细无声中浸染学生，培养人文素养，激发学生对生活对创作的

1　本文系2020年重庆师范大学教育教学改革研究项目"基于网络教学资源的专业实践课程混合式教学研究"阶段性研究成果。
2　中华人民共和国教育部.教育部关于一流本科课程建设的实施意见［EB/OL］.（2019-10-24）.

热情，引导学生成为既有专业能力又有社会担当的高素质人才。

知识储备上，让学生了解纪录片的发展历史和不同流派，认识中国纪录片的现状，掌握纪录片创作的一般规律以及纪录片不同的创作观念和风格式样，探索中国纪录片的发展之路。

实践能力上，结合"新文科"人才培养特点，面向业界需求，通过纪录片创作实践性环节教学，引导学生完成纪录片创作全流程，找准纪录片创作感觉，培养学生独立制片的能力。

二、教学实施过程与方法

1.线上线下分重点教学

"纪录片创作"综合性极强，知识点多且灵活，前期调研及跟拍人物耗时较多，纪录片制作周期长。课程课时有限，课程内容较多，学生掌握有困难，教师平衡理论知识与实践创作有难度，保证作品质量更加面临挑战。

混合式教学体系在深入解析课程内容的基础上，遵循纪录片创作规律，依托超星学习通平台开展教学。课程教学体系围绕创作核心展开，线上课程根据创作规律设置必要的基础知识、理论知识内容，学生可以随时补充理论知识上的不足；线下课程教师全程参与学生创作，指导学生实践创作的全过程，线上线下课程形成较好的呼应效果。线上课程设置创作观念、文本策划、拍摄技法、剪辑意识四个大板块，再细分成若干知识点上传到学习平台，供学生课前预习，课后随时复习。线下课程以实际创作一部纪录片为教学目标，与线上课程同步互动。比如在纪录片选题部分，线上课程讲授选题评估、选题调研的多种方法，解析成熟纪录片策划案元素及策划撰写，线下课程则带领学生创作小组在生活中寻找选题并对选题进行纸面调研、实地调查，学生向任课老师申报选题，由老师指出问题修改后完成一个可供拍摄的策划案。线上线下课程都以摄制小组为单位，共同完成从基础知识建构到实践创作全过程。同时在精细化知识点、创作小结后设置组内单人任务评价及小组组长评价，直接呈现给任课老师，更加便于任课老师掌握同学阶段性学习情况及过程考核，有效加强线上线下教学共振。

线上教学主要以教师制作的微视频、课件以及中国 MOOC 大学、学习通等平台上的精品课程视频为资源，线下教学则以全案创作实际操作贯穿整个教学过程。线上线下分重点教学拓展了课堂教学学时与教学空间的限制，解决了学时不足的问题。知识衔接丰富了课程内容的同时也为师生互动提供了一个新的平台。除去面对面互动交流，线上留言、问答板块也能满足不同个性学生的需要。美国混合课程的实践表明：比较腼腆害羞的学生较少参与课堂对话，却更愿意参与在线讨论。[1]"纪录片创作"线上课程定期在"学习通"上发布讨论内容，学生根据内容发表观点，也可在上面提问，与教师互动答疑，形成了良好的互动氛围，提高了学生的学习热情，有效解决传统教学中课时量不足的问题。

2. 横向课程联合式教学资源体系

"纪录片创作"考查学生全方位实践能力，从宏观上学生需要具备调研、文案撰写、采访等策划能力以及摄像、灯光、剪辑、音频处理、后期包装等技术能力，从微观上还要根据拍摄对象及场景学习新设备、新技术的使用。策划与技术基础课程在本课程开展前大多已在不同学期讲授过，根据大脑记忆遗忘的生理机制和"边学边忘"规律，不少知识点已经模糊不清，适当重复知识点能唤醒学生相关记忆痕迹，有助于创作顺利开展。由此，在混合式教学中构建横向课程联合式教学能最大程度地整合多方教学资源，提升教学效果。

本课程将纪录片创作涉及的文案策划、影视导演、影视摄影与剪辑、影视照明技艺等专业基础技术课程中相关知识点进行横向整合共同搭建线上课程体系。比如在创作人物纪录片中涉及大量人物跟拍，画面稳定性要求较高，为此学校给每个创作小组配备了稳定器。但在前期基础课程教学中多偏重固定镜头训练，学生对稳定器的使用不熟悉。于是在搭建线上课程时与摄像任课教师沟通，在"影视摄像"线上课程中增加了稳定器的介绍及操作方法，如何有效跟拍等微课视频，在实际拍摄纪录片前教师导入课程节点要求学生在完成稳定器使用学习后方可领取设备。

横向课程联合以纪录片创作为教学目标，以主干课程为核心组建关联课程网络矩阵，不仅打通了课程壁垒，充分运用资源，还能使学生全方位、系统性地掌握专业知识，增强实践能力。

3. 构建学生实训资源库

根据课程需求，建立网络教学资源库，涵盖片库、教学案例库、课程习题库、文献资料库，适时更新资源库，有效解决资源配套问题。利用互联网资源、线上教学平台和硬盘阵列搭建"实训习题库""实训作品库""实践项目库"三位一

1　张治勇，殷世东.高校混合课程开发探析［J］.中国高教研究，2010（11）：89-91.

体实训资源库。

"实践习题库"是实训资源库基础单元，根据线上线下课程进度，并结合"横向课程联合教学资源"考察"纪录片创作"相关基础性知识。线上习题附在小知识点后，学生在线完成即可，线下具体实践训练知识，学生需在完成相应实践内容后上传成果。学生必须在自主完成试题库相关实训试题后，才能进入下一阶段的学习。

"实训作品库"旨在打造可供学生参考的纪录片"影像图书馆"。创作纪录片需要大量拉片和观影积累，互联网提供了海量音视频资源，但学生可以欣赏却难以模仿，小制作质量参差不齐，并且存在一些价值观有偏差、创作手法争议较大的作品。实训作品库经教师筛选后，一方面整理大量经典优秀纪录片如《复兴之路》《西南联大》《鸟与梦飞翔》等培养学生专业素养，给学生确立标杆和榜样，起到正面引导作用；另一方面尽力收集小制作及学生作品，供学生聚焦问题、寻找解决方法。另外将本校优秀学生作品上传至"实训作品库"，邀请主创人分享创作经验，结合师生交流互助答疑、自由分享讨论，展开作品线上线下交流互动。

"实践项目库"则是以专业比赛为抓手，公告高校、业界纪录片创作大赛信息，以比赛为实践项目，有利于激发学生在实践训练过程中的兴趣，提高作品质量。

4. 革新考核方式

"纪录片创作"注重过程性考核，过程贯穿整个课程学习与实践，考查学生基本知识点的掌握情况、自主学习能力、团队协作意识、专业创作能力等，运用线上学习评价、作品质量评价及各岗位专业技能评价共同组成考核成绩。

线上学习评价主要依据章节知识点设置考点：课程音视频观看情况（30%）、章节测试（20%）、讨论（10%），线上考试（30%）、分组任务（10%），按比例构成平时成绩。作品质量评价根据小组完成作品给定分数，考量标准为：选题有一定价值，具有特征性或者代表性；内容切合主题，故事表达具有感染力；画面构图合理，机位和景别选择恰当；剪辑节奏感良好，叙事编排恰当。岗位专业技能评价则是根据学生在创作中工种完成情况进行评定，分为文案、导演、摄影、剪辑、录音、制片几大岗位，分别制定各岗位评分标准。

除去三大过程考核板块更加细化过教学程管理与反馈，在创作每一阶段都设置阶段性个人评分及组内评价，学生个人对这一阶段创作参与情况、个人表现进行评分，组长对组内同学表现进行阶段性评价，评分与评价直接由任课老师掌握。"纪录片创作"混合性教学变革既关注课程过程考核，又关注课程考核结果，构建了较为全面的课程评价体系。

三、线上线下混合式课程建设中面临的挑战

1. 教师任务量大攀升

任课教师是教学实施的主体，对整个课程起着至关重要的作用。在传统教学中，任课教师只需根据课程要求及自身储备完成备课、授课等一系列教学过程。混合式教学则是一种全新的授课方式，意味着教师要重新适应并摸索相应规律，寻找适当教学方法。线上线下教学任课教师除去传统的面对面授课，还需要完成大量的线上课程建设。一方面要重新设计教学体系，思考线上线下教学如何相互配合，如何平衡两者比例；另一方面要制作教学视频、寻找网络教学资源、熟悉教学平台的操作。教学模式的一系列新变化势必加大了教师任务量，要求教师随时更新知识盲区，与时俱进，这对教师本身也是一个挑战。

2. 线上课程学习质量难以监督

线上教学是混合式教学的重要部分，依赖于互联网及教学平台进行教学，学生脱离了与教师面对面上课的监督，教学效果很大程度上取决于学生自律性及学习主动性。虽然教师能够从教学视频观看时长、习题完成方面督促学生完成教学任务，但学生在网上课堂签到后"潜水"，或采取挂机模式仅播放教学视频而不观看，或在网上搜答案、抄作业等情况却无法监督。线上教学让学生学习更加灵活而不受时空限制，但也对学生本身提出了更高要求。

线上线下混合式教学顺应了"互联网+"的时代潮流，是当前课程改革的重要趋势。混合式教学给纪录片创作课程带来了信息技术的便利，也面临新的挑战。尊重当代大学生网生代的特点，根据创作规律，变革教学理念研究教学方法促进学生全面发展必将是时之所趋。

微课的再认识及其隐患思考[1]

方龙　王燕

新冠疫情使一线教师对在线课程有了更直观的亲身体会，对微课（Micro-lecture）的概念都不陌生，通俗讲，其核心特点就是时间短、内容精的微小的视频课，一般在 10 分钟以内完成一个知识点的讲解。该概念最早是在 1993 年美国北爱荷华大学提出，2010 年广东佛山启动的中小学课程"优秀微课"征集评审被视为微课在国内的开端标志，随后 2012 年教育部主办和推广的各类微课大赛，加速了微课在国内教育界的影响[2]，使得微课在我国中小学各阶段得到了普及性的推广。胡铁生、袁金超等代表性学者较早地引领了国内微课的学术研究和讨论。去年一项针对我国近 20 年来教育热点的研究发现，"微课"作为关键词是我国教育技术领域最新的 5 大研究前沿之一[3]。2020 年上半年的新冠疫情下的全国性在线教育极大地推动了微课的教育实践，同时也放大了其长期积累的不足和隐患，需要结合疫情的诸多影响对微课的主要特征带来的变化进行微课再认识，进而对其隐患进行分析和思考。

一、微课再认识

1. 微课实践辨析及研究理论

随着科技的在教育领域的不断深入，新型的教育教学方式也不断进入教育者视野。它们之间甚至没有明显的分界，与微课相似的快课、MOOC、SPOC 等课程种类就容易让人一头雾水。有学者为此专门进行了比较研究，提出微课的弊端在于难以适用于繁杂的学科、知识碎片化和不能真正地与学生互动，优势在于提高教师的专业素养和帮助学生个性化学习，并对四者的内在关系进行了详细比较[4]。类似容易引起混淆的概念还有微课、慕课和翻转课堂，需要进行辨析。三

1　本文受重庆市教育委员会研究生教育研究与改革项目（项目号：yjg183064）资助；受 2018 重庆市教育重点规划项目（项目号：2018-GX-113）资助；获国家留学基金委员会（编号：201904507002）资助。

2　孟祥增，刘瑞梅，王广新. 微课设计与制作的理论与实践［J］. 远程教育杂志，2014，32（6）：24-32.
3　陈新亚，李艳. 近 20 年来我国教育技术研究的热点与前沿——基于 7 种 CSSCI 期刊的文献计量分析［J］. 现代教育技术，2020，30（12）：12-19.
4　杨萍，何玲，王运武. 快课、微课、MOOC 及 SPOC 的比较研究［J］. 中国医学教育技术，2018，32（1）：8-14.

者的产生背景相似，均是在互联网技术中催生发展起来的，其核心要素是承载教学内容的微视频。网络教学的微课和慕课，后者更具开放性和大规模性，前者具有排他性和局限性。微课和慕课同属线上的教育，翻转课堂是线上和线下相结合的教育。慕课和微课还具有共享优质资源和灵活自学方面的积极作用[1]。

近年的微课理论研究，把微课实践放在不同的教育理论视域下进行研究，在获得理论支撑的同时也进行了理论的创新尝试。教育学家布卢姆主张的掌握学习理论中的许多思想都能在微课教学中得以体现。"教学应面向绝大多数学生""过程性评价与反馈矫正"等思想可以在微课中充分体现并能保障实现。其他也有研究基于行为主义的理论指导的微课实践应用[2]，以及基于瑞典学者 Selander 提出的 DLLS（双循环学习序列）模型原理对翻译课程进行微课设计和开发[3]。更有学者在基于现实的微课实践中，尝试对教育理论进行体系构建和方法论的创新[4]以及基于人工智能生成的智能微课[5]尝试。总之，微课的教学实践的确促进了教育理论多样化研究和创新尝试，其能够在教育领域产生格局上的变动以及师生教学行为上的改变，是有其现实需求和理论依据的。

2. 微课制作：视频是核心

单个微课的制作流程，包括微课选题、教学设计、视频制作、辅助材料、点评反馈和教学评价等步骤，其中的视频制作无疑是核心。微课选题的确定，除了依据教学计划或教学任务进行选定外，在有选择余地的情况下，需要结合视频的组织及表达方式是否适合而进行选择。并不是所有的选题通过微课视频都能有好的表达或收获好的教学效果。教学设计中的教学过程，包括知识点的导入，重难点的分解，教学节奏的把握等环节需要考虑视频缺乏实时交互性而与现场教学表达的差异进行量身定做。在实际的视频制作中，同期拍摄和后期制作需要遵循视听语言规律。如课堂实录中的轴线规律，后期剪辑的转场技巧等。

可见，微课视频汇集了教学选题及教学设计的智慧，并主要呈现在受众的知识学习接受过程中，是微课制作的核心。国内苏小兵等学者早在 2014 年就提出视频是微课区别于其他数字教育资源的主要特征[6]。国外 Zaid Alsagoff 教授

1　夏冬生，孙先念，朱公志.微课、慕课和翻转课堂的特性及其相互关联性的探究［J］.黑龙江教育（高教研究与评估），2019（4）：47-49.
2　黄龙泉.从行为主义学习理论视角探讨微课在高等职业教育中的应用［J］.中国成人教育，2020（5）：69-72.
3　阮俊斌，沈军.DLLS模型视角下的医学翻译微课探索——以上海健康医学院翻译微课设计为例［J］.上海翻译，2020（3）：74-79+96.
4　郑小军.微课可持续发展的"道"与"术"——兼论微课发展研究理论体系建构与方法论创新［J］.现代远程教育研究，2018（1）：31-39.
5　乐会进.智慧微课：基于人工智能的微课自动生成系统［J］.现代教育技术，2018，28（11）：5-11.
6　苏小兵，管珏琪，钱冬明，等.微课概念辨析及其教学应用研究［J］.中国电化教育，2014（7）：94-99.

提出了用"LECTURE"一词描述的高质量视频的要求[1]。其中 Lively 表生动的，Educative 表有教育意义的，Creative 创造性的，Thought-Provoking 可引人思考的，Understandable 可理解的，Relevant 相关的，Enjoyable 令人兴奋的。但高质量视频制作的要求，并不是所有任课教师能够达到的。视频的呈现方式同样会产生负面影响，部分微课侧重视频技术的可视化表现而炫技，忽略了微课是为教学服务的大前提。

3. 非竞赛类微课视频更为主流

非疫情下微课视频制作更倾向于按不同的技术手段划分不同类型，包括教学录像型、屏幕录制型、多媒体讲解型、动画讲解型、视频剪辑型 5 种类型。这种划分方式对于微课视频的制作方法具有建设性指导价值。疫情下在线教育的要求，使得微课视频制作出现被动的井喷式增长，学前教育的幼儿园教师每天定时在群里发布微课视频。相比疫情前，非竞赛类微课视频地位越发突出。所以按目的划分，微课分为竞赛类和非竞赛类两大类。竞赛类微课的制作是为了参赛获奖而制作的，具有一定的制作经费，不论是教学内容还是视频制作，都需要进行反复的打磨排列和包装，这在日常的微课教学中是不现实的。而非竞赛类微课更为大众一些，一线教师希望对多个教学班的平行课进行优化教学实践，在条件比较成熟的情况下，记录下自己在实践中打磨多次精彩的教学过程。非竞赛类微课视频通常没有经费预算，也没有过多的时间与同行打磨，也未必完整按照微课制作的流程来，但这类微课却在疫情下的一线在线教学中占据主流地位。

微课视频的核心地位和疫情带来非竞赛类微课视频的地位变化，以及当下人工智能、大数据、5G 等新技术在教育领域中的深入，还有人们教育观念的变化等，微课在进行全国性的普及后，或许正面临新的发展窗口，需要调整好姿态，把握好时机。

二、微课的现实隐患与思考

1. 提倡原创付费，养成版权意识

避免侵权隐患，需署名引用。这里讨论的侵权是双向的，包括微课作者对他人的侵权和自己的作品被他人侵权。微课视频中使用背景音乐等素材是对原创的侵权，自己创作的微课视频被任意下载加工使用的是被侵权。数字时代的弊端之

1　黄建军，郭绍青 . 论微课程的设计与开发［J］. 现代教育技术，2013（5）：31-35.

一是对原创版权尊重的威胁，教育资源的免费意识[1]让侵权行为理所当然。2020年上半年新冠疫情突发性下的在线教育更是发扬了互联网共享精神，不少优质精品公共教育资源主动开放，免费提供分享下载。也有第三方平台打擦边球违规限时免费提供收费教育资源，不少教师在仓促的教学准备中也实行拿来主义，对互联网资源进行下载整合。这些潜在的侵权举止如若基于突发和应急的原因尚可理解，但在知识付费时代是不可取的。微课视频作为多媒体集成化表达方式，汇集了文本、图形、图像、声音、动画等多种单一数字再生媒体，有很多侵权隐患。以最常用的背景音乐为例，如若没有能力、时间或精力进行原创，首选付费资源，这是对原创的尊重。但更为普遍的是教师们并不能区分使用的背景图像素材资源侵权与否，这需要养成署名注明出处并落款致谢的习惯，还可在微课视频片头片尾位置注明免责声明。特别是竞赛类微课视频，要重视潜在侵权行为带来的版权纠纷。对比较自信的微课作品，同样可以通过注入声明，留下电邮的方式告知使用者，防止被随意复制加工等方式侵权。付费是尊重知识的基本体现，是原创的动力，优质的微课资源是收费的基本前提。

2. 增强系统调控，弥补离散碎片

解构隐患，需融会贯通。微课的微为细小的意思，初衷是将复杂的系统体系拆分为多个相对独立的知识点进行教学呈现，实际是一种解构操作。但是解构之后的复原呢，姑且不论在解构拆分过程中对系统体系带来的变形或错误，学习者通过微课视频对独立知识点之间的联系和理解能否还原为最初的系统体系？碎片化学习是一种趋势，虽然符合了碎片化时代的生活学习方式[2]，如碎片化运动、碎片化阅读等，但知识点的碎片化破坏了其系统性。微课的微决定了其在知识的完整性和系统性上的欠缺，这与学习的高级目标——系统掌握、融会贯通是不符的。学习者通过微课学习到的知识是碎片化的，特别是对于系统性微课体系进行点播的方式更会减弱学习效果。需要增加融合知识点微课视频并通过强化线下教学进行改善。在微课的教学设计起始环节，除单个知识点微课视频的内容外，需额外设计嵌入独立的体系化微课，将各个碎片化知识点进行有机关联，形成融会贯通，弥补由微带来的负面影响。线下教学作为更有真实感和针对性的教学方式需要作为线上教学的必要补充，针对离散知识点进行系统的搭建、讲解、引导、总结，弥补微课碎片化知识点的系统缺失。

1　唐慧梅. 数字环境下我国微课版权保护研究［D］. 北京：北京印刷学院，2017.
2　张霞. 微课程的设计、开发与应用研究［D］. 南宁：广西师范学院，2014.

3. 注入情感温度，改善互动不足

自觉隐患，需强化交互。在线播放微课和补充讲解是疫情期间在线教学的基本形式。播放微课的行为貌似完成了教师教的环节，但学生学的环节呢？学习自觉性差或专注力差的学生并不会一直跟随微课视频的节奏进行信息的接纳和有效的消化思考。这样的在线微课视频缺乏对学生及时的干预和引导——类似课堂里教师发现学生走神时会通过"敲黑板"进行教学监督——从而形成在教和学之间的错位和差距。其产生原因是微课视频单向而非双向的传播特质形成的，难以与学生进行直接互动[1]。教师虽可以提问或课后作业等方式发现并进行纠正弥补，但效果却会由于时效性而大打折扣。需要在微课视频的设计中注入人文关怀，并利用新的在线教育技术嵌入交互检测环节。微课中的教学视频，对知识点的讲解，需要避免生硬的讲解，注重知识点的故事性和叙事技巧，采用提问、悬疑、倒叙等方式吸引注意力，循循善诱，润物无声。需要考虑到学生的收看环境千变万化，可能是餐桌上、被窝里、车厢中，甚至是信号不好的野外，需要在教学中表达对学生的理解和关爱以及信心。代表技术前沿的人工智能在教育领域逐步应用推广，智能穿戴检测技术的发展，希望在不久的未来能为克服微课的互动性不足提供帮助。

4. 规划体系开发，系统储备建设

平庸隐患，需优质示范。依靠一己之力，缺乏系统全局规划，在时间和经费都十分有限的情况下的非竞赛类微课，若想取得好的教学效果和影响力是比较困难的。从微课教学的优势出发进行思考和设计，实际上这对大部分一线教师来讲是不现实的，不仅是因为时间和金钱成本，更多的可能是无从下手。2014 年起教育部针对中小学教育展开的"一师一优课，一课一名师"（俗称"晒课"）活动，经过了 6 年多的持续培育，积累了大量优质的在线教育示范性数字资源，足见顶层设计的重要性和影响力。相比之下微课需要进行整合资源、发展网络、完善制作[2]。针对不同教育层次、不同教育对象、不同教学内容的引领性、师范性、系统性微课进行体系性设计规划：编制项目，划拨经费，遴选团队，实践培育，长期建设。避免重复建设，弱化经典主干课程的微课选题，侧重艺体类、科技类、工程类等弱于现场实践而强于影像表达类的微课选题。这不仅符合当前国内教育引导和疫情下在线教育的趋势，也是对优质微课进行

1　赖勇强 . 微课资源开发与应用中存在的问题与对策［J］. 教育理论与实践，2019，39（17）：41-43.
2　梁晓琴，张宇燕，王昱翔，等 . 微课发展中的问题及其解决策略［J］. 化工高等教育，2020，37（2）：147-150.

体系开发的积累储备。

5. 设计培训指导，提高教师能力

素质隐患，需设计提升。一线教师仍然是非竞赛类微课视频创作的主体，并主要受自上而下的任务要求而被动实践微课应用，其教师的微课设计、视频制作、微课实践教学等方面的业务能力也参差不齐有待提高。其中不乏有认识上的误区，从内心上不认可不接受微课的教学方式，还有设计与创作误区、应用与评价误区、培训与研究误区这些误区 [1]。在疫情常态化管控期间需要对误区进行综合考虑、重新审视，其中的核心是对微课创作教师主体展开有针对性的设计培训，并指导其业务能力的提升。需综合设计包含教学设计、制作技术、教学实践和项目研究相结合的培训项目，并针对不同的误区有不同的培训内容，形成微课设计、创作、应用、评价和研究的一体化培训体系。

6. 推进动态研究，优化微课实践

干涸隐患，需开源拓展。国内对微课的研究从 2016 年开始逐年下降 [2]。业内不乏有认为微课理论和实践研究已经进入死胡同，认为其反复旧瓶装新酒。对微课的研究的确受限于微课实践技术的被动性和理论创新的难度，微课方面的学术论文难登大雅之堂。并且疫情中应急下的蜂拥而上的微课视频属于非竞争类微课，虽然强制提供了高于日常的实践机会，但受其时间周期和成本影响，其制作质量和水平却是鱼目混珠的。微课的理论创新研究貌似无路可走了，又如何指导实践创新。静止的认知与劣质的制作需要动态研究并对实践优化。作为教学方式或手段的微课视频，其内容可以结合各自学科及态势的动态发展变化而更新。切实设计好微课，应用微课来动态变革学习方式，进行学习创新，推动课堂教学改革，促进教学研究与实践。据查，2010 年起国内微课的研究焦点出现了从理论到实践、从宏观到微观的研究发展变化 [3]。与之相关的关键词如翻转课堂、慕课、创客教育、智慧教育等也在不断在推进拓展。疫情常态化的社会大背景下，以及 5G、人工智能、大数据在教育领域的推进及细化会对微课相关的教学模式教学改革带来怎样的教育变化和动态空间，需要以发展的眼光予以持续关注和创新研究。

1 郑小军.微课发展误区再审视［J］.现代远程教育研究，2016（2）：61-66+97.
2 陈实，梁家伟，于勇，等.疫情时期在线教学平台、工具及其应用实效研究［J］.中国电化教育，2020（5）：44-52.
3 邹庆儿.国内微课研究的可视化分析——基于 2011—2018 年中国知网所刊文献的研究［J］.广州广播电视大学学报，2020，20（2）：5-12+107.

三、结语

疫情中的在线教育在推动非竞争类微课视频的同时，也突出了其自身在实践中与相关环境、参与者、内容、规划等方面的隐患与脱节。在线教育中的微课还会在智慧校园等技术的推动下继续发展进化，需要继续关注研究微课教育的理论和实践的变化和影响。

平台与教育治理

高校在线课程平台资源现状分析与教学模式探索[1]

刘博雅

高校对线上教学资源的规模化建设与使用，促成大学课堂功能的转变。线上教学的迅猛发展为高校教育工作带来机遇与挑战，各种新理念、新平台、新技术、新资源在网络教学中被应用，有力推动信息化教学技术的前进。教育部在《教育信息化十年发展规划(2011—2020)》中提出信息技术与教育"深度融合"的理念，这为我国推进信息技术与教育深度融合指明了方向。

一、各类数字平台和在线课程兴起

据美国市场调研机构巴布森调查集团（BABSON Survey Research Group）发布数据[2]：截至2018年，北美市场的在线教育规模就已达到333.74亿美元，总量占世界市场68%以上。其中，美国三大在线课程巨头UDACITY、COURSE RA、EDX影响力巨大：早在2013年，UDACITY已与麻省理工大学、耶鲁大学、北京大学等100多所世界名校和12个国家32所教育机构合作，提供在线课程，现已经拥有超过90万的注册用户。2014年，EDX共新增包括清华大学、北京大学、香港大学、香港科技大学、日本京都大学和韩国首尔大学6所亚洲高校在内的15所全球名校加入平台；全美200多所著名大学利用Internet II开展远程教育，有90%的美国大学提供网络教育。在英国，开放大学（Open University)是最早应用多种媒体教学的远程教育学校，截至2022年，英国在网络上学习的学生超过10万人次，各种层次的教育和几乎囊括所有学科的课程资源，都能在指定网络学习平台中获取。

随着中国教育信息化建设的开展，各种线上教学平台相继出现。[3] 2018年，中国上线慕课数量已达5000门，高校学生和社会学习者选学人数突破7000万人次，逾1100万人次的大学生获得慕课学分，中国慕课总量居世界第一。同年，

1　本文系2019年重庆市教育科学"十三五"规划项目：以教育扶贫为导向的西南贫困山区远程教育资源建设策略研究（项目编号：2019-GX-334）的阶段性成果。
2　2018美国市场调研机构发布数据（BABSON Survey Research Group）［EB/OL］.（2012-03-30）.
3　教育部.教育部关于印发《教育信息化十年发展规划（2011—2020年）》的通知［EB/OL］.（2012-03-30）.

中国教育部首次推出 490 门"国家精品在线开放课程"。目前，据中国教育统计网站数据显示，用户较多的线上教学平台有中国大学 MOOC（慕课）、智慧树网、清华学堂在线、网易公开课、超星尔雅网络通识课平台。

二、高校信息化教学资源类型丰富

"互联网不仅仅是一种工具，更是一种新的知识生产、转化、储存、学习的方式"，目前已有互联网在线课程资源类型如下。

（一）MOOC（Massive Online Open Course）是大规模在线课程

MOOC 具备完整的教学环节：开课—上课—作业—反馈—讨论—评价—考核—证书。MOOC 课程与传统课堂教学相比，有独特优势，其规模大、开放和在线的特点，为自主学习者提供方便灵活的学习机会和广阔的空间。同时，也影响着教育管理。在 MOOC 的模式下，优秀教师的能量成倍扩散，一门课程可能会有十几万人甚至几十万人注册学习，如美国杜克大学教授主讲的思辨的艺术课，有高达 58 万人注册学习，这在传统的校园、课堂学习环境下是不可想象的。

（二）SPOC（Small Private Online Course）是小规模在线课程

其中，"small"是指学生规模一般在几十人到几百人；"private"是指对学生设置限制性准入条件，达到要求的申请者才能被纳入 SPOC 课程。对于符合准入条件的在线学习者学习 SPOC 课程，有学习强度和时间、参与在线讨论、完成作业和考试的要求，合格后获得证书。

SPOC 的主要教学过程：教师根据教学大纲，每周定期发布视频教学材料、布置作业和组织网上讨论。学生在学习清单的引导下按照时间点完成视频观看、作业和参加讨论。在课堂上教师进行课堂授课，处理网络课程答疑，并进行课堂测试。SPOC 利用 MOOC 技术支持，让教师将时间和精力转向更高价值的活动中，如讨论、任务协作和面对面交流互动等。

（三）微课及其他教学资源

拓展资源、学习计划、作业要求、考核办法等共同构成 MOOC。鉴于常规状态下，人的注意力只能保持 10 分钟左右，因此过去长达 45 分钟甚至更久的教学录像根本无法让学生保持注意力，甚至易让人产生厌倦。因此，以知识点为单元的系列微课串成章节或课程体系，便于观看和下载，更能够增加学生的黏着性。

微课制作应以学生为中心，即微课内容应注重如何更能让学生理解，而不是固守成规按照传统教学方式制作，并且应记录教师在课堂内外教育教学过程中围绕某个知识点（重点、难点、疑点）或教学环节而开展的精彩的教与学活动全过程。

在线教育深入高校，促成大学课堂功能的转变，高校面临信息化教学管理与教师教育模式变革的双重挑战。[1] 教育性原则、科学性原则、技术性原则、服务性原则和系统性原则在高校教学资源库的建设过程中起着非常重要的指导作用。网络教学要求提升教师综合素质，还原学生学习本位，提高教育教学质量。既要求发挥教师引导、启发、监控教学过程的主导作用，又需要充分体现学生作为学习过程主体的主动性、积极性与创造性。而目前，有较大部分高校教师对网络课程认识不够，使用信息技术开展教学的技能掌握不足，积极性不高，被动迎合号召。教师开展网络教学的流程、方法、评估指标不科学，必然导致在线课程资源无法被有效利用。

三、高校在线教学过程与教学评价产生问题

（一）处于在线教育摸索阶段，师生在资源利用方面缺乏科学指导

面对网络教学的兴起，无论是高校、教师还是学生，对于这些信息技术在教育教学中的应用态度不一，较多教师与学生都还处于摸索、熟悉阶段，这也导致了优质的课程资源和教学平台难以被深度运用，教学资源浪费。网络教学开展过程中，由于缺乏网课资源使用方法的科学指导，在线教学的开展常常停留在"代替教师讲授"这样的工具性层面，难以真正触及教育教学本质，促进学生个性化成长。究其现状的具体原因归纳如下：①缺少顶层设计，尚未站在学校与专业发展的高度，整体规划高校网络课程使用方式、流程与规范，尚未部署有效的在线教学方案与教学模式，导致课程资源的使用不具备可持续性与可扩展性；②缺乏特色提炼，不能跳出学校"围墙"深刻剖析课程特色与优势，实现跨平台、跨校级间的线上教学资源整合。

（二）教学平台的使用方式和方法较单一

单一在线教学资源与平台的使用，无法真正实现"分层教学"。在当前的教学改革实验中，分层教学成为了一个比较热点的问题，它似乎成为解决学生个

---

1 孟祥志，胡维治.论高校教学资源库建设的理论依据和指导原则［J］.科技广场，2008（2）：224-226.

别差异、实现平等教学的"灵丹妙药"。从现实中看,分层教学对解决上述问题有一定的作用,但我们要谨防它滑入在 20 世纪三四十年代出现的按能力分组的窠臼中去。[1]学生出现能力差异分化,却缺乏"分层教学"的实施条件,例如:MOOC 同步教学资源的教学大纲设计并不能满足全体学生的个性化、差异化需求,部分优秀同学认为教学内容过于简单,并希望跳出本平台课堂,去接触其余教学平台课堂内的知识;而其余同学因之前从未接触过教学内容,导致学习起来很吃力,无法同步教学进度。以上情况下,教师对此课程仅有一个教学平台资源可提供,导致在教学中很难同时兼顾不同水平学习者的学习需求,学生对教学内容的不满直接影响到网课学习的积极性与效果,课程教学目标难以顺利实现。

(三)教学流程和方法缺乏整体规划和体系建构

在线教学流程、教学方法缺乏整体规划,缺乏科学合理的推进体系和执行准则。由于部分高校教师对在线教学尚缺乏较全面的认识,对网络教学中科学有效的教学模式把控力不足;高校对网络教学资源和平台的应用尚不够充分。同时,教师自身对教学资源的开发和推广缺乏完善的合作机制。信息化深入基础教育,高校面临信息化教学与教师教育模式变革的双重挑战。

四 "课程资源融合模式"在高校在线教学中的探索思路

(一)新兴的信息化教学资源有其优、缺点和适用范围

对比研究各类型在线课程资源与支持平台的数据特点:首先,梳理已有的网络教学研究方法和教学经验,总结提炼在线课程类型与对应支持平台在技术性、应用性等方面的特点。既要关注在线资源的自身特点,又要分析其在资源整合方面的优势。其次,将网络教学特点与学科专业自身特点、需求相结合,探索新的网络教学模式。分析线上优质课程资源与精品课程案例,结合学校特色,找准重点,整体规划在线网络教学模式和建设方案。最后,收集关于在线课程教学模式与应用管理的相关政策文件、国际国内知名机构或学术组织的研究报告、重要出版物等,提取关键信息与先进理念。总结经验,深刻剖析学校自身特色与发展需求,审视学校对开展网络教学工作的目标、定位,加强顶层设计,制定建设网络教学模式规划。

1　毛景焕.谈针对学生个体差异的班内分组分层教学的优化策略〔J〕.教育理论与实践,2000(9):40-45.

（二）梳理网络教学模式的构建思路

即开展"加强教师与学生信息化水平、提高高校网络教学实效"研究。[1]重点解决"线上教学资源整合运用模式"，在研究明晰网络资源、教学平台与在线教学特点的基础上，进一步分析当前我国网络教学的现状、问题及原因，明确思路。

（1）从机制层面上进行"课程资源跨平台运用"网络教学模式的创新实践探索，完善对构建网络教学硬件环境的配置要求，明确学校、教师、学生等各方面对网络教学的责任与要求，从而形成有利于开展网络教学的系统化条件。

（2）改进网络教学的实践方式，从教育方法上和思路上进行改变，变"被动接受信息化技术"为以"主动学习、理念探索"为驱动。

（3）全方位打造服务于学生学习和自我发展的线上教学环境，在学习资源、在线课程、学习支持服务及其"混合学习"方式的开展等方面开展持续的努力，以推动我国高校更好推进网上教学。

（三）线上教学"课程资源跨平台运用"具体方案与教学流程得到细化

基于网络教学基础研究成果，应用网络教学开展专业课程行课方案优化。将其嵌入重庆师范大学新闻与传媒学院教学工作中，以网络与新媒体专业、数字媒体艺术专业的教学为例，探索从在线教学资源收集（教学目标、教学内容、任务单等方面），以及网络课堂活动设计（课堂环境、教学形式、教学活动设计）等方面，提出具体的、优化的网络教学开展方案，以指导、提升高校教师群体更好实施信息化教学，提升整体教学水平。

（四）构建网络教学中的"课程资源整合运用"典型教学场景案例

确立网络教学模式与示范样板，规范实施流程。在提出网络教学改革模式与方案的基础上，进一步将成果予以实践落地，选取专业核心课程，设计搭建网络教学场景。以数字媒体艺术专业"概念设计"课程为例，明确网络教学场景的选取、设置和搭建原则，创新将课程资源与平台的内容、教学实施流程、教学各环节的操作要领、课程评价体系构成等制成讲解视频，并将其编辑成网课操作要领模块，教师可根据课程教学进度和要求任意组合。通过创建代表性的"课程资源跨平台运用"网络教学场景，真实模拟规范的网络课程，帮助学生以最好的状态投入到课程中，提升教学效果和学生的学习积极性，也提升学

1　杭国英.教育信息化与高校教师素质［J］.高等教育研究，2003（3）：86-88+95.

校教育的整体信息化水平。

五、预判以上策略在网络教学中能够解决的问题

（一）解决高校在线教学中课程资源应用不充分的问题

单一使用的教学资源与平台（无论是同步教学资源，还是异步教学资源）已被原课程教师编排好，且无法实时更新适应其他教师的教学目标。归根结底，是信息化教学资源应用不充分的问题，导致数字技术进步助推教学质量提升不明显。通过解决当前制约网络教学发展的障碍，打破平台间的壁垒，将在线教学资源融会贯通，形成能符合任课教师要求的自定义式"自选菜单"课程资源准备模式，充分激发教师、学生等各方对网络信息化教学的热情，进而提升我国高校应用和实践信息教学技术的能力水平。[1] 所谓 Blending Learning（混合教学），就是要把传统学习方式的优势和 E-Learning（数字化或网络化学习）的优势结合起来；也就是说，既要发挥教师引导、启发、监控教学过程的主导作用，又要充分体现学生作为学习过程主体的主动性、积极性与创造性。

（二）解决高校教师信息化教学能力欠缺的问题

在线教学与其匹配的信息化教学平台和技术具有一定先进性，同时也对实践和应用提出更高的能力要求，教师信息化教学能力欠缺和不足往往造成网络教学效果不佳。通过分别针对学校、教师、学生等方面提出方法思路，提升课程实践和运用信息化教学的能力。

（三）解决网络教学流程、教学模式构建尚不完善的问题

目前，大部分高校教师们对网络教学资源与平台的应用方法还停留在探索阶段，主要依靠个别教师"单兵突进"，各自在繁复的教学平台摸索。因此，没有形成整体、成熟的网络教学方案和教学流程体系。而技术手段进步本身是为目标服务的，通过研究形成实际的网络教学方案，为今后推广应用提供参考和依据。

（四）解决高校学生群体中在线课堂辐射力不足的问题

由于目前高校的在线教学体系中，"云课堂""云学习"带来教学场地和教学活动的抽象性，制约了课堂内容在高校学生群体中直观化地展开，也缺乏严格的、具有实效的学生在线学习状态与效率监控机制。研究如何将学生网络学习过

---

1 何克抗．从 Blending Learning 看教育技术理论的新发展［J］．国家教育行政学院学报，2005（9）：37-48+79.

程以声音、图片、视频等各种形式收集出来，并针对具体课程形成典型教学案例库，为今后不断拓展网络教学积累经验，为相关学科采用线上教学提供思路和借鉴。解决如何让网络在线课程为高校教育持久赋能的问题，力求全校自上而下，从学校领导，到一线教师，再到在校学生，提高对网络教学的重视，实现从"要我做"到"我要做"的转变。

网络与新媒体专业人才培养供求问题研究 [1]

王欢妮　鲜诗瑶

互联网技术日新月异的变革，使新媒体得以快速发展，以其为代表的传播形态打破了原有的传播秩序，这场深刻变革对传媒从业人员在新媒体能力和素质方面提出了相关需求。为呼应移动互联网时代新媒体人才需求的急剧增长，2012年教育部对我国本科专业目录进行了修订和调整，在新闻传播类专业中特设"网络与新媒体"专业，然而，由于设置时间较短，该专业的人才培养模式仍处于探索中，尚未完全确定。在此背景下，如何紧跟行业快速变化，契合市场实际需求成为人才培养的关键，因此，在全新的教育理念指导下对人才培养进行思考正当其时。

一、移动互联网时代新媒体人才需求现状

为调查市场对网络与新媒体专业人才需求，本研究采用立意抽样的方法，选取对新媒体人才需求量大的传统媒体、新媒体公司、事业（机关）单位和大型国企为研究对象。抽样对象选择如下：

1. 传统媒体

以人民日报、中央广播电视总台、新华社、广州日报、四川日报报业集团为代表的传统媒体在全国范围内都具有相当的影响力和权威性，也覆盖全国不同地区，他们对新媒体人才的素质要求，可以在一定程度上反映出传统媒体对新媒体人才的需求。

2. 新媒体公司

选取北京新浪互联信息服务有限公司、北京百度网讯科技有限公司、北京字节跳动科技有限公司、深圳市腾讯计算机系统有限公司、阿里巴巴(中国)有限公司。选取以上5家网络公司为研究对象是根据其公司所在地区的经济发达程度，并结合公司自身的发展状况和业务范围不同而决定的。

1　本文系重庆师范大学教育教学改革项目《"开放共享"理念下高校网络与新媒体专业人才培养改革与创新》（2018）的阶段性研究成果。

3.事业（机关）单位

课题组使用 2019 国家公务员职位库检索系统，在专业学类下以"新闻传播学类"，专业名称下以"网络与新媒体"进行搜索并汇总所有招聘单位，得到中央办公厅、天津海事局、上海海事局、杭州海关、汕头海关、湛江海关、哈尔滨铁路公安局作为"事业（机关）单位"的研究对象。

4.大型国企

选取中国邮政集团公司、中国电信集团有限公司、中国铁道建筑有限公司、中国建筑集团有限公司，以"2018 中国企业 500 强"为关键词在网上搜索，共搜索出了 263 家国家企业。在对这 263 家企业的招聘职位有大致了解的基础上，根据职位与本研究的相关性筛选原则，从这 263 家企业中选出了上述 4 家企业，作为"大型国企"的研究对象。

综上，对以上 4 种研究类型分别进行筛选后，共选取了 21 家单位作为抽样的研究对象，笔者于 2020 年 3 月 8 日集中搜索 2019 年度内，上述单位在其官网及招聘网站发布的有关网络与新媒体专业人才的所有招聘信息，共搜到 735 条招聘信息，删去 137 条无效（内容不详）信息，最后得到 598 条有效信息作为样本。对数据进行汇总和分析发现，社会对新媒体人才的需求可以划分为运营、策划和营销三个大类，每个大类下细分职位类别。各个职位的统计结果如表 1 所示。

表 1　招聘职位统计表

招聘信息分类	职位类别	数量	比例	总数量（比例）
运营	内容运营	541	90.47%	548（91.64%）
	用户运营	7	1.17%	
策划	内容策划	39	6.52%	41（6.85%）
	活动策划	2	0.33%	
营销		9	1.51%	9（1.51%）

从新媒体的运营、策划和营销三大板块来看，运营岗位需求（91.64%）远远高于策划（6.85%）和营销（1.51%）。构成运营的两大类职位中，内容运营占比 90.47%、用户运营占比 1.17%，从上述数据可发现，新媒体人才需求集中于运营板块，但同时对策划、营销类人才有相关的要求。同时从招聘信息分类表（表 2）可发现当下新媒体行业人才需求呈现出以下特点。

表 2　招聘信息分类表

单位性质	职位类别	类别细分	职位要求
传统媒体	运营	内容运营	政治敏锐性及新闻洞察力
			融合报道
			图文、视频等内容制作及效果评估
			新媒体平台操作，各类产品的编发
			使用 Photoshop 等软件
	策划	内容策划	新闻敏感性
			策划和实施全媒体新闻报道
			规划和总结报道内容，撰写决策报告
			监看版面内容，整合、规划相关专题
	营销		营销数据、产品定位
			新媒体推广、宣传和营销
			使用办公软件
新媒体公司	运营	内容运营	各平台的内容运营
			音频、视频、直播销售
			负责商业化传播内容输出
			使用 Photoshop 等软件
			数据敏感度
			统计分析运营数据，分析运营的效果
			统计学、法律、经济学等多学科知识专业
		用户运营	社群管理及维护
			促进用户增长
	策划	内容策划	新媒体内容策划与生产
			内容挖掘、策略推荐、方案设计
			引导作者持续生产的优质内容
			为作者和合作媒体内容创作与运营提供指导
			原创 IP 孵化及大事件报道
		活动策划	线下活动策划
			线上活动策划
	营销		内容营销
			产品在不同媒体的投放
			热门应用推广
			定向受众的媒体计划

续表

单位性质	职位类别	类别细分	职位要求
事业 （机关）单位	运营	内容运营	新闻宣传
			信息传播
大型国企	运营	内容运营	掌握有关政策、了解企业运营实际
			集团重大新闻采编、报道及融媒体产品制作等
			新媒体宣传工作年度规划及项目计划
			建立健全企业全媒体宣传矩阵
			各新媒体平台的内容采编、策划、发放
			负责企业的舆情监控工作
		用户运营	挖掘新媒体用户的使用习惯等
			收集用户反馈
	策划	内容策划	策划新媒体重大主题、年度运营计划
			官方网站管理制度和工作计划
			策划、设计集团专题网页和栏目
			新媒体内容信息的策划、编发
			新媒体专题策划、编制与传播
	营销		营销项目的不同媒体投放
			多端商务合作
			商务、媒体渠道拓展及维护
			制定项目营销策略

（一）不同性质用人单位需求有所偏重

对招聘信息汇总分析，发现其人才需求已经渗透到媒体、IT、交通、贸易、教育、建筑等众多行业，同时不同性质用人单位侧重有所不同。近年来，传统媒体致力于推动媒体融合转型，在此进程中愈发关注互联网平台的运营，大力发展两微一端以及其他平台，以提升自身的网络影响力。其职位分类更为细致，对内容创作及内容质量的要求更高，运营岗位要求有政治敏锐性及新闻洞察力，能够进行融合报道等，策划岗位要求策划和实施全媒体新闻报道等，如中央广播电视总台在 2019 年发布了招聘新媒体图文策划运营编辑、新媒体视频策划运营编辑、新闻策划等，皆要求确保输出高质量相应形式的作品，不断提升内容品质，不断增强引导力、传播力、影响力。大型国企的主要工作集中于运用新媒体平台发布企业新闻信息、进行思想工作宣传，如中国建筑集团有限公司 2019 年最新发布的新媒体采编与管理岗位要求负责新媒体平台信息的日常策划、编发，紧跟公司重大新闻，根据集团宣传思想工作要点，策划新媒体重大主题等；事业（机关）单位工作集中于宣传及信息传播。新媒体公司内容运营则主要以新媒体平台为依托，根据行业侧重不同进行相关内容输出和相关产品或服务的销售和研发。在用户运营方面需要进行社群管理及维护。

（二）优质内容生产及整合传播能力成为关键诉求

综合来看，在运营方面各单位人才需求集中于新媒体平台的内容生产以及整合传播。这对媒体从业人员提出了更高的要求，既要能够生产优质的内容，又要进行整合分发。具体而言，在内容生产方面，要求具备良好的新闻敏感度，熟悉当下热点以及掌握内容安全相关法律法规、政策动向，主动识别潜在风险。在此基础上，能够生产如图文 / 短视频 / 小视频 / 短音频等不同形式的内容产品。在整合传播方面，要求熟悉各新媒体宣传平台的运作规律，根据各平台传播特点进行不同形式的分发。如新华社 2019 年发布的运营编辑岗位中要求熟悉新闻采编流程，有敏锐的新闻洞察力和较强的语感和文字功底，熟悉视频制作流程和剪辑技巧等，同时了解各种平台新媒体产品及操作。

（三）复合型人才备受市场青睐

从各单位招聘要求来看，新媒体岗位对知识背景和能力的需求整体偏向"复合型人才"。从知识背景来看，除新闻传播本专业知识外，岗位要求中多次提及具备统计学、数学、法律、社会学、经济学等专业知识的应聘者优先录用，复合型知识背景与思维方式的跨学科新闻传播人才成为市场的"宠儿"。从能力来看，当前社会已经进入"大数据"时代，除新闻传播本专业应具备的能力外，"数据敏感度""数据分析能力"等也被多次提及，能对数据进行挖掘和分析成为新媒体人才的核心竞争力。具体而言，数据挖掘和分析能力一方面要求岗位人员能够在海量信息中进行挖掘、过滤和分析，并运用可视化制作工具进行报道，将有效信息呈现给用户，这需要其掌握计算机技术相关知识并具有一定的新闻敏感度。另一方面从用户数据出发，要求岗位人员树立用户思维，对用户数据进行收集和分析，研究市场和用户需求，建立运营数据指标体系，进而对内部各产品及资源进行整合，并在此基础上使内容生产更加满足用户需求，并为用户提供个性化服务，以达到增强用户黏性，提升用户体验的目标。

二、高校网络与新媒体专业培养现状及问题

2012 年 9 月，教育部颁布《普通高校本科专业目录》，在新闻传播类专业下增列了"网络与新媒体"专业，鼓励全国本科高校积极申办。截至 2019 年，全国共有 231 所高校开设网络与新媒体专业。相比于其他传统学科，由于设置时间较短，我国各高校对于网络与新媒体专业的人才培养仍处于探索中，尚未完全确定。其培养目标、课程体系建设、师资队伍建设存在较多困惑，就目前情况而言，人才培养的困境主要体现在以下几个方面。[1]

（一）人才培养目标不够明晰

人才培养目标关乎"为何种单位、职业和岗位培养人才"的问题，决定了人才培养实践活动的方向，是人才培养中最为基础、最为核心的一个方面，只有明确人才培养目标，才能更好地紧跟行业的快速变化，契合市场实际需求，更好地为我国新媒体行业输送优秀专业人才。网络与新媒体专业是建立在原有的新闻学、传播学、广播电视学等相近专业基础之上的新兴学科，网络与新媒体专业获批之后，提出了"复合型""宽口""交叉""既具备新闻业务能力又具有网络技术能力"等概念，看似全面却没有指向性的表述让师生与用人单位均感困惑。[2]

在此种状态下，各高校在人才培养目标定位上也颇具"模糊"的色彩。在媒体融合和新媒体环境下，传统的新闻学与传播学等专业加强了有关新媒体知识和能力方面的培养，网络与新媒体专业模糊的培养目标定位使其无法与上述的同类专业有明显的区分度，缺乏自身专业特色和核心竞争力。

此外，模糊培养目标定位与市场需求也产生了错位，从市场需求来看，社会对新媒体人才表现出多元需求，不再局限于网络内容的制作和传播，而是对策划、营销类人才有了相关的要求。同时与传统新闻岗位不同的是，新媒体岗位更加强调多学科背景和能力，多数高校培养新闻理论、业务与新媒体技术等有笼统性且限于本专业内的培养目标定位，欠缺了多学科知识和能力培养。

1　中华人民共和国教育部.教育部关于公布 2018 年度普通高等学校本科专业备案和审批结果的通知［OE/BL］.（2019-03-25）［2020-04-03］.
2　鲍立泉，胡佩延.新媒体专业教育定位研究——以媒介形态创新为视角［J］.现代传播（中国传媒大学学报），2014，36（8）：132-136.

（二）课程设置专业性有待凸显

武汉大学周茂君教授团队对21位新闻传播学院院长进行访谈后发现，目前，众多院校的新闻传播本科核心课程正处于从浅层数字传播向深层数字传播、泛数字传播的过渡阶段。所谓浅层数字传播指开设引介性的新媒体概论、新媒体技术概论类课程。深层数字传播是注重搭建数字传播的支撑体系，从新媒体内容生产到运营，从原理到方法论、方法、工具。泛数字传播，指在互联网已成为基础信息系统的情况下，数字传播内容如空气般流动在所有课程之中，尤其是对传统课程教学产生了较大的影响。[1]

网络与新媒体专业作为新闻传播本科下的二级专业，其核心课程也处于过渡阶段且多数高校仍停留在浅层数字传播阶段，其课程体系建设也多为在新闻学、传播学、广播电视学等传统学科课程中加上新媒体概论、新媒体技术概论类课程，这些"概论""通论"类课程内容限于对一些理论的介绍，教学仍停留在传统新闻传播教育框架下，专业性不突出。

（三）跨学科专业师资力量不足

当前无论是行业需求或是高校培养目标都指向了复合型人才，所谓"复合型"，目前主要从两个方面理解：一是掌握多种媒体技能（技法），这主要是报纸、广电以及所谓的新媒体传播技能；二是掌握多学科知识。这要求学生既要掌握传统的新闻传播学基础理论和新媒体相关知识和技能，还需要具备如社会学、管理学、经济学、营销学、计算机科学、哲学、文学等多学科的基础知识，这些多学科的知识体系对于学生能否掌握批判性思维、科学规范的研究方法和基础的数字科学技术等起着举足轻重的作用。从多种媒体技能（技法）来看，传媒学院已有师资队伍可以在新闻采写，图片、视频拍摄剪辑等方面对学生进行有效培养，但新兴的媒体应用领域仍存在师资力量缺乏的状况；从多学科知识来看，多学科知识背景的人才培养需要有多学科知识背景的教师队伍，对于多数高校来说，仅靠传媒学院力量组建复合型教师队伍难度较大。[2]

（四）实践教学薄弱，操作效果与业界需求存在差异

在教学过程中，新闻演播厅实验室、新媒体工作坊、融媒体中心等校内实践教学平台搭建都需要较高经费投入和技术支持，相关设备价格也十分昂贵。这对

1　周茂君，罗雁飞.数字时代中国新闻传播学本科核心课程的变化与问题——基于21位院长访谈的研究［J］.新闻与传播评论，2019，72（4）：78-90.
2　唐海江.互联网革命与新闻传播学科重构之反思———种技术自主性的观点［J］.社会科学战线，2016（7）：143-149.

大多数高校，尤其是经济不发达地区的高校而言更是难以解决。以上原因造成多数学校学生媒体实践操作能力较为薄弱，在校内仅通过学校官网、微博、微信公众号等新媒体平台进行文字、图片、视频等内容生产的简单实践，其操作效果与业界需求也存在一定的差异。

三、网络与新媒体专业人才培养探索与创新

（一）更新教育理念

党的十八届五中全会提出"创新、协调、绿色、开放、共享"的新发展理念，教育界将其延伸为五大教育理念。在新媒体生态环境下，"开放共享"教育理念来源于此，其内涵主要由两方面内容构成：第一是"开放"教育理念，是以开放发展理念为引领，包括面向校内、校际不同院系和学科进行开放和与面向社会企业、机构等合作进行开放；第二是"共享"教育理念，是以共享发展理念为引领，其核心理念是以学生为本，通过共享教育资源，为学生的全面发展提供有效路径。

网络与新媒体专业的学生作为未来传媒从业人员，要使其能够满足市场需求，胜任未来的工作，必须具有良好的专业素养和较强的综合竞争力。由于互联网和新媒体技术持续不断的冲击，传媒业陷入快速变化的复杂局面，同时也使得传媒教育面临诸多新的问题和难题。因此，结合互联网新媒体人才需求现状和各高校培养现状及问题分析，在"开放共享"教育理念指导下对高校网络与新媒体专业人才培养的改革与创新是十分必要的。

（二）创新教学实践

可从课程设置、教学实践设计、教学评价制度建设等方面坚持"开放共享"教育理念的创新实践。

1.共享课程设置

共享是互联网时代的重要特征。网络与新媒体专业作为顺应互联网发展与时俱进开设的新专业，携带着互联网基因，共享特征的显现是基因表达的结果。同时，因为专业建设时间短，教学力量不足，而行业发展日异月殊，导致不少课程设置和教学内容出现滞后甚至脱离现实的问题。打破专业界限，打开校园"围墙"，联通线上线下，才能解决现实问题。例如在专业核心课程设置方面，可在专业内共享校外优质网络课程，在专业选修课程设置方面，可跨专业共享计算机学科、生命学科课程。

2. 多方合作协同育人

以"开放共享"的教育理念专业育人的过程中，要开创多方合作协同共育的模式。可以通过选聘、选调等吸纳实践经验丰富的业界专家包括媒体制作人、编辑、记者等，丰富教师队伍。鼓励青年教师通过挂职锻炼、技能培训等形式进入与学校合作的企业（单位），深入媒体一线提升其新闻业务实践能力，并定期与行业专家进行交流学习，掌握行业前沿动态，丰富并更新教学内容，促进实践与理论的结合，实现课堂教学和业务对接，反哺学生。此外，建立联合培养基地进行战略合作，充分挖掘和利用各自的资源，实现优势互补，资源整合，可以增加学生实践的机会。作为专业教育的补充，定期聘请媒体行业精英、业界人士开设讲座、短期授课和指导实践，能为学生成长提供丰富的学习资源。通过多方合作，补齐师资不足和实践教学薄弱的短板。

3. 建立开放式形成性考核标准

教学内容的开放获取、教学资源的共享利用体现了开放共享式教学实践具有的独特教育内涵，对学生学习效果的考核评价应体现特有的开放理念，避免因循守旧。在考核内容设置方面要强调多元统一。多元是要求参与考核主体的多元化，避免课程教师完全主导。这需要在课程负责教师之外，引入参与教学的各方主体共同考核。统一既是要求多元主体对考核目标达成共识，又避免各评价主体各自为政，这需要课程负责教师发挥凝聚作用。此外，在考核标准制定方面，开放式的考核强调综合标准。学习质量、态度和能力的考核指标应该综合反映在考核标准当中，以便形成综合评价效果。最后，在考核形式方面，鼓励采用多样化形式综合考核学生实际学习效果。例如，在以往课程教师评价的基础上，增加自我评定小组互评形式。力求评价最大化接近客观实际。

基于平台资源与社交 App 相结合的在线教学及评价体系探索[1]

刘 倩

2020 年初，突如其来的一场疫情打乱了人们的日常生活，为阻断疫情向校园蔓延，保护师生的安全，教育部发布延期开学通知，并实施疫情期间"停课不停学，停课不停教"，将课堂从教室转向网络。在线教学中，教学时空、教学行为等方面与传统课堂教学存在极大的差异性。如何保证隔着时空和屏幕的教师能督促学生学习，使线上教学真正达到教学目标和较好的教学效果是我们要思考的问题。同时，在线教学不是简单地将 PPT 放到屏幕上，把讲台变成直播平台的传统教学在线化，而是要有效利用互联网资源，将网络的资源和思维融入教学中，从教学设计到教学实施、反馈和最终评价都能得到创新和改进，能真正做到网络资源和课堂教学的优势互补。

一、在线教学存在的问题

在线教学对教师和学生都是一种全新的体验，传统课堂环境是以教师的亲身传播为主，师生互动和交流是面对面的直接交流。线上教学的时空间隔使两者间以网络为媒介，缺乏直观性，再加上线上课程初期，网络上充满了教师直播过程"翻车"的视频和"段子"，使教师面对这一新的教学方式倍感压力。在线教学存在的问题可以简单归纳为以下几个方面。

1. 教学观念有待转变

教师缺乏在线教学经验，再加上网络和社会的压力，可能出现两种比较极端的现象，一是教师将线下课堂直接搬上网络，简单地用 PPT 播放加语音讲解的方式，整堂课都面对屏幕讲解，这对学生来说无疑是枯燥的，更可能导致学生签到后开着课程睡觉或打游戏的情况出现。二是教师认为网络视频资源是优秀资源，效果好于直播教学，把各种学习资源都发给学生自学，没有针对学生的水平差异

---

1 本文系重庆师范大学教改项目"内容互联网时代"背景下影视实践课程教学改革及实施（02020310/0364）的成果。

和学习能力的区别，以及培养方案前后期课程安排差异等，缺乏对课程的引导和监管，造成课程内容与大纲要求有出入，效果不够好。

2. 教师在线教学技能不足

大部分任课教师能利用网络和电脑技术等信息技术完成对课堂教学的展示和补充，却很少接触直播技术、课程平台等方面的内容，而在线教学除了常规操作外，还要求在短期内熟练掌握并灵活应用多种技能，这对于教师尤其是年纪较大的教师而言是一个巨大的挑战，可能会导致教学秩序的混乱，短期内教学效果不如预期。

3. 学生的学习能力和习惯的差异

在线教学对学生的影响非常大，由于在线教学的主战场是网络，学生们受制于场域，无法与教师进行面对面的沟通和交流，并且由于网络环境的差异和受其他应用软件的诱惑，学生们面对这些问题时，是否能够有效接收教师的上课信息并按要求完成内容是一个较大的挑战。

二、多应用多平台结合的线上课堂

鉴于在线教学中可能面临的上述问题，如何进行课堂设计和在线教学资源利用等是亟待解决的问题。

2020 年，全国大中小学都在进行在线教学，给网络和平台带来极大的压力，笔者经过一段时间的多方了解，采用多平台配合的方式可以有效解决问题。如笔者最终采用"QQ 群 + 超星学习通"的双平台授课模式，充分利用各自的优势，既保障了学习的顺利进行，也更有效地利用了平台的过程管理的便捷性，对课程教学和过程管理有较好的保障。

1. 腾讯 QQ 群

基础保障和在线交流平台。在高校开学前，中小学已经开始网络教学，反映出的普遍问题是平台卡顿、网络拥堵等，在这个过程中，QQ 群一直表现得比较稳定，大家对 QQ 界面和操作比较熟悉，因此笔者决定用 QQ 群作为进行师生互动和交流的基础平台。在教学过程中，QQ 群确实承载了相应的功能，包括课前对课程知识点的梳理和视频学习要点的提示，课中讨论和屏幕分享、提问解答等，有效解决了师生网课互动和学生学习主动性的问题。尤其在实践环节，各小组进行案例讨论分享方面，与传统课堂讨论相比，教师更能了解过程，从而掌握进展。

2. 超星学习通

隔着屏幕让老师对学生的学习状态和进度难以把握,超星学习通的班级管理、课堂签到考勤、学习任务点设置和统计功能比较完备,对学生的出勤情况、学习进度、任务完成情况都有较好的统计和反馈,有利于老师对教学过程进行监控和把握,同时,在线作业功能的作业提交和批改、分组任务分发提交和评分机制也比较完善,使教学过程可控可改,便于教师对教学过程和效果的把控和了解。

三、资源利用与评价体系的转变

(一)线上线下教学资源利用和重组

从新闻学专业来看,目前很多高校的新闻学专业普遍存在一个问题,即教师本身的理论化教学与新闻行业的从业经验的分离,授课教师的行业从业经验的不足使教学过程更偏重于理论讲授。为了扬长避短,有效利用全国高校慕课和国家视频公开课等优质网络教学资源能够最大程度使学生获得最优化的教学资源。以深度报道课程为例,笔者经过对中国大学慕课和超星、智慧树等多种平台资源的筛选和比较,最终选取较早之前的中国大学视频公开课资源中中山大学张志安教授的深度报道公开课。视频公开课是高校网络公开课探索早期阶段的产物,与现在的慕课以知识点为段落、短小精悍并辅以作业和测试的授课方式不同,视频公开课更接近于传统课堂教学模式,每门视频课程总课时数在 5 次左右,但每次课的时长在 45 分钟左右,单节课程时长较长,有教师和上课学生的互动,就形成了每次课时节奏比较紧凑,知识点较多,与传统课堂教学模式相近,内容是老师对章节内容提炼浓缩后的精华。由此也带来了一定的问题:单次课时较长对于在线学习而言很容易导致学生注意力转移、学习效率不高,同时视频公开课没有课后的练习和测试,对学生学习的效果和知识点掌握和运用的程度方面不好把控。基于线上课程的特点,课程教师的任务和职能与传统教学相比有较大的变化,需要教师转变思路,从知识的传受者变为辅助学习的引导者。教师在学习视频课程前须先对视频内容的主要知识点和学习目标进行介绍,对重难点进行提示,课后用案例分析帮助学生对主要知识点进行理解和实际运用。

视频公开课资源与课程教学大纲不一定完全吻合,因此,课程录播或直播教学成为必要的手段。对有些重点难点内容和补充章节就以 QQ 群直播或录播的方式与上传视频资源的方式穿插进行,形成内容的有效补充,同时在直播课中以连麦、评论和互动的形式将前后相关知识点进行抽查和复习，利用记忆曲线避免出现学过就忘的情况。

课堂学习时间短、内容多，新闻专业的学生除了学习专业知识外，更重要的是对社会的认知，学习看问题的深度和角度，大量积累社会知识和课外参考书目及阅读材料。各大平台在疫情期间开放了大量网络资源，除了视频公开课之外，在线图书、教材和期刊论文等都能获取，并将相关章节以任务点的形式与课程视频内容放在一起，使学生在学习课程内容后比较方便获取拓展内容，任务点也能督查和保证学生课外阅读学习的质量。学习通的在线图书和在线视频中有比较丰富的资料，但部分书籍的扫描版清晰度不够，视频内容质量还有提升的空间，这跟超星学习通定位为平台服务而不是内容供应方有一定的关系。

（二）互动交流促进教学相长

网课使教师和学生的物理空间距离加大，特别是对第一次给某个班级上课的老师而言，要加深师生之间的了解和交流有一定的难度。同时，网络授课的特殊性使得学习氛围较弱，网络电子产品诱导学生分心走神的因素增多。因此，在教学过程中如何设计互动环节以增强学生关注度、促进师生联系、强化师生关系有比较重要的意义。针对新闻专业的学生对时事热点和舆论焦点问题比较关注的特点，在视频学习中穿插组织对热点话题的讨论，既可以了解学生的兴趣爱好、对社会问题的理解关注角度，也可以缩短师生间的心理距离从而建立起比较紧密的人际交流中的强关系。例如在讲授特稿报道的时候，由于特稿是深度报道的一个重要类别，对其内涵的把握和采访写作手法的理解是学习的难点，为此，联系当时网络舆情关注度极高的高管被指性侵养女风波中《财新周刊》的特稿和《南风窗》的相关报道，以及其他媒体对两家媒体报道进行的评论，引导同学对特稿的价值和记者要遵循的新闻专业主义精神进行深入思考，并借此事件引导同学思考：在面对错综复杂的事件时，应如何进行线索梳理和事实材料收集，以保证新闻真实性和客观性。与此同时，在大家发言表达看法的过程中，对学生们的观点和阅历、社会积累等有所了解，有些同学还在课后与教师就个别认知问题进行探讨，使师生联系得以加强。

同时，此次疫情对大到国际、小至个人的影响都是巨大而深远的。通过一次关于深度报道选题写作的案例分析课程，分小组选取报道进行分析，引导同学们广泛阅读媒体对同心同力共同战胜疫情的众多报道，从作品分析本身延伸到人文关怀、热点反思等角度，通过分析点评和连麦提问等方式提升学习兴趣和热情。

（三）探索新的教学评价方式和体系

改变期末"一张试卷定分数"的教学评价体系是近几年高校教学改革的重要内容。在线上课程教学中，学生对知识的掌握程度、学习过程和学习效果的反馈评价是在线教学中一个较难把握的部分。因此，利用平台辅助模块、学生小组及个人作业互评等方式进行过程性评价和学习引导管理是课程的一个新的探索。

首先是在线课堂讨论。通过课堂讨论，可有效提升重难点的深度和广度。利用超星的分组任务功能，发放讨论内容，各组可在线提交讨论结果，教师也能通过扫描群二维码进入讨论小组，参与同学讨论。在评价中，可设置教师评分、小组互评及个人评价等。同学们既可以通过对他人的评价而加深理解、提高辩证思维能力，也能在此过程中对自己的观点和看法进行回顾和反思。这对于新闻专业的学生认识新闻报道的平衡性和客观性有一定的作用。

其次是作业反馈。利用平台的各种功能可以非常方便地进行作业发放和提交，并能在学生作业中进行批注和评价，系统根据教师设置的各项赋分比例自动生成学生作业成绩，并能及时发现得分较低或处于"警戒线"的学生并及时进行提醒，同时教师也可以随时更改评价比例，进而探索更科学的评价方式。对师生双方来说，这能提升效率，更能对过程化考核的标准化和客观性有较好的把控。

类似的教学评价方式和体系也可以在今后的线下教学中延续，线上优势与线下交流的结合会更好地完成教学评价工作。

四、反思与思考

经过两个月的线上教学，笔者对教学方式和过程把控从陌生到熟悉，但对这段特殊时间的经历也值得我们回味，对个人、社会乃至世界的影响是深远的，也应该对其有所反思。

首先是对融媒体教学方式的思维和技能的掌握还有待加强。学院在此期间举行了几次讲座，老师们从不同角度对各种教学工具进行了展示和分析，极大地丰富了授课教师对教学工具的选择。如前所述，这些工具在今后的线下教学过程中也应该继续使用，优化和丰富教学手段，最大程度地利用工具为教学服务，提升教学质量，丰富教学效果。例如各个平台的签到、作业、成绩分析、在线作业提交等工具。

其次是对教师职能的思考还要继续。教师尤其是新闻学方向的教师在教学中不能仅注意知识的传授，而更应该结合现实，将疫情期间的现实生活与课程内容进行结合，通过对传言、公共事件等社会现象的分析与思考，发展学生的理性思维、批判性精神、新闻专业主义精神。对疫情期间发生的各种事件的舆情进行讨论，了解学生们的想法，也能进一步为今后的教学交流提供借鉴。

最后，在线教学资料非常丰富，无论线上教学还是线下教学，如何将优质资源与课程内容进行交融结合，是教师们在今后的教学中需要关注的重点。

五、结语

疫情给我们带来了一些不便，但随着媒介融合技术的不断发展，也让我们看到未来教育发展的新机遇和新挑战。我们对教学思路、教学方法和如何有效利用互联网丰富资源的思考还远未到终点，这是一个契机，对教师的角色、教学手段的变革等还会继续，促使我们反思以往固化的思维。随着时代的前进、技术的进步以及教师的思维变化等，教学与科学技术和社会发展会迎来更紧密的结合。

QQ 群在线教学让"教学相长"回归初心

新冠疫情让在线教学成为必然选择。为了让在线教学工作平稳推进，教育部发布了《关于在疫情防控期间做好普通高等学校在线教学组织与管理工作的指导意见》，为高等学校实现"停课不停教，停课不停学"提出了九项要求。截至2020年2月2日，教育部组织了22个在线课程平台，免费开放在线课程2.4万余门，覆盖了本科12个学科门类、高职专科18个专业大类。经过高校老师对各在线教学平台的试用，QQ 群以其稳定的平台支撑和丰富的功能应用而被广泛采用。在对 QQ 群功能的不断摸索和解锁中，不仅是教学手段，教师的教学观念也在不断更新，其中就包含了对"教学相长"这一传统教学理念的重新认识。

一、"在线教学"与"教学相长"的再认识

（一）"在线教学"是新的教学方式

在疫情期间，"在线教学"是作为传统课堂教学的替代方式出现的。因此对于教师而言，首先想到的是如何借助互联网复现课堂教学，即如何将传统课堂教学，如书写、展示、讲授搬演到屏幕上。实际上，包括 QQ 群在内的众多教学平台通过自身功能的不断改进完全能够实现这一想法。QQ 群课堂就有"PPT 展示、屏幕分享、视频播放以及视频连麦、作业布置"等功能，教师几乎能如同在传统课堂一样开展教学。但是既然是"在线教学"，为什么一定要完全复现传统课堂教学呢？这也反过来让教师思考一个问题，即当前正在推行的线上线下混合式教育对于线上教育的期待究竟是什么。线上教育应该基于自身的媒介特点去充分发挥自身的教学传播优势，与传统课堂实现功能互补，而不是成为传统课堂的网络翻版。因此，即使疫情期间只能依靠在线教学，也应该充分利用在线教学的优势来弥补线下课堂缺失的遗憾。

这也是笔者选择 QQ 群作为在线教学平台的原因。QQ 平台是我国起步最早的网络社交平台。1999年2月，QQ 平台的前身，我国的第一个即时通信软件——

"OICQ"就出现了。在QQ平台的成长过程中，通过不断丰富其应用，包括QQ秀、QQ农场、QQ空间等，不断增强对用户，尤其是青少年用户的吸引力。并且QQ平台强大的技术结构网络、庞大的用户基数以及长期服务网络社交的经验都能让QQ群更好地发挥在线教学传播即时互动交流的优势。

（二）"教学相长"是教师和学生相互学习

"教学相长"是古训。《韩诗外传集释》卷四中有"故学然后知不足，教然后知不究。不足，故自愧而勉；不究，故尽师而熟。由此观之，则教学相长也"。学生从老师的讲授中学习自不待言，学生也可以从与同学们的讨论中进行学习。所以如果能营造一个积极讨论的课堂氛围，就会为学生间的相互学习提供好机会。教师同样也能在教学中很好地学习，教师备课的过程就是学习新知识和更新既有知识储备的过程。同时教师在解答学生疑惑的过程中能及时发现学生的知识理解程度，继而有针对性地调整教学方案。此外，在面对学生的不同疑问时既会遇到有益的新思路也会遇到不曾遇到的新困惑，因此解答学生提问也是教师自身查漏补缺的学习过程。并且为了能更好地解答学生提问，教师必须更好更准确地把握讲述对象，这又是一个学习过程。但是，传统课堂教学其实比较难实现教师向学生的学习。因为从整个教学设计来看，教师以讲授为主，留给课堂讨论的时间并不多。并且不少学生怯于或者羞于在课堂上当众发言，这又直接影响了教师与学生间的交流。而QQ平台的聊天功能有效地弥补了教学互动的不足，利用QQ平台的聊天功能进行网络教学，无论是讨论的密集程度还是深入程度都是线下教学不能比拟的。

二、扩充教学时空，增加知识含量

传统教学的长度是比较固定的，就是课堂的几十分钟。除了课后偶尔有学生提问，几乎没有更多师生交流的时间。但是利用QQ平台可以大大扩充固有的教学时空，不仅增加了知识容量，而且随着课堂时间的利用效率提升，也增加了单位时间的知识含量。

（一）教学时间的扩展

开展在线教学以后，笔者对教学设计进行了大幅度调整。线下教学的PPT主要由概念、概念注解及案例三部分组成。由于线下课堂主要是教师讲授，因此PPT就必须展示所有知识点。学生也需要在课堂上接受并消化所有知识内容。人的有效注意力总是有限的，很难要求学生在 90 分钟内都全神贯注地听老师讲授和观看 PPT。而所有重要的知识点又全部在 PPT 上，所以课堂的实际教学效果会受到一定影响。针对在线教学的特点，笔者将 PPT 进行了拆分，只保留章节框架和各个框架下的重点概念，并且增加相应的课后思考题。这样便于学生掌握下节课将要讲述的内容重点。PPT 在正式上课前 3 ~ 4 天提前发送到 QQ 群文件中。上传的同时，利用 QQ 群应用中的"群接龙"提醒同学本周教学任务已经上传，请仔细阅读并提前做好上课准备。学生看到后会点击接龙，系统会自动统计参加接龙的人数，也会自动统计 QQ 群文件的下载人数。教师就能及时查看并提醒没有参加群接龙和没有下载 PPT 的学生尽快完成。

课堂在线教学正式开始后，笔者会对学生的预习情况进行抽查。用"@"某人回答的方式直接点名，学生是否提前阅读了 PPT 内容以及阅读理解程度都可以轻松地掌握。预习的加入不仅延长了教学的实际时间，并且通过预习能让学生更好更快地融入课程内容的讨论，提高课堂教学的效率和效果。此外，由于 QQ 平台的存在，并且这个平台是围绕课堂教学师生间稳固的联系通道，学生也就更愿意在课堂实时交流之后与教师继续保持联系，会单独就相关问题进行询问。因为老师和学生同在一个课程群，学生不用打听老师的 QQ 号和申请添加老师为好友就可以直接点击老师的头像进行沟通。在以往传统教学中，也有学生会通过 QQ 向老师提问，但这意味着首先要主动询问老师的 QQ 号，接着要申请加好友后才能提问，过程相对烦琐。并且由于主要的教学是在线下完成，因此通过 QQ 在课后向老师提问的学生非常少，而且几乎提过一次问题之后就再无联系。而开展 QQ 在线教学后，通过 QQ 在课后向老师提问的学生明显增多。课后时间的延展同样使得教学时间得以延长，教学效果得以提升。

（二）教学空间的扩展

由于提前上传的 PPT 中只保留了章节目录和相关概念，因此对于概念的解释和相关案例分析就放到了在线课堂教学中。但是在线教学时并不直接将答案告诉学生，而是采用和学生讨论的方式。首先让学生将提前准备好的答案贴在聊天界面。在这个过程中，在线教学的优势就充分显露出来了。线下课堂留给同学的展示时间很少，并且也只有很少的同学能够站上讲台进行内容的展示和分享。QQ 平台让教师和学生具有高度的空间一致性，因此教师和学生能快速地共享知识空间。线上教学能让学生一个接一个地快速将各自的内容进行分享。师生之间以及同学之间就能看到彼此的答案，而且还能够便捷地反复观看。这样就很容易发现学生在掌握概念以及案例拓展中存在的问题。教师随即就能针对某一问题向学生提问。而且 QQ 截图功能不仅能把学生答案中有争议的部分截屏下来再次分享给大家，自带的编辑功能还能进行勾画、翻转等操作，这样就能便捷突出截图中需要重点强调的部分。学生也就能清楚看到教师是在针对哪个问题进行讲解。如此，借助于 QQ 群应用使得教学空间更加灵活和细腻，教与学的衔接和配合更加顺畅，让教学空间的使用得到了充分扩展。

不仅于此，针对在课堂中突然出现的、没有提前进行准备的新问题，教师可以让学生立即在互联网上查找资料。这在线上教学中，尤其是讨论式教学中经常遇到。由于要面对众多学生提出的问题，这其中必然有很多问题是教师没有提前准备、其他学生也不知道的。教师也会在讨论中突然想到一些新问题，这些新问题没有让学生提前准备。此时线上教学的优势再一次充分展现出来。学生可以立即通过各种方式在互联网上查找相关资料，并且快速地分享到聊天界面。这就如同以 QQ 教学群为中轴，迅速聚合起无数的知识界面，极大扩展了教学空间。因此，线上教学尤其是线上讨论式教学的信息量非常大，其知识空间同样得到极大扩展。并且对于很长的资料，传统的课堂 PPT 展示可能需要好几页，这就破坏了材料的完整性，学生可能看了后面就忘了前面。如果改成用 Word 文档展示，全部放在一页上，字号又太小，学生看不清，影响接受效果。而在线空间的展示就完全没有此问题，学生可以自行观看材料。

三、释放课堂活力，提升讨论质量

借助于 QQ 群应用，教师和学生能进行充分的讨论和平等的交流，大大活跃了课堂气氛。笔者的教学以师生间界面讨论为主，辅之以 QQ 群课堂中的"分享屏幕"和"视频播放"以及"QQ 电话"应用。QQ 群课堂主要是在播放视频时使用，而 QQ 电话主要是在学生做主题汇报时使用，因此使用频率不高。主要的教学在聊天界面中完成。聊天界面对于讨论式教学而言有诸多裨益。首先因为聊天界面的空间很大，无论是学生还是老师都能够清楚看到别人的文字发言，即使是分享很长的文章也能轻松回看。虽然群课堂和 QQ 电话应用中也有聊天窗口，但是相比聊天界面的窗口要小很多。其次，在聊天界面中，教师和学生非常对等。教师也只是右边名字序列中的一个，因此教师和学生能非常平等地交流。最后，聊天作为 QQ 平台最基本的应用，功能非常稳定，能让在线教学顺畅进行。正是基于这些优点，QQ群让师生间的讨论释放出强大的活力，为"教学相长"强势助力。

（一）充分的讨论

QQ群上的在线课堂能有力实现师生间的充分讨论。

首先学生不用举手发言，在老师讲述或谈到一个问题时，学生可以随时插入。由于是文字插入，教师的讲述也不会因此受到干扰，学生也不会因为举手发言而产生参与障碍。有同学认为在课堂上举手发言会害羞，还有不少同学认为课堂上经常举手发言会让同学觉得自己很爱表现，而在QQ群里发言顾忌会减少。笔者曾对学院2018级出镜记者班关于在QQ平台上发言的情况进行统计（详见附表），回收的23份问卷中有14份表示"（与线下教学相比）同学们的发言积极很多"，有5份表示发言会积极一点。而对"你是否更愿意在QQ平台上发言"的提问，有13位同学表示"是（更愿意）"。笔者发现许多平时在课堂上不愿意发言的学生，也会不时参与到线上的讨论中。

其次，线上讨论形成了良好的互动氛围，这个对其他同学的带动作用很强。课堂上老师以提问方式鼓动讨论常常并不见效。因为愿意在课堂上主动发言的同学比较少，并且现场发言时很多同学比较拘谨，仅仅把老师的提问回答完，不愿意暴露更多想法。并且很多同学认为当场直接驳斥其他同学的意见会影响同学关系。而线上讨论显然能让学生更放开，在发表不同意见时更加自由。并且学生的发言中经常有他们共同关注的问题，就会带动其他旁观的同学积极参与进来。因此线上课堂经常会发生学生间相互提问、质疑和解答的情况，极大激发了学生主动学习的热情。而且线上交流以文字为主，学生也会认为这给了他们相对充分的思考时间。尤其是对于相对内向的学生，他们可以经过相对成熟的思考再发言。

最后，线上课堂让学生也更积极地向教师提问。QQ平台为聊天设置了不少便利的操作。例如学生可以在界面用"@"老师的方式直接向老师提问，不少学生如果对自己的提问不够自信，或认为问题不太适合通过群聊界面发送，就会选择以私信的方式通过单独窗口与老师沟通，并且QQ群上的讨论会显示姓名，因此教师能很快发现哪些同学在积极参与讨论，而哪些同学没有积极参与进来。这可以为平时成绩的评定提供充分的依据，并且针对没有积极参与的同学，教师可以通过直接"@"的方式提醒他们，如果经老师提醒，仍然没有回答问题的学生，将被直接记录在考勤表中。

（二）有趣的讨论

QQ 群为课堂教学以及聊天本身提供了很多有趣的手段。

首先，QQ 群有非常丰富的群应用，不仅直接服务于课堂教学，还可以丰富聊天的形式，让聊天更加生动有趣。利用 QQ 群收集签到，教师可以看到学生的签到情况。笔者提前 6 ~ 7 分钟发布签到收集表，最后通过查看学生的具体签到时间就能知道他们进入课堂的时间。对于没有完成签到或上课后才完成签到，且上课没有积极参与发言的学生，将被记录在考勤表中。QQ 群收集的功能很多，还可以做成不同的调查问卷，教师可以针对教学的不同需要设计相应的调查问卷，就能清楚掌握每个学生的知识掌握情况。学生也十分认可这样新颖的沟通方式。QQ 群投票也是十分有益的应用，老师可以在群投票中布置选择题，学生在投票中选择答案，这样学生的答案选择情况就一目了然，并且大大丰富了老师提问的方式。

其次，QQ 聊天本身就有很多乐趣。教师和学生可以充分利用表情包来表达意见，比如教师在公布答案时，可能跟学生的答案有很大的出入，或者正确答案远远不是如他们预计的一般，学生就会通过各种表情包来表达自己的感受，比单纯的文字表述生动很多。由于是讨论式教学，又是在他们平时熟悉的社交平台上，同学相互间就会有一些玩笑，比如，有同学表示自己不能签到，此时若有同学的回答中存在歧义就会引起同学间的玩笑。教师应该充分利用表情包以及玩笑与学生交流，这样能有效拉近师生间的距离，也能活跃课堂气氛，让学生更愿意融入课堂。

四、结语

线上教学有其特殊的优势，利用成熟的 QQ 社交平台尤其能充分发挥互动式教学的优势。疫情发生之前，线上线下混合式教学的呼声已经高涨，但是很少有师生真正去落实。通过疫情期间在线教学的实践，无论是教师还是学生对在线教学的优势和不足都有了深切的体会。并且认识到混合式教育并不是加重负担，而是各负其责、相得益彰。疫情过后，混合式教学一定会更加积极地推进，而如何更好地发挥在线教学的优势，更好地与线下课堂相互配合，教师和学生都要积极总结和实践。

表 1　学生在线学习情况统计表

提交时间（自动）	网课学习，你喜欢的QQ平台应用是	QQ平台在网课中使用最多的应用	相比线下课堂，QQ平台上同学们的发言积极性	你更愿意在QQ平台上发言吗（必填）	QQ平台能满足你的课堂需要吗	对QQ平台的网络教学功能还有哪些建议吗
2020/4/6 11：43：39	QQ电话	QQ电话	积极很多	是	基本上可以及以上	界面接受延迟
2020/4/6 11：44：09	QQ电话	QQ电话	差不多	差不多	满足一些	无
2020/4/6 11：44：22	群课堂，QQ电话	群课堂	积极很多	差不多	满足一些	通话开麦与否的图标优化一下？
2020/4/6 11：45：48	界面聊天	界面聊天	积极很多	差不多	基本上可以及以上	提高免流量服务
2020/4/6 11：46：27	群课堂，QQ电话	QQ电话	积极一点	是	基本上可以及以上	人太多导致的网络卡顿，会希望更流畅
2020/4/6 11：47：15	界面聊天，群课堂，QQ电话	群课堂	积极一点	否	满足一些	不错
2020/4/6 11：48：04	界面聊天，群课堂，QQ电话，群作业	QQ电话	积极很多	是	基本上可以及以上	挺好的，我挺满意
2020/4/6 12：03：18	界面聊天	界面聊天	积极一点	是	基本上可以及以上	暂无
2020/4/6 12：04：02	QQ电话	QQ电话	积极一点	差不多	满足一些	无
2020/4/6 12：05：12	界面聊天，群课堂	界面聊天	积极很多	是	基本上可以及以上	可以有教材类的
2020/4/6 12：14：36	QQ电话	群课堂	积极很多	是	基本上可以及以上	让系统更加完善
2020/4/6 12：19：27	群课堂	QQ电话	积极很多	是	基本上可以及以上	无
2020/4/6 12：24：47	QQ电话	QQ电话	积极很多	差不多	满足一些	没有
2020/4/6 12：29：45	群课堂，QQ电话	群课堂	差不多	是	基本上可以及以上	没有啦
2020/4/6 12：30：03	QQ电话	QQ电话	积极很多	否	满足一些	人多会卡，建议优化
2020/4/6 13：28：34	QQ电话	QQ电话	没有以前积极	是	基本上可以及以上	无
2o20/4/6 17：27：16	界面聊天	界面聊天	积极很多	否	基本上可以及以上	无
2020/4/6 18：04：54	QQ电话	QQ电话	积极很多	差不多	基本上可以及以上	还好
2020/4/6 19：12：18	QQ电话	QQ电话	差不多	是	基本上可以及以上	没有
2020/4/6 19：14：57	空间存照片	群课堂	积极一点	差不多	满足一些	互动可以更丰富一些
2020/4/6 19：20：39	界面聊天，QQ电话	界面聊天	积极很多	是	基本上可以及以上	我觉得挺好用
2020/4/6 19：26：41	QQ电话	QQ电话	积极很多	是	基本上可以及以上	再接再厉
2020/4/6 19：29：08	群课堂	群课堂	积极很多	是	基本上可以及以上	目前暂无

附录

在线教育带来的教学应用场景改变探析

陈 静

人类的生活方式、社会活动等都因疫情产生巨大改变，其中教育行业首当其冲。联合国教科文组织（UNESCO）官方网站发布的数据显示，截至北京时间2020年4月7日，已有188个国家实施了全国范围的停课，受影响的学生人数约1.576亿，占全球注册学生总数比例为91.3%。我国教育部于2020年1月27日发布《教育部关于2020年春季学期延期开学的通知》，要求适当推迟春季学期开学时间，鼓励各地利用互联网和信息化教育资源为学生提供学习支持，保证"停课不停教、停课不停学"。疫情以来，数以亿计的学生规模给网络在线教育带来巨大的发展机遇的同时，也对网络在线教育基础设施、网络在线教育模式、教师网络素质、学生对在线教育的适应能力和应对模式带来变化和挑战。本文作者结合自己的网络授课经历，对目前网络在线教育模式的转变进行了思考，对改进网络在线教育设计，提升网络在线教育效果提出建议。

一、在线教育带来教学应用场景转变

传统的线下课堂中，教师面对面向学生授课，教学安排、课程设计、课堂互动环节、教学进度、课堂节奏和效果都是按照面授课节奏来进行。网络在线授课过程中，课堂之间各要素的关系发生了改变，教学场景从线下转到线上，老师和学生之间增加了电脑（或手机、平板电脑等终端设备）、网络等硬件设施，因此，课堂上的师生一对多关系转变为师生、师媒（媒体）、生媒（媒体）、生生的更为复杂的多面关系。

（一）师生关系的变化

菲利普·纳尔逊（Philip Nelson）在1970年曾经提出信用品的观点。他认为，世界上的产品和服务可以分为三类：搜寻品（search good）、体验品（experience good）和信用品（credence good）。搜寻品是指一类产品或服务在购买之前，就可以通过观察判断其质量和特征。体验品是指一类产品或服务的价值只有在消费或体验之后，才可以通过使用判断其质量和特征。而信用品又称后体验品，是指其质量和特征，即使在开始消费后的短期内，也很难被消费者判断。而教育就是典型的信用品，必须依赖师生之间建立起长期的信任和情感，才能建立起强有力的纽带。

相比线下授课，线上教师的作用和身份更加复杂，除了"传道授业解惑"外，还有"网络主播"的特殊身份。在教师的"直播间"（网上课堂）里，教师不止要传授知识，还要通过灵活的教学方式、讲授技巧、丰富的互动活动甚至个人魅力来吸引自己的受众不流失。因为在背对背的线上的教学中，打卡、考勤，甚至视频、连麦等辅助的功能都无法完全将你的学生固定到电脑或者手机屏幕面前，并且全程专注听课。在网络授课中，就要求教师要有网络主播角色意识，改变传统课堂上更注重传授内容，不太注重传授过程的教学方式，适当借鉴网络主播的技巧，将以"师"为主的高高在上的心态，变成以"生"为主，面向粉丝的服务心态。

比如，据北方网报道，浙江工商大学教师屠锋锋采用网络"云录制"舞蹈的形式，创作演绎舞蹈《那些花儿》，致敬防疫一线的"逆行者"。据东莞日报报道，东莞理工学校财经教研组在与厦门科云信息科技有限公司不仅举行双师轮流直播（不同直播平台），还进行校企合作双师直播在线课堂（同一直播平台）的尝试。

在线课堂上师生关系的变化，要求教师在设计教学内容、安排教学环节过程中，理论和案例要合理布局，授课节奏要有起伏，不能平铺直叙，教师讲授和学生讨论要适当穿插，以调动学生参与课堂的积极性。

（二）师媒、生媒关系的变化

在传统课堂中，网络、媒体在课堂中起到补充辅助作用，教师以讲授为主，辅以网络资源作为补充。在线上课堂中，网络媒介成为教师和学生之间的传播中介，并成为课堂中不可或缺的一环。

1.网络硬件门槛

线上授课效果很大程度上依赖于对网络、电脑的使用，网络流量的消耗、网络不流畅、卡顿现象、网络平台后台崩溃以及学生硬件终端的选择，都可能影响到教学效果。2020年2月16日，在线教育平台慕课网"崩"了，2月17日"学习通崩了"上了新浪微博热搜。本文作者在3月份面向自己所教授的"新闻采访与写作""多媒体报道""财经新闻报道"三门课程的学生发布了针对在线教学方式的网络调查，48名学生通过问卷星有效地填写了调查问卷。其中，在"参加网络教学存在的问难是什么"的问题中，41.67%的学生表示不适应网络教学环境，16.67% 的学生表示有新媒体使用障碍，35.42% 的学生表示有师生互动障碍，还有学生的困难主要是"网太卡""网络出现故障，耽误上课时间""流量不够用"等。

2. 技术门槛

线上授课并存的众多平台也给师生带来额外的负担。据网络公开数据，2020 年在线教育用户规模将达 2.96 亿人，市场规模将达到 4330 亿元。根据 QuestMobile 发布的报告，2020 年 2 月 3 日至 9 日，教育学习类 App 的日均活跃用户规模比同年 1 月 2 日至 8 日增长了 46%，教育学习微信小程序的日均活跃用户规模在春节后比平日增长了 218.1%，使用腾讯课堂进行在线学习的师生人数整体增长了近 128 倍。面对数以百计的网络在线教育平台，师生均面临着适应和使用不同平台操作的挑战，网络授课对教师和学生的在线教育技术能力都提出了较高要求，增加了额外的负担。由于不同课程教师使用的平台不一样，学生还可能一天之内在多个平台之间不停转换学习和完成作业，这无法给学生带来良好的学习体验。

3. 网络从辅助教学工具变为教学主阵地

线下教学以教师讲授自有课件为主，网络平台丰富的慕课、微课等公共教学资源在线上教学过程中能够更方便地被使用。在本文作者对学生进行的调查中显示，64.58% 的学生表示通过网课可以看到教师准备的线上课程资源，58.33% 的学生表示通过网课可以看到教师准备的视频资源。线上线下教育资源的有效连接，教师自有课程与精选网络课程资源的结合，让混合式教学方式成为主流。

4. 课程的延时性

线下课堂强调即时性，在规定的时间内，教师、学生都必须进入指定教学场所，完成既定教学任务。线上课堂具有延时性，学习时间、地点都可以不固定。学生可以反复观看线上直播课程，也可以自由选择网络课程资源，只需在规定的时间内完成学习。

（三）生生关系的变化

网络教学中，学生背对背学习，给课堂上的群体讨论、分小组作业增加了难度，同时，也少了同学的竞争和激励，更容易懈怠和疲惫。因此，学生需要比面授课程更自律以坚持完成网络课程。

同时，网络中和社会现实中的双重人格，让学生在网课中的表现和现实课堂中的表现可以完全不同。现实课堂上沉默寡言的学生可能在网络课堂上更加积极地参与互动，和老师同学交流。本文作者所做的调查中，就有学生表示，"在网课中能更积极主动通过讨论区文字发言，因为网课和同学老师不见面，不容易尴尬"。39.58% 的学生认为互动效果非常好，52.08% 的学生认为互动效果比较好。

二、关于在线教育改变教学应用场景的思考

在线教育的实施，带来教学应用场景发生改变，相应引起师生关系、师媒关系、生媒关系、生生关系发生改变。在此过程中，教师应该积极创新在线教育模式，改进教学设计，运用混合式教学、翻转课堂等方式，处理好师生、师媒、生媒、生生关系的交互设计。同时，线上教学模式的创新要紧密结合线下教学方式，二者相互交融、互为补充，即使回归线下教学，仍可以利用线上教学的长处，结合线上教学的优势。

（一）整合网络平台课程资源，处理好课程关系

混合式教学过程中，可有效整合网络平台课程资源，处理好直播课程和慕课等网络课程的关系。针对网络平台、网络课程资源众多的情况，教师应发挥好在线教学管理者、组织者的身份，坚持以直播或录播原创课程为主，并有效整合课程资源，控制在线平台使用数量，精心选择国家金课、国家级精品课程作为补充。教学活动实施中，课前安排预习，课中讲解、讨论，课后利用慕课等网课资源进行补充，并完成课后延伸作业，将其纳入考核。这就要求教师熟悉和掌握各类在线教学工具的使用方法，提高信息化教学素养，以新颖的授课方法和更有吸引力的课程内容，组织好在线课堂，把学生注意力牢牢吸引到课堂中来。

（二）理论课和实践课的有机结合

新闻传播类专业的实践课程较多，并且不少课程是独立实践环节。在线教育方式给实践课教学带来全新挑战和新的发展空间。如何创新实践模式，实践和理论课程如何更紧密地结合，在恢复线下课程之后，都会是有待进一步研究的课题。而新闻传播行业的特性，决定了专业知识与网络发展的密不可分。将线下实践与网络技术结合，把部分实践环节搬到网络上进行，既符合新媒体发展的趋势，也能将传统新闻采编技能与新技术结合。

（三）充分利用网络优势，创新课堂互动形式

网络在线授课，带来师生关系、生生关系的转变，传统课堂的提问、分组讨

论等形式可以同步迁移到网络课堂中进行，同时，在网络课堂中连麦、视频同学回答问题时，也可以采用弹幕、评论区发言、提问等方式，让更多同学参与互动，及时反馈对所学知识的理解和问题。相比较线下课堂较为沉闷的氛围而言，在线课堂上，作为网络原住民的"00"后学生表达意见和疑问更为自由随意，课堂氛围更为活跃，教师更能随时了解学生的学习情况和思想状态，对增强课堂把控力有一定作用。本文作者针对学生网络学习所做的调查中，35.42%的同学表示上课会积极发帖参与讨论，62.5%的同学表示偶尔会发帖参与讨论，仅有2.08%的同学表示从不参与网络讨论。线下课堂中，如果结合线上互动形式，与学生进行互动交流，就能及时了解学生反馈的情况和出现的问题，做到有问题及时在课堂上解决。

（四）用多样性的学习评价机制激发学生学习内生动力

网络在线教学中，学生以自发学习为主，教师通过发布作业、评价作业等方式，对学生的学习有一定促进作用。但是，学生也可能是刷视频、完成任务、发布成果，自身参与积极性不够，学习内容动力不足，不可能达到很好的学习效果。网络授课，更需要教师精心设计教学环节，给学生发布的任务（作业）要有多样性，评价机制完善，能贴近学生个性和特色，激发学生的学习兴趣。

重庆地区高校新闻传媒专业
创新创业教育实践探索与思考

江虹 杨阳

国务院办公厅《关于深化高等学校创新创业教育改革的实施意见》（国办发〔2015〕36号）指出，高校创新创业教育存在一些不容忽视的突出问题，主要是一些地方和高校重视不够，创新创业教育理念滞后，与专业教育结合不紧，与实践脱节；教师开展创新创业教育的意识和能力欠缺，教学方式方法单一，针对性和实效性不强；实践平台短缺，指导帮扶不到位，创新创业教育体系亟待健全。随后，教育部对9所试点高校创新创业教育进行了更为详尽的调查，其中传媒专业创新创业教育得分垫底。究其原因，主要在于传媒产业发展迅速，新技术新媒体层出不穷而高校传媒教育依然秉持传统规划体系难以跟上行业更新换代的节奏。2020年受新冠疫情及经济下行的双重影响，全国普通高校应届毕业生就业创业将面临更为复杂严峻的形势，传媒专业形势不容乐观，加强创新创业教育迫在眉睫。

一、重庆地区高校新闻传媒专业创新创业教育调研现状

重庆市高校新闻传媒学科建立早，发展较为全面，覆盖新闻、传播、广播电视编导、动画、数字媒体等多个专业，在西南片区影响力较大。此次在重庆市各高校学生中发放问卷调查，有利于系统性掌握当前创新创业教育的实际情况以制定相关对策。本次共发放问卷210份，回收有效问卷171份，问卷设计分为5个维度：新闻传媒专业创新创业课程及学校教育开展情况、新闻传媒专业学生对创新创业教育的了解度和关注度、学生参与创新创业竞赛情况、新闻传媒专业学生对创新创业活动的参与意愿和对未来发展趋势的看法以及新闻传媒专业学生对参与创业的主要需求。通过梳理各维度的数据，重庆高校学生创新创业教育轮廓逐渐清晰。

（一）新闻传媒专业的学生对创新创业教育的认知度还需要进一步提高

问卷中对创新创业教育不太了解的有135人，占比为78.95%，非常了解

的仅 9 人，占比为 5.26%；对创新创业活动的相关政策不了解的有 117 人，占比 68.42%；对"挑战杯"等创新活动和创业计划大赛不了解的有 108 人，占比 63.16%，了解与非常了解的仅为 18 人和 9 人。问卷中有 126 人认为参加创新创业课程学习及各项活动会获得收获，有 117 人对"挑战杯"等创新创业活动和创业计划大赛的兴趣一般。以上数据表明新闻传媒专业的学生对创新创业教育及相关活动的认知度较低，参与兴趣不高，但有 73.68% 的学生认为参与创新创业活动会让自己有收获。

（二）新闻传媒专业的学生主动参与创新创业的活动的行动力不强

问卷调查中有 72 人不认为创业与自己距离较远；有 108 名学生可以考虑自主创业；仅有 27 名学生非常愿意自主创业；还有 36 名学生不考虑去创业；有 81 人一直都有创业的理想和愿望；有 135 人认为有非常好的创新创业项目就会选择自主创业；有 117 人认为选择自主创业是因为能带来可观的收入；有 63 人认为未找到合适工作会选择自主创业；有 126 人认为未来大学生创业的热情会越来越高，也有 33 人认为未来创业的人数会递减；有 81 人认为创业会推动社会经济发展。从以上数据中，可以看出新闻传媒专业的学生有着一定的创业意识，78.95% 的学生在未来的职业规划中会选择自主创业，78.95% 的学生有好的创新创业项目也会参与自主创业，但主动参与性不强。

（三）创新创业活动的普及性还需要进一步增强

受访学生中多次参加创新创业活动的学生数为零，参加极少的学生有 108 人，没有参加过的学生有 63 人；78.95% 的学生认为创新创业活动与专业关联度较高，63.16% 的人认为创新创业活动作品技术含量较高。问卷中有 27 名同学的创新项目转让和被采纳，有 36 名同学与企业共同完成。可见有部分学生不仅认为创新创业活动对自己有帮助，而且采取行动，积极主动完成创新创业项目。

（四）学校创新创业课程在与实践相结合提升学生满意度方面还存在欠缺

有 78.95% 的学生认为创新创业课程应以选修课的形式开设，有 15.79% 的学生认为应以必修课形式开设，只有 5.26% 的同学认为没有必要开设；有 57.89% 的同学认为创新创业教育的教学过程使其收获甚多前沿知识，但也有 36.84% 的同学认为收获甚少或没有收获；有 78.95% 的同学认为创新创业教育的教学内容和方法让自己收获很多；有 52.63% 的同学认为创新创业教育课程内容与专业教育相融，还有 21.05% 的同学认为其与教育脱节；有 63.16% 同学认为教师在教学中对学生创新培养发挥重要作用；有 73.68% 的同学认为学校为创新创业教育提供基地或园区。经常参加学校组织的创新创业实训、创新创业实践的同学仅占10.53%。有73.68%学生认为传媒专业对创新创业教育非常重视或比较重视，但只有15.79%的学生认为传媒专业创新创业教育开展形式丰富多彩；有36.84%的同学认为是几门课程的总和，有47.37%的同学认为缺少实质内容和知识体系。在最希望传媒专业开设创新创业教育的课程知识方面，实训实践学习占比最高，达到73.68%，其次是法律、管理知识，占比68.42%，再次是提高实际动手操作能力和增强社会工作经验，占比63.16%。在认为传媒专业开设创新创业教育课程为了什么方面，选择实现学生自身价值的最多，达到78.95%，其次是培养意识和精神，占比73.68%，再次是提升就业率，占比68.42%。在大学教育对大学生创业不利的方面，有89.47%的同学选择了缺少社会实践平台，有73.68%的同学认为书本知识脱离实际，有42.11%的同学认为学习压力过大。传媒专业在大学生创新创业教育培养中应注重哪些方面中，有78.95%的同学认为是项目实践，有63.16%的同学认为应专业教育和创业教育相结合，有47.37%的同学认为应鼓励学生创办公司，是七个选项中的最少选项。认为政府应在大学生创新创业教育过程中采取哪些措施中，89.47%的同学认为政府应该加大政策扶持和项目支持的力度，78.95%的同学认为应该提供创业平台，有资金补贴。在创新创业教育满意度调查的9个选项中可以看出，非常满意项占比不高，占比最高项为"创新创业课程设置"，占比26.32%，最低项为"创新创业教学设施"，占比10.53%；非常满意和满意项最高占比为"创新创业指导教师"和"创新创业基地和园区"，占比68.42%，最低为"创新创业活动""创业课程设置""政策资金保障"，占比为52.63%；一般和不满意项选择比例最高为"创新创业相关活动""创业课程设置""政策资金保障"，占比为47.37%，最低为"创新创业指导教师"和"创新创业基地和园区"；在"创业活动""创业指导课程"及"创业教材"方面分别有5.26%被访者选择不满意，无人选择非常不满意。

（五）大学生创业存在着很多现实性问题和短板

在大学生在创业过程中，急需哪些方面的帮助与支持中，100%的同学选择了"政府和社会"，73.68%的同学选择了"学校"，在对创新创业有哪些需求方面，89.47%的同学选择了"资金"，78.95%的同学选择"实践训练和经验"。在大学生创业的最佳方式方面，94.74%的同学选择了团队创业。在创业过程中遇到的困难中，78.95%的同学认为是缺少好的创业项目，73.68%的同学认为缺少创业资金，还有52.63%的同学创业意识不强烈。在最想获得关于大学生创新创业的哪些信息与指导方面，84.21%认为是资金的扶持，其次是专业能力的提升和创业团队的组建，占比为73.68%。通过以上数据分析，可以看出推进大学生创业普遍存在以下几个问题。第一，对于大学生而言普遍缺乏创业资金。第二，学生中有超过50%的同学主动创业意识不强。第三，缺少好的创业项目。第四，不易组建创业团队。第五，实践经验缺乏，创业风险高。

综合以上五个维度我们可以得出以下结论。第一，新闻传媒专业学生对学校创新创业活动和课程的满意度认可度还有待进一步提高；第二，创新创业活动和课程与学生实际结合程度不高，对学生实训能力培养需要进一步加强；第三，专业课程和创新创业课程结合的教学改革需要进一步推进；第四，学生积极主动参与创新创业活动的意识和行动力需要进一步增强；第五，学生创业存在着一定的实际困难和问题，单纯强调学生创业不符合学生实际情况。由此可见在新闻传媒专业学生进行创新创业教育过程中，创新和创业相结合显得十分紧迫和必要。

二、新闻传媒创新创业教育体系构建

（一）专业类课程与创业课程融合

面向媒介融合，修改人才培养方案，优化课程体系。提炼自身特色和优势，根据不同媒介岗位要求，凝练核心课程，拓展特色选修课，凸显以任务驱动、整体设计、流程再造为特色的课程体系。在整个体系中，可以用板块来设置课程，用任务来确定课程目的。这种新体系将教学过程转化为以若干任务为动力的实践过程，专业课程模块按照制作流程及难易程度循序渐进，与新媒体行业深度合作，创新管理机制，利用3D虚拟现实技术等打造"学习超市"型新媒体实践平台，让学生在智能的、无缝对接的虚拟世界里完成主动式和兴趣化的学习探索。

与此同时，将创业教育理念贯穿专业学习，根据不同阶段分层次培养学生，着重训练学生把所学知识迁移到实际工作和日常生活的能力，从而完成从知识传递范式向情境认知乃至终身学习范式的转变。结合新媒体教育特色，研发配套实训教材；立足行业应用需求，匹配行业工作流程，研发配套系列实训教材。突破传统传媒人才培养理论与实践脱节的缺陷，探索一种适应传媒人才需求的岗位创业素质和能力的教育模式。

（二）强化实践教学

针对理论课权重过大、课内外创作环节较少、媒体实战训练较少、教学规模扩大与双师型教师匮乏矛盾突出，导致学生实践能力与创新能力较弱的情况，设计养成性实践教学体系，通过帮助学生多渠道参与特定领域共同体（学生共同体、师生共同体、校内外创作共同体）的创作实践活动，培养其专业创作兴趣，掌握专业技能，从而形成专长。每学期均设置独立实践课程，由浅入深，系统设置，持续推进，帮助学生实现"学习—实训—再学习—再实训"螺旋式实践能力提升。

在校内和校外两个层面设立创作工作室，涵盖编导、摄制和新媒体影像等，成立项目集成室对学生进行综合培养。工作室的人才培养在原有大班培养体制基础上，由工作室根据进入工作室学生的实际情况，量身设计培养计划，实现因材施教和个性发展。

（三）设立工作室

在推行工作室教学的同时，鼓励工作室创业。依托实验教学中心，积极培育学生创业团队，积极扶持创业团队向公司制转型。鼓励师生参与地方的文化产业活动，与企业和媒体深度合作，通过具体影视文化项目来孵化影视传媒创业人才。积极推进影像创作促进计划，纳入创新学分进行管理。

（四）鼓励学生参加校内外的比赛

大学生电影节、科讯杯、大学生艺术节、西安民间影像节等各种影视类赛事每年层出不穷，参加比赛获奖无疑是对学生创作热情的最大激励。应当鼓励学生走出去，多参加大型比赛，不但展现了自己的才能，也能让学生在竞争中不断成长。部分赛事对入围选手及作品还专门开设与业内资深人士面对面交流的环节，更加能开阔学生眼界发散思维，提高学习热情和创新能力。但学生资源有限，专业教师应提供更多的业内外信息、赛事资讯，并有针对性地引导学生进行创作，这也对教师教学提出了更高的要求。

三、结语

新闻传媒创新创业教育体系实质是以行业需求能力和创业素质为核心推动人才培养模式创新，将有力破除理论与实践脱节以及传媒人才培养质量的片面性，探索一种既能适应文化传媒产业发展，又具备驾驭新媒体的素质，并且具有一定创新创业意识的复合型新闻传媒人才，增强学生未来走向工作岗位在企业内拓展新业务实施创新行为的能力，为完善我国高等教育新闻传媒本科人才培养模式提供参考。

网络教学模式与传统教学方式的比较研究

崔可 杨阳

2020年，突如其来的新冠疫情持续蔓延、波及全国，使传统线下课程课堂面对面教学的方式成为老师与同学暂时无法企及的梦想。一系列的网络教学平台如雨后春笋般迅猛发展起来，智慧树、腾讯课堂、MOOC（慕课）、超星等若干网络教学平台给作为高校教师的我们带来了便捷，带去了希望，给予了答案。

传统的教学方式在我们高校教师心中先入为主，根深蒂固。其基本方式是在教室或机房里，由任课老师带领该课程学生通过书写课程内容大纲板书、讲解课程内容PPT、播放课程相关参考视频、现场指导学生操作实践等方式和方法，有条不紊地完成符合该课程标准的教学实践任务。老师和学生在教室或机房里坦诚相对，老师可以根据与学生的互动语言交流和面部表情变化观察了解学生对其所授知识的接收情况，随时随地调整教学进度的快慢，严格把控学生的学习专注度与投入度。网络教学的方式则是指在一定教学理论和思想指导下，应用多媒体和网络技术，通过师、生、媒体等多边、多向互动和对多种媒体教学信息的收集、传输、处理、共享，来实现教学目标的一种教学模式。[1] 相较于传统教学方式，网络教学模式具备以下四个传统教学模式所不具备的重要特征。

传统的教学方式一般是在开课前或课程行将结束时由任课老师或其任课班班长呼喊学生姓名，学生大声回应老师的方式按照学号顺序依次记录学生的课程出勤情况。其最大的弊端在于，学生因为自身的个人问题可能无法全部按时到达课程教室，加之课程的学生人数较多，学生迟到早退的流动性较大，任课教师对全部学生相貌和声音的熟悉了解程度相对较低，存在着一定情况的代签到、代答到的情况，无法做到真正意义上的教学课程考勤表所要求的记录真实性与信息准确性。网络教学模式却可以一定程度上规避这种课堂参与学习实践人数与实际现场教学参与人数不符的情况。以QQ平台为例，QQ平台的群接龙可以非常好地解决这一难题。任课老师通过手机在班级所在QQ群里以群管理员的身份提交群接

---

1 周永凯，王文博，田红艳．现代大学教学设计与案例［M］．北京：中国轻工业出版社，2010.

龙申请链接并设置相应的群接龙截止时间（甚至可以具体精确接龙截止时间为几月几日几时几分）。学生则可以按照任课老师分享的群接龙链接操作自己手机里的 QQ，轻松实现课堂签到记录所要求的基本教学任务。学生在 QQ 群里接龙后，任课教师可以马上在自己的手机里查阅，第一时间了解到学生的课程出勤情况。就个别学生未参与教学活动的实际情况，通知所在班班长依次联系，了解具体情况。同时通过手机截屏的方式图片存档群接龙的具体详情，方便后续纸质考勤表的填写记录。

第一，教学内容浏览学习的重复性。传统的教学方式一般由任课老师按照教学进度表、实践表和课程标准规定的相关内容有条不紊地带领学生学习该课程所需要掌握的重要知识点。特别是实践类课程的学习，老师会按照教学课程具体案例操作的相关步骤，引领学生按步骤循序操作。因为所授学生理解新知识的程度不一，课堂学习的专度不一，迟到早退的情况不一，可能会造成每个人学习进度的效果不一，一些学生在学习中甚至会有畏难情绪与抵触情绪。当上述原因造成学习进度无法正常跟上时，部分学生会采用较为极端的做法，即放弃本节课程案例的所有学习活动。与此同时，任课教师会因为想尽可能地避免这种状况持续恶化，营造良好学习氛围，而去帮助部分学习进度较慢学生完成其基本的教学任务，解决心中困惑，由此会造成课堂教学进度的完全停滞或进展缓慢。网络教学模式却可以很好地解决这一难题。学生除了可以按照任课老师在线直播模式进行实时学习外，还可以通过课后观看任课老师当天课程直播回放，课余观看任课老师在其他网络教学平台比如超星平台所上传的教学录像、教学课件、教学笔记、教学大纲等多种形式开展自主学习活动。学生还可以根据自身的学习能力，查阅资料，自主学习，科学合理地安排自我学习时间，从而更好地完成该课程所需要完成的各项学习任务。通过教学形式的多样化，教学内容的反复化，加深学生对相关课程专业知识的记忆与巩固，提高学习效率。

第二，教学步骤内容展示的直观性。传统的教学方式会按照任课教师的教学要求，根据老师的语言描述辅以实际操作结果进行实践展示。如果学生在操作学习时遇到各种各样的问题。为了保证课堂教学的完整性，需要任课教师在一个教学阶段完成后才能来到个别学生座位边单独为其答疑解惑。这样的方式可能会出现因为没有实时为个别学生解决随时出现的问题，从而造成任课教师教学工作量的陡然增加。任课老师需要花费更多的时间与精力去帮助个别学生解决具体的阶段性学习问题，从而影响到该课程的整体教学进度。网络教学模式却能够事半功倍地完美解决这一教学难题。比如在网络 QQ 平台上，任课教师可以通过该课程所建班级 QQ 群，以屏幕分享的教学方式比较直观地为学生们讲解该课程的具体知识内容与实践操作流程。同时，每个学生均可以在学习活动中随时随地针对各自出现的不同问题，使用电脑键盘上"Ctrl+Alt+A"的截屏快捷键及时将出现的各种问题截屏或通过手机录屏的方式记录出现问题的具体影像，并通过网络上传到该课程所建班级 QQ 群或与任课老师的 QQ 聊天界面上，方便任课教师在第一时间直观了解到每一个好问好学学生在学习过程中出现的各种问题。任课老师也可以通过截屏或录屏的相同方式上传该教学课程在教学过程中所使用的相关进度资料文件到所担任课程的班级 QQ 群或学生个人 QQ 上，帮助学生梳理课程知识点、重点、难点，解决学习过程中遇到的共同难题。任课教师甚至还可以随时通过 QQ 平台里一对一的聊天功能，在不影响课程进度的情况下，分别与每一个被指导学生进行交流与沟通，切实解决学生们遇到的实际学习困难，从而更好地完成该门课程的正常教学任务，最大限度地提升学生学习知识、掌握知识、运用知识的综合实践能力，直观地在第一时间解决实际具体问题，提升教师课堂教学效率，提高学生学习知识的能力。

第三，课堂互动交流方式的多样性。在当下传统的高校教学方式中，学生学习专业知识的渴求度与参与度较之以往有所下降。其原因是当今学生在媒介传播日益丰富化多样化的情况下，交流方式更趋间接化、隐匿化。人与人面对面直观的交流机会变少，造成面对面交流沟通能力的普遍退化。学生大部分性格内敛，个性相对内向，与任课老师的互动交流远远不够。老师课堂教学的自身激情、带动学生互动交流的热情与学生的实际呼应率往往不成正比。归根结底，伴随着当今信息技术的快速发展、日新月异，短信、微信、QQ 等媒介工具已经成为人们日常交流中最普遍的媒介联系交流方式。通过现阶段的通用网课教学形式，笔者发现学生更愿意将自身的交流能力与情感表达能力通过文字、图片、表情符号、操作界面截图等方式上传加以表达和传播。相较于传统的线下课堂语言互动的直观性、及时性，线上网络多种多样的交流互动教学活动似乎更能激起学生内心情感的集体共鸣，增强师生之间交流的互动频率。当个别学生因为其他原因忘记接龙签到时，简短的歉意文字会以与任课教师一对一聊天的方式通过 QQ 平台第一时间传递给教学老师。当学生在学习过程中遇到各种各样的问题时，录屏转发、截屏上传、文字表述均可以通过 QQ 平台的聊天形式转达给任课老师，方便任课老师更好地了解学生就目前阶段课程掌握知识点多少的具体情况，能随时采取因地制宜、对症下药的方式解决学生的学习疑惑，圆满地完成实际教学任务。当学生在学习过程中出于个人原因无法全身心投入学习时，任课教师可以借助QQ平台的聊天功能，通过文字、语音、表情、图片等方式讲授其个人观点，更好地履行教书的根本宗旨，即教书育人，培养学生正确的思想观、人生观、价值观。切实做好因材施教，全面提高全体学生能力的素质教育。[1] 此外，任课教师还可以通过QQ自带的作业功能，随时布置课堂作业，提醒学生按时提交作业，通过批阅作业，给学生写评语、寄语、留言的方式，进一步与学生进行互动交流，鼓励学生的学习热情，提升学生的求知欲。通过线上课堂教学互动交流的多样化增进师生关系的和谐平等，增强师生情感的交流培养，促进师生环境的融洽氛围。

其实网络教学的模式相较于传统教学方式也并不是完全没有瑕疵与不足的。其缺陷主要体现在以下三个方面。

第一，网络教学学习氛围的不足。传统教学方式老师与同学可以面对面进行交流，老师可以通过语言、表情、肢体动作让学生的课堂感触更加直接。老师可以通过学生的回答与面部表情的转变比较直观地了解学生对其所教授知识的实际掌握情况。传统教学方式使学生的感官体验更加真实，更加自然。

第二，网络教学学习硬件的不足。传统教学方式中，学生线下在学校电脑机房里可以更加方便地进行软件课程的操作学习。因为学校机房的硬件配置较之部分学生家庭、寝室自配电脑的配置更高，运行更流畅，更适合图形图像处理、视频短片编辑、影视特效合成的专业化制作学习。可尽可能地避免因电脑配置太低形成机器内存不足，从而使死机、蓝屏、重启的极端情况造成因工程文件未及时储存导致的重要数据丢失。

第三，网络学习方式的不足。在传统教学方式学习下，学生每节每次阶段性课程结束后可以通过自己电脑实际操作的总体情况向任课教师询问课程内容及其衍生的其他相关专业问题。任课老师可以通过倾听学生面对面的描述诉求，查看学生课堂电脑操作的工程文件内容，及时发现问题、分析问题、解决问题，提升学生学习效率，提高教师指导效果，节省教师答疑时间，从而可以更多更好地为好问好学的学生们提供及时解惑服务，解决他们在学习上所遇到的各种难题，促进学生们专业操作水平的显著进步。

从目前看来，网络教学已经为课堂教学摆脱封闭的教学模式，构建开放型的

1　唐瓷，赖麟.现代教育技术基础［M］.北京：中国铁道出版社，2009.

教学方式提供了美好的前景。[1] 如何将线上网络教学模式具备的优点灵活地应用于线下传统教学中，圆满完成各项教学任务，是作为高校教育工作者的我们亟须处理的难题。本文归纳总结线下课堂教学需改进革新以下四点。

第一，在传统线下教学中，根据学生人人有手机、人人能上网、人人用QQ的实际情况，采取QQ群接龙点名的方式做好学生的日常考勤工作。从而真正意义上体现考勤表应该具备的真实性、准确性、客观性。QQ平台所自带的群接龙、打卡等功能可以很方便地帮助任课老师直观了解任课班级学生的准时上课情况，方便实时进行精准把控。

第二，在进行正常线下教学活动的同时，继续保留在超星教学平台建立课程体系的教学规范模式。任课教师上传所授课程课件、实操视频、文字步骤、教学大纲等教学资源，让学生养成课前自主预习、课后巩固复习的良好学习习惯。加深学生对所学知识的重复记忆与牢固掌握。为日后的灵活应用、具体实践打下坚实的学习基础。

第三，采取以线下教学为主、线上教学为辅的新型复合教学模式。学生依旧可以在日常教学过程中，通过截屏、录屏等方式在课堂上通过QQ群与老师交流、互动、讨论、解惑。与此同时学生依然可以通过QQ平台的文字内容、表情符号、截图等方式在课上、课下与任课教师进行交流，增进师生的熟悉度与认可度，提高学生的学习效率与学习热情，提升其专业水平能力，促进学生自身综合素质的全面提高。

第四，任课教师还可以通过QQ平台的作业功能收发作业、评阅作业，极大地提高批阅随堂作业的工作效率，使老师的意见与建议能够第一时间传达给学生，大大降低了学生再次犯相同错误的概率。

突如其来的疫情让我们从被动接受到尝试了解，由慢慢熟悉到渐渐认可网络教学这种全新的教学模式。其本身的很多特质值得我们去学习，去摸索，去总结，去应用。教学方式的变革往往会伴随着时代的发展不断推陈出新。固有的传统教学方式的可持续发展需要我们现阶段对网络教学模式实践经验的优势部分进行归纳整理、进行夯实、进行完善。逆水行舟，不进则退。我们只有与时俱进，开拓创新，不断革新传统教学方式，才能从根本上提高教学质量，完成我们作为教师应该担负的立德树人的伟大使命。

---

1 赵芳.计算机网络教学浅析［J］.中国西部科技，2013，12（1）：113+119.

课堂互动性、感知价值对大学生在线教育持续使用意愿的影响研究[1]

王 慧

互联网时代，教育领域正在发生着深刻的变革，教育模式和教育场景都在经历从线下到线上的转化，新冠疫情的发生更是将在线教育推向了大众的视野，加速了教育行业整体变革的速度。在疫情发生之前，线上教育更多是作为中小学生进行辅助学习的途径，大学生参加在线教育更多是出于主动性进行自发的学习。而在疫情期间，大学生有组织地参与到了线上教育的过程中，成为了在线教育的重要用户。在这样的背景下，对在线教育持续使用意愿产生影响的因素展开探究，能够为参与在线教育的各主体提供有效建议，提升在线教育的用户忠诚以及教学效果。

一、理论基础及研究假设

用户感知价值在判断用户满意度及忠诚度的研究领域应用广泛，本文以用户感知价值理论作为研究假设的基础，同时考虑到教育过程中课堂互动性的重要性，将互动性的理论引入作为补充，探究在线教育持续使用意愿的影响因素。

（一）理论基础

在线教育平台从本质上说是一种信息系统，学生在进行在线学习的过程中实际上是一种对于信息系统的使用行为，在信息系统研究领域的模型和理论具有非常重要的借鉴意义，用户价值理论正是目前信息系统用户行为研究领域被广泛应用的理论之一。

用户价值最初在营销学中被提出，之后被广泛应用于各领域之中。伍德鲁夫（Woodruff）认为顾客价值是顾客对促进（阻碍）自身使用目标的产品属性、属性表现和使用结果的感知偏好和评估[2]。对于用户价值的分类，不同学者在很长一

1　本文系重庆市教育科学"十四五"规划 2022 年度一般课题"高校图书馆阅读空间影响大学生阅读行为的实证研究"（K22YG205147）的阶段性成果；2022 年重庆师范大学高等教育教学改革项目"基于场景化的网络与新媒体专业课程混合式教学模式的创新与实践"（202222）的阶段性成果。
2　Woodruff R B.Customer Value: the Next Source for Competitive Advantage［J］. Journal of the Academy of Marketing Science, 1997, 25（2）: 139-153.

段时期内都有着不同的认知，德鲁伊特（De Ruyter）、维泽斯（Wetzels）和莱明克（Lemmink）等人认为用户价值可以分为"功能价值"和"情绪价值"[1]，而更多的学者认为用户价值可以根据用户需求进行划分，在德鲁伊特等人的分类基础上，提出了"社会价值"的维度，以对消费者存在社会关系的需求和社会实现进行量化。而刘晓兰在文章中将用户价值分成了"感知利得"和"感知利失"两个层面[2]。同时，还存在一些层次法的分类，例如阿尔布雷克特（Albrecht）[3]认为顾客价值是层级化的，但这种分类并没有形成固定的模型，这种分类给我们提供了一种思路，即用户价值要受到受自身经验和使用场景的影响。

课堂互动性一直是衡量教学效果的重要指标，在教育学中，互动也被称为交互，在其定义上存在广义和狭义之分，广义上的互动不仅包括人和人之间的交流，也包含学习者和学习环境之间的交流[4]，但在实践中，我们通常使用狭义上的理解，仅把互动认为是在某一特定环境中两个或两个以上的行动者间相互作用的过程[5]。教育领域中对互动的定义和社会学中关于互动的定义多有相似，在社会学的领域中，互动可以作为一种意识对群体意识施加影响，进而影响群体当中对情感和认知的体验，进而实现群体的认同和团结[6]。

基于以上研究，本文以用户价值理论为基础，引入课堂互动性的概念，研究其对于在线教育用户持续使用意愿的影响，并为在线教育的持续发展提供建议。

（二）影响因素的假设

互动性对用户体验有正向的促进作用[7]，用户的互动对于共创价值也有正向关系[8]，而在成本方面本文假设其存在负向的关联。综上，本文提出以下假设：

H1a：互动性与功能价值正相关。

H1b：互动性与体验价值正相关。

H1c：互动性与社会价值正相关。

1　De Ruyter K, Wetzels M, Lemmink J, et al. The dynamics of the service delivery process: a value-based approach［J］. International journal of research in marketing, 1997, 14（3）:231-243.
2　刘晓兰，徐丽芳.中文数字学术期刊用户价值模型实证研究［J］.出版科学, 2012, 20（6）:81-88.
3　Karl A. The only thing that matters: Bringing the power of the customer into the center of your business［M］. New York, N.Y.: Harper Business, 1992.
4　Wagner E D. In support of a functional definition of interaction［J］. American Journal of Distance Education, 1994, 8（2）:6-29.
5　Vrasidas C, Mcisaac M S. Factors influencing interaction in an online course［J］. American Journal of Distance Education, 1999, 13（3）:22-36.
6　柯林斯.互动仪式链［M］.北京：商务印书馆，2009: 3.
7　肖裕.用户持续使用在线教育平台意愿的影响因素研究——基于用户体验视角［D］.南京：南京大学, 2016.
8　涂剑波，陈小桂.用户与用户的互动、共创用户体验和用户共创价值的关系——以非交易类虚拟社区为例［J］.武汉理工大学学报(社会科学版), 2015, 28（5）: 942-948+1036.

H1d：互动性与货币成本负相关。

H1e：互动性与非货币成本负相关。

根据研究，用户感知到的价值对用户持续使用的意愿有正向的影响[1]，因此本文提出以下假设：

H2a：功能价值和持续使用意愿正相关。

H2b：体验价值和持续使用意愿正相关。

H2c：社会价值和持续使用意愿正相关。

H2d：货币成本和持续使用意愿负相关。

H2e：非货币成本和持续使用意愿负相关。

同时，本文也将互动性对用户持续使用意愿的直接影响考虑在内，提出假设：

H3：互动性与持续使用意愿正相关。

二、研究设计

本文中问卷采用李克特5级量表进行设计，问卷以前人的研究和前期访谈为基础形成，通过在小范围内进行预调研，根据反馈对问卷进行了修正，形成了最终的问卷。

（一）数据收集和样本特征

本次研究的对象为在线教育的大学生用户，问卷通过网络发放。问卷采集时间为2020年4月8—16日，共回收问卷242份，对问卷进行初步处理，删除无效问卷（答题时间过短、题项得分全部相同等），剩余有效问卷200份，可以满足SPSS进行分析对问卷数量的要求（表1）。

表1　样本的人口统计学特征

样本统计特征	分类	频数	频率
性别	男	91	45.50%
	女	109	54.50%
年龄	-18	1	0.50%
	18-24	197	98.50%
	24-	2	1%

---

1 刘晓莉,张雷.社会化阅读平台特性、感知价值对用户持续使用意愿的影响研究[J].新世纪图书馆, 2019(12):53-56.

续表

样本统计特征	分类	频数	频率
年级	1	30	15.00%
	2	95	47.50%
	3	32	16.00%
	4	43	21.50%

（二）研究方法

本次研究的数据分析将分成几个部分：首先对量表中的指标进行因子分析，得到公因子；之后进行相关分析，对假设进行验证；最后本文将以人口统计学中的因素探索不同群体之间的持续使用意愿是否存在差异。

三、数据分析

本文利用 SPSS23.0 作为工具进行数据的分析，以此作为研究的支撑。

（一）信度与效度分析

使用量表进行统计分析需要对问卷的信度和效度进行分析。本文的信度检验采用 Cronbach α 系数作为判断其信度水平的标准。将数据导入 SPSS，通过计算，本次问卷数据的 Cronbach α 系数分别为 0.896 和 0.837（表 2）。通常情况下，α 系数大于 0.8 即说明数据的信度较高，因此，本研究中的问卷设计及数据具有较高信度，可以进行后续分析。

表 2　信度检验

	克隆巴赫 Alpha	项数
互动性	0.896	5
感知价值	0.837	29

在效度分析方面，本次研究问卷的量表设计初期采用以理论作为支撑进行相关的指标构建，并通过访谈和预调研进行了调整和修改，具备较好的内容效度。本次研究中会涉及到因子分析，也需要对问卷的结构效度进行检验，本文通过 KMO 和巴特利球形检验（Bartlett's Test of Sphericity）来进行验证。通过计算，本次研究中互动性的 KMO 值为 0.851，感知价值的 KMO 值为 0.870，sig 值均为 0.000，

有较强的显著性，表明适合进行因子分析（表3）。

表3　KMO和巴特利特检验

互动性	KMO取样适切性量数。		0.851
	巴特利特球形度检验	近似卡方	604.118
		显著性	0.000
感知价值	KMO取样适切性量数。		0.870
	巴特利特球形度检验	近似卡方	2090.589
		显著性	0.000

（二）因子分析

利用SPSS 23.0进行因子分析，提取出五个因子，五个公因子的旋转载荷平方和累计有74.041%，解释程度较好，可以利用因子分析的结果（表4）。

表4　感知价值各因子的总方差解释

成分	初始特征值			旋转载荷平方和		
	总计	方差百分比	累积%	总计	方差百分比	累积%
1	6.348	35.266	35.266	3.480	19.335	19.335
2	3.552	19.734	55.000	3.337	18.541	37.876
3	1.311	7.282	62.282	2.436	13.531	51.407
4	1.161	6.451	68.732	2.249	12.496	63.903
5	0.956	5.309	74.041	1.825	10.138	74.041
6	0.684	3.798	77.839			
7	0.563	3.130	80.970			
8	0.491	2.729	83.698			
9	0.481	2.670	86.369			
10	0.378	2.098	88.467			
11	0.367	2.038	90.505			
12	0.316	1.758	92.263			
13	0.283	1.571	93.834			
14	0.271	1.505	95.339			
15	0.239	1.327	96.666			
16	0.229	1.270	97.936			
17	0.193	1.070	99.006			
18	0.179	0.994	100.000			
提取方法：主成分分析法。						

根据旋转的结果（表5），我们可以得到5个因子，其构成与问卷设置完全一致。

表5　用户感知价值因子旋转后的成分矩阵 a

	成分				
	社会价值	功能价值	体验价值	货币成本	非货币成本
D4	0.815	0.240	-0.104	0.079	0.183
D5	0.814	0.217	-0.030	-0.055	0.144
D3	0.807	0.271	-0.050	0.044	0.106
D2	0.792	0.332	0.002	0.079	0.071
D1	0.547	0.368	0.004	0.164	0.406
B3	0.293	0.862	-0.035	0.026	0.073
B2	0.289	0.838	-0.085	0.044	0.155
B1	0.256	0.768	-0.109	-0.030	0.151
B4	0.279	0.757	-0.043	-0.014	0.237
F2	0.001	-0.058	0.859	0.193	-0.081
F3	-0.042	-0.195	0.827	0.232	0.028
F1	-0.114	-0.010	0.784	0.236	0.032
E1	0.096	0.027	0.164	0.880	0.017
E2	0.080	-0.044	0.257	0.850	0.038
E3	-0.018	0.064	0.464	0.733	-0.101
C1	0.080	0.195	0.131	-0.088	0.820
C4	0.430	0.082	-0.126	0.108	0.650
C2	0.196	0.462	-0.148	-0.035	0.604
提取方法：主成分分析法。旋转方法：凯撒正态化最大方差法。					
a. 旋转在7次迭代后已收敛。					

将提取出的因子重新命名为"功能价值""体验价值""社会价值""货币成本""非货币成本"，准备进行接下来的相关分析。

（三）相关分析

将引入的课堂互动性因子和提取出的五个因子与持续使用意愿进行双变量的相关分析，可以得到表6的结果。

表6 变量间的相关性分析

		互动性	功能价值	体验价值	社会价值	货币成本	非货币成本	持续使用意愿
互动性	皮尔逊相关性	1	0.468**	0.216**	0.490**	0.065	-0.045	0.434**
	显著性（双尾）		0.000	0.002	0.000	0.360	0.529	0.000
	个案数	200	200	200	200	200	200	200
功能价值	皮尔逊相关性	0.468**	1	0.000	0.000	0.000	0.000	0.546**
	显著性（双尾）	0.000		1.000	1.000	1.000	1.000	0.000
	个案数	200	200	200	200	200	200	200
体验价值	皮尔逊相关性	0.216**	0.000	1	0.000	0.000	0.000	0.194**
	显著性（双尾）	0.002	1.000		1.000	1.000	1.000	0.006
	个案数	200	200	200	200	200	200	200
社会价值	皮尔逊相关性	0.490**	0.000	0.000	1	0.000	0.000	0.317**
	显著性（双尾）	0.000	1.000	1.000		1.000	1.000	0.000
	个案数	200	200	200	200	200	200	200
货币价值	皮尔逊相关性	0.065	0.000	0.000	0.000	1	0.000	0.012
	显著性（双尾）	0.360	1.000	1.000	1.000		1.000	0.862
	个案数	200	200	200	200	200	200	200
非货币价值	皮尔逊相关性	-0.045	0.000	0.000	0.000	0.000	1	-0.274**
	显著性（双尾）	0.529	1.000	1.000	1.000	1.000		0.000
	个案数	200	200	200	200	200	200	200
持续使用意愿	皮尔逊相关性	0.434**	0.546**	0.194**	0.317**	0.012	-0.274**	1
	显著性（双尾）	0.000	0.000	0.006	0.000	0.862	0.000	
	个案数	200	200	200	200	200	200	200

**. 在 0.01 级别（双尾），相关性显著。

经过计算，原假设的中关于互动性与功能价值、体验价值和社会价值的相关性明显，且呈正相关，而互动性和货币成本以及非货币成本的相关性则不显著，也就是说互动性不会对成本表现出明显的影响，而互动性对持续使用意愿也有直接的正向相关性。

功能价值、体验价值和社会价值则与用户的持续使用意愿有正向的显著相关性。而针对货币成本与用户持续使用意愿的假设则并不成立（表7），其相关性并不显著，也就是说在线教育的过程中，学生对成本的感知并不会对他们的持续使用意愿产生负面影响。而非货币成本和持续使用意愿的负相关却相当明显，也就是说学生认为他们付出的非货币成本会降低他们对在线教育的持续使用意愿。

表7　假设验证结果

	序号	假设内容	是否成立
互动性 - 感知价值	H1a:	互动性与功能价值显著正相关	是
	H1b:	互动性与体验价值显著正相关	是
	H1c:	互动性与社会价值显著正相关	是
	H1d:	互动性与货币成本显著负相关	否
	H1e:	互动性与非货币成本显著负相关	否
感知价值 - 使用意愿	H2a:	功能价值与持续使用意愿显著正相关	是
	H2b:	体验价值与持续使用意愿显著正相关	是
	H2c:	社会价值与持续使用意愿显著正相关	是
	H2d:	货币成本与持续使用意愿显著负相关	否
	H2e:	非货币成本和持续使用意愿显著负相关	是
互动性 - 持续使用意愿	H3:	互动性与持续使用意愿显著正相关	是

（四）人口统计学因素的差异性检验

本研究中考虑的人口统计学因素主要为性别和年级，以做整体观测。考虑到年级和年龄具有较高的一致性，因此以年级作为衡量的标准。

1. 性别的差异性表现

本次研究采用独立样本 T 检验来检验性别在各因子中的表现是否存在差异。样本 T 检验用来检测两组总体均值是否相等。

经过计算，莱文方差等同性检验的显著性概率均大于 0.05，且 T 检验的显著性概率均大于 0.05, 说明性别在这些维度上展现出来的差异并不具备统计学意义上的显著性(表8)。

表8　性别的方差等同性检验

F		莱文方差等同性检验		平均值等同性 t 检验		
		显著性	t	自由度	显著性(双尾)	
互动性	假定等方差	0.184	0.668	-2.759	198	0.006
	不假定等方差			-2.768	193.950	0.006
功能价值	假定等方差	1.118	0.292	-0.361	198	0.719
	不假定等方差			-0.353	167.641	0.725
体验价值	假定等方差	0.096	0.758	-0.906	198	0.366
	不假定等方差			-0.901	186.666	0.369
社会价值	假定等方差	0.009	0.924	-1.591	198	0.113
	不假定等方差			-1.593	192.601	0.113
货币价值	假定等方差	0.057	0.811	1.341	198	0.181
	不假定等方差			1.344	192.876	0.181
非货币价值	假定等方差	0.125	0.724	-1.382	198	0.169
	不假定等方差			-1.375	187.694	0.171
持续使用意愿	假定等方差	0.592	0.442	0.473	198	0.636
	不假定等方差			0.468	181.745	0.640

2. 年级的差异性表现

两组以上总体均值是否相等, 要用到单因素方差分析, 如果显著性大于 0.05, 可以认为总体方差相等, 不存在差异。本研究以这种方式以测定不同年级的大学生用户之间对于持续使用意愿是否有差异。

根据输出的结果(表9),"年级"这一因素在本研究中也没有表现出显著差异, 也就是说在性别和年级的维度上, 不需要考虑其差异性的存在而对在线教育做出改进等措施。

表9　年级的方差齐性检验

	显著性
社会价值	0.606
功能价值	0.649
非货币价值	0.090
货币价值	0.062
体验价值	0.182
持续使用意愿	0.916

四、讨论及建议

本文依据用户感知价值的理论，引入课堂互动性因素对在线教育的持续使用意愿进行研究，根据研究结果，可以对在线教育提出以下改进的建议，以进一步提升其用户黏度。

（一）增强在线教育的互动性

研究发现课堂互动性与用户感知价值呈显著的正相关，对在线教育提出的针对性建议即在进行在线教育时要充分考虑大学生对互动的需求。首先，在线教育平台要大力开发人机交互的功能，通过人机交互为学生创造交流、互动的课堂氛围。其次，更为重要的是利用平台的优势，联结在线教育的各方参与者，帮助学生通过在线教育平台进行互动交流，让学生更好地实现自己的社会价值。

（二）提升在线教育资源的质量

本研究发现功能价值、体验价值和社会价值和学生的持续使用意愿呈显著的正相关，非货币成本对学生在线教育的持续使用意愿反而负面影响较大，而非货币成本代表的是学生在接受在线教育的过程中所感受到的对视力、健康方面的损耗。对在线教育内容提供方来说，当务之急即是要大力提升在线教育的质量，提升用户在利得方面的感知，降低学生对非货币成本的感知。

首先，在行业层面，目前在线教育资源分散在各个平台，质量也参差不齐，加大了学生在利用在线教育的过程中所花费的时间和精力，这就急需我们打通各在线教育平台之间的壁垒，为学生创造更便利的使用环境；其次，目前的在线教育形式仍旧是以传统的课堂教学为主，在知识点的梳理等涉及知识挖掘的方面存在诸多缺陷，通过重新设计课程环节，帮助学生理解记忆，可以有效提升大学生在线学习的效率，进而提升学生的持续使用意愿。

（三）重塑在线课程的盈利模式

本研究的另一个重要发现在于，参加在线教育的大学生对于在线教育的货币成本感知并没有对其持续使用意愿产生明显的负面影响。这或许从侧面表明了大学生对在线教育付费的态度，根据这一点，在线课程可以重塑当前的盈利模式，针对不同的人群开放不同等级的教育资源，以获取一定的经济利益，这样在线教育才能获得更加长远的发展。

信息时代的在线教育不再是简单地提供信息，更需要与用户建立起双向的互动联结，更深层次地挖掘用户对于知识的需求。但对用户在线教育持续使用意愿产生影响的因素有多个层面，本文的探讨只能窥见其中一斑，在线教育如何提升用户满意，构筑用户忠诚，仍旧需要长期的探索和实践。

"包产到户 产评结合"责任制工作室教学模式在应用型专业中的探索研究
——以数字媒体艺术专业为例[1]

史立成

创新是一个民族进步的灵魂，是一个国家兴旺发达的不竭动力。党的十八大以来，习近平总书记多次作出重要指示，强调要加快教育体制改革，注重培养学生创新精神，造就规模宏大、富有创新精神、敢于承担风险的创新创业人才队伍。近年来，为落实总书记重要指示精神和党中央、国务院的决策部署，教育部实施了一系列有力举措，创新创业教育改革取得显著成效。2018年，教育部发布了本科专业类教学质量国家标准，明确了各专业类创新创业教育目标要求。截至2018年底，全国高校开设创新创业教育专门课程2.8万余门，创新创业教育专职教师超过2.7万人，建设了19个高校双创示范基地，建设了200所深化创新创业教育改革示范高校。教育部高等教育司负责人表示，创新创业教育作为高校人才培养模式的新探索，是高等教育主动适应、积极回应时代呼唤的创新、发展和升华，将直接影响甚至引领未来世界高等教育发展，教育部将全力打造创新创业教育"升级版"，奋力跑出创新创业教育"中国加速度"，为国家发展、民族振兴提供源源不断的创新力量。[2] 坚持把创新创业教育贯穿人才培养全过程，全面深化课堂教学改革，促进专业教育与创新创业教育有机融合，成为进一步深化高等教育改革，全面提高人才培养质量，深化高校创新创业教育的基础。

基于此，本文以应用型专业数字媒体艺术为例，通过与传统的工作室教学模式的比较，探讨包产到户式的责任制工作室教学模式在积极回应深化高等教育改革，全面提高人才培养质量，深化高校创新创业教育的中的重要作用；讨论该模式成为有机融合专业教育与创新创业教育的优势以及对新形势下的教育质量评价体系的有效响应。

---

1 本文系重庆师范大学校级教改项目"基于双创背景下的工作室责任制教学模式研究"阶段性研究成果。
2 中国教育新闻网.创新创业教育汇聚中国新动能［OE/BL］.（2019-10-10）［2020-05-03］.

一、传统工作室教学模式及其存在的问题

工作室模式教学源于包豪斯，由专业艺术设计团队的师资带队，利用实验室教学资源，教师对学生进行从理论到实践、实训、具体技能操作、材料运用、后期维护与跟踪等实践教学的全过程。实验证明，工作室制的艺术设计实验中心教学是非常有效的教学方式，它可以培养出适应市场 需要的学生，有效锻炼学生职业规范，使学生更好地适应社会所需，更好地为就业做准备，极大地提高了办学质量。[1]对于以科技与艺术结合的新兴应用型专业数字媒体艺术来讲，更加适合工作室教学模式。该专业下的工作室教学模式基本有三种方式：一是以在校教师为主导的工作室教学模式；二是以企业骨干为主导工作室教学模式；三是校企合作，共同打造。无论上述哪种方式，客观来讲，都能够有效地加强数字媒体艺术专业的教学与市场需求进一步接轨，提升学生的专业实践能力、创新能力以及社会的融入能力。同时教学相长，这一模式在客观上也能够促使教师不断提高对市场的认识和实践教学水平。然而，在实际实施过程中，据笔者了解，各高校相关专业在该教学模式下的教学成果层次不齐，甚至悬殊很大，由此可见，不是所有高校的相关专业都能将这一教学模式的优势得以有效发挥。这与高校自身条件有关，也与对工作室教学模式的应用方式有关，综合来讲，笔者认为主要有以下几方面的问题。

（一）工作室教学模式的评价机制不完善，难以调动教师责任心和积极性

评价机制是任何行业兴衰的根本原因之一。现行的教育体制下，对教师工作质量的评价本身就有待改善。单就应用型专业的教学工作来讲，毕业生的质量与就业状况，尤其是在专业范围内的就业情况，应该是衡量该专业整体教学水平的重要标准之一，更是教师教学能力的集中体现。但这一点至今都没有成为教师评价机制中的重要指标。在工作室教学模式的评价体系中，同样也没有将学生质量和就业状况纳入教师评教体系中来。大家讨论最多的是对学生的考核，比如建立成果展示与总结汇报考核机制。工作室完成的教学成果要在期末进行集中展示，并对整个传媒工作室的运营情况进行总结汇报并形成书面报告。在期末由各专业老师共同组成专业评委组，对学生展示的教学成果以及总结汇报进行量化打分。[2]对作为工作室的主导者的教师并没有明确的考核要求。这就从客观上形成

1　肖华英.工作室制模式下高校艺术设计实验中心实践研究［J］.美术大观,2018（7）:136-137.
2　陈忠正,林晓蓉.新媒体时代新闻教育面临的挑战及对策——以传媒工作室教学模式为例[J].传媒,2019(22):82-84.

了毕业生质量的好坏和就业情况与教师教学水平不挂钩的状况，如同企业产品质量与企业生产无关一样。这种不完善的评价机制会直接导致任何一种教学模式都是良心教学模式，不能从制度上来要求、督促教师以提高学生能力为己任，也就无法从根本上强化教师的责任心，无法有效调动教师的积极性。数媒艺术专业的工作室教学模式也不例外。因此，这一评价机制从根本上导致了工作室教学模式很难始终将学生能力的提升作为最终的教学目标，同时，也会对工作室教学模式的其他方面产生很大影响。

（二）工作室教学模式的教学目标不统一，不利于提高学生能力水平

工作室教学模式多数会模拟类似市场的管理机制进行实训教学，其优势也在于此，所以很容易导致大家将重心首先放在了让学生完成相应的社会项目上；其次是能让学生体验社会要求；最后才是学生到底学到了什么。这一点非常重要，无论哪种教学改革，终极目的都是培养人才，如果项目完成了，学生也有体验了，可自身能力和水平没有提高，甚至是基础问题依然没有解决，那这样的教学模式多数是失败的。可能有人会疑惑，学生既然能完成社会项目，怎么会学不到东西呢？首先，社会项目的需求有高下，其次完成项目的过程有很多途径，这两者都会影响工作室实训教学的实际效果，自然结果会有很大差异，这里不再赘述。

（三）工作室教学模式针对性不强，难以有效实现师生优势集中发挥

工作室教学模式在多数学校都是以学院为单位来推行的，这必然只能照顾大局，而难以兼顾具体的专业，更难依据学生特长及个性发展来展开。也就是说现有的工作室教学模式很难依据学生的具体状况采取灵活多变的实施方式。这一问题在校企合作的工作室教学模式中较为突出，校企合作牵扯到两个单位的具体情况，任何实时的调整都会牵扯到各方面的协调与配合，也会产生相应的成本。而且对企业来讲，无论如何都是以盈利为目的的，所以灵活多变就更难实施。

（四）工作室教学模式难以有效联系专业自身的实际情况

众所周知，理论必须联系实际，具体问题具体分析，才能有效把握规律，扬长避短，正确解决问题，教学模式的应用亦是如此。首先，数媒艺术专业本身涵盖范围较广，涉及游戏、动漫、广告、VR技术等多个方面，而其中的每个领域都是一个大的专业范畴，每个专业还有较多的分支。因此，首先得明确专业方向，才能确定工作室教学模式的教学安排和课程设置。现行的数媒工作室教学模式中多数专业含混不清，学生不会有明确的学习方向，看似多能，但没有一专，致使

毕业时也很难达到专业的工作标准。其次，各学校的学生基础不同，教学模式的应用如果没有很好地考虑这一问题，就会出现在学生欠缺基础训练的状况下，进行多轮实践实训，结果是很难有好的作品出现，同时学生原本欠缺的专业基础会导致其与其他院校学生的差距更大。最后，学生专业基础的不同，客观上也决定了专业方向的选择，例如，针对游戏美术来讲，概念设计、建模对美术基础要求较高，而动作设计与制作就相对较弱。所以，专业方向的制定不仅是要看市场的需求，同时得注重生源的状况。同理，如果教学模式没有注重学生基础状况，也会出现实训的内容与学生自身条件不匹配的问题。以上三点都有可能导致工作室教学模式与数媒专业的自身特点不相一致，工作室教学模式不仅不能提升教学水平，反而会影响到原有的教学效果。

二、责任制工作室教学模式及其优势

责任制工作室教学模式，是指在现有的工作室教学模式的基础之上，根据师生具体情况，将学生责任落实到具体教师，同时将社会对学生的认可度纳入到教师评教体系的教学模式，即以"包产到户，产评结合"为基础的工作室教学模式。学生直接被划拨给相应的教师，教师直接负责其学习及就业、创业事宜。学生的能力水平及社会成果作为教师教学效果评价的关键指标，并依据这一评价指标对教师的工作给予奖励或惩罚，可有效避免高校教师"吃大锅饭"的体制环境，促使教师以学生能力的提升和被社会的认可度为目标来设计工作室教学工作。责任制工作室具有以下几个方面的优势，能够有效解决现有工作室教学模式中的诸多问题。

（一）责任制工作室教学模式能够强化教师责任心，调动积极性

责任制主导的工作室教学模式通过将学生的能力提升和被社会的认可度纳入到教师评教体系的方式，破除现有教学体制的"大锅饭"局面，同时从制度上来要求、督促教师必须对学生的最终学业成果负责。因而产生以下两方面的积极效应：首先，评教体系的改变完善会导致教师绩效产生变化，这必然涉及教师的切身利益，同时，如果教师工作不够出色，那么选择他的学生也会减少，一旦形成恶性循环，将极大地影响未来事业发展，这就能够从根本上改变教师的工作态度，切实强化教师教书育人的责任心；其次，评教体系的改变完善能够构建更加合理的奖励机制，通过一定的奖励进一步调动、刺激教师的积极性，使教师更主动关

注市场变化、专业需求及学生状况，提升自我实践及知识更新速度以满足教学要求，同时不断完善工作室教学体系，充分发挥相关优势，切实做好教书育人的本职工作。

（二）责任制工作室教学模式强化教学实践以学生专业技能提升为核心目标

责任制的最大特点就是将学生能力水平的提升落实责任到具体教师，同时学生能力水平直接体现教师的教学成果。因此这一模式必然促使教师进一步将工作的重心转移到学生学业上来，切实强化以提升学生能力为宗旨的教学目标。改变现有实训实践项目多数是先有相关项目然后再集中分发学生实践的实施方式，构建依据学生具体状况和进阶要求来设置实训实践项目的实施办法。从具体工作来讲，首先工作室专业细分后，学生特长及学习方向就很明确，因此实训实践内容就尽可能依据工作室专业倾向合理划分，同时工作室的教师再依据同学的层级来分发具体工作。这就能很好地保证实训实践内容始终是以学生的具体进阶状况来实施的，实训设计就不会与终极的教学目标有过分的偏差，能够有效避免因单纯地强调完成笼统的工作室项目而轻视了学生专业能力是否有所提升的尴尬局面，使教学模式真正服务于学生的学业需求和未来的职业需求。

（三）责任制工作室教学模式有效对接学生专业需求，集中发挥师生双向优势

责任制主导的工作室教学模式以教师为单位来设置工作室教学环节，通过学生与教师的双向选择来确认工作室的师生组合，这种方式能够最大限度地做到专业方向对口。因此，能更好地把握因材施教的规律，有效发挥教师及学生的专业特长，教师能够依据每个学生的具体情况设计相关实训环节，大幅提升教学的针对性和实训环节的可靠性。学生也能更加主动地选择自己的专业方向，扬长避短。例如，同是游戏专业方向，但有的同学绘画基础好，而且喜欢画画，因而选择概念设计作为自己的专业优势方向，那么他就可以选择绘画教学水平较高的老师来学习，避免去学其他诸如建模、绑定、动画等实训门类。同样，对于一个喜欢特效制作并有潜力的同学来讲，去跟随一个在影视特效方面极具教学经验的教师自然会更加合适。而对教师来说，较单纯地从事自己的专长教学不仅教学效果更有保障，易于出成果，同时也能有更大的提升，更深入的研究，另外，教师也会持续关注相关专业的行业信息和发展趋势，为教学提供更加适合、更加准确的教改建议。总之，责任制主导的工作室教学模式是能够将教师与学生的双向优势集中发挥，同时极富针对性和机动性的教学模式。

（四）责任制工作室教学模式完善就业创业指导体系，提高学生就业创业水平

提高大学生就业创业能力是一个系统工程，它与学生个体因素、专业教育、学校管理、社会环境等诸多方面紧密相关。但最关键的因素还是学生在校期间的学习状况及学习成果，它决定了学生是否掌握了具有市场针对性的专业知识和相应的实践经验。这项工程目前在不少高校中却仅仅是一项"辅导员工程"。虽然学校开设了"就业指导"课，但多数学生反映该课程只能在一般意义上帮助他们端正就业观念，了解就业政策与求职技能。同时，针对学生就业与创业，学校也一再号召教职工全员参与，但也只能起到联系和介绍用人单位的作用，但对于学生是否能够达到行业需求标准，顺利就业或创业起不到实质性的作用。另外，这项工程也没有实质性地纳入教师教学评价系统。从学生方面来看，具体到寻求用人单位或创业时，学生都希望（或曾经）向专业教师进行咨询，尤其是有一定社会实战经验的教师。由此可见责任制主导的工作室教学模式能够调动对学生就业创业最具实际帮助的教师参与，让教师对学生学习、就业、创业进行全程性教育与指导，构建养成型、全程性教学体系，这是改善现有就业创业指导体系的关键，更是提升学生实践能力、提高学生就业创业水平的关键。

（五）责任制工作室教学模式能够强化教学实践结合专业实际情况

责任制主导的工作室教学模式的评教结果，涉及教师收入及职称晋升等切身利益。这就从客观上要求从学院的层面必须慎重评估自身的专业状况。包括专业方向与市场的关系，生源基础与专业要求的差距，周边是否存在相关行业及其层次，考量他们能否为该专业提供相应的交流实习环境，还有学院在岗的师资力量是否具有相关从业经验，能否满足实训需求等。依据这些信息就能确定是否适合建立工作室教学模式，如果条件很不理想，无法保证学生能力有大幅提升，更无法保证就业形势的好转，那么教师也不会承担工作室的责任。反之就可以采取最能发挥自身优势的工作室教学模式，做到有的放矢，较好地避免了照猫画虎、人云亦云的教学跟风。

三、结语

综上所述，针对应用型特点极强的数字媒体艺术专业来讲，现有的工作室教学模式还存在诸多问题，不能很好地适应提高教学质量，培育优秀人才的现实需求。以"包产到户，产评结合"为基础的责任制能够为工作室教学注入更为强劲

的生命力。它充分尊重优胜劣汰、适者生存的原始法则，破除固有的"大锅饭"的教育局面，依靠完善的制度让教师对学生成长成才切实负责，同时设立奖惩激励措施，有效强化教师的积极性和创造性。在此基础上，责任制主导下的工作室教学模式能够更好地结合专业实际情况，采取适当的教学措施，端正教学目标，更加有效地对接学生专业需求，集中发挥师生双向优势，同时完善就业创业指导体系，进一步提高学生就业创业的水平，为新时代高校应用型专业学科做出更好的成绩。

协同式教学模式在高校传媒教育中的研究与实践 [1]

程俊霖

一、高校传媒教育的现状及问题

（一）以学术型师资为主的教学模式易导致"学""业"脱节

新闻传媒教育与高校诸多教学门类最大的不同是社会实践性很强。虽然目前高校各学科都强调实践动手能力，特别是自然科学学科，但这些实践能力更多的是局限于学术理论指导下的实践探索，其主要目的是通过实践加深对理论的理解，教学的最终落脚点仍是聚焦于理论。然而对于传媒教育来说，系统的理论知识与丰富的行业实践同等重要，且此处强调的是行业实践。行业实践与学术实践最大的不同就是，学术实践是实践为理论服务，而行业实践是理论为实践服务。因为传媒工作时刻面对的是普通大众，与大众的交流完全依靠行业实践完成。可见，传媒教育是具有鲜明职业指向性的教育，培养目标需依照传媒行业标准来打造 [2]。这是传媒教育与其他学科尤其是其他社会科学学科最大的不同。

然而，目前我国高校传媒教育与社会媒介现状却存在脱节趋势。学生在课堂上所学的理论知识、在教师指导下进行的校园实践，与他们毕业后进入社会从事的行业实践差距日益增大，无缝对接更是难上加难。这种传媒专业学生"学""业"严重脱节的现象不容忽视。否则，学生在毕业走上工作岗位后又要再次学习，对于学生来说浪费了宝贵的时间和精力，对于学科建设来说，长此以往也会影响学科地位，给后来的学生造成负面印象。

造成这一现象的根本原因是目前高校传媒教育仍以学术型师资为主，且由一名教师讲授一门课程的传统模式。学术型师资，是指高校毕业后直接进入高校任教的教师。该类教师的优势在于，专业上经过系统的学术训练，完整地掌握了理论知识和科学研究的方法，对学生的知识体系构建和专业理论建设有很好的把控，

1　本文系重庆师范大学教改课题《协同式教学模式在教学运行机制中的研究与实践》（201537）阶段性研究成果。
2　王贵斌. 传媒教育的"危机"与发展路径［J］. 艺术教育, 2018（17）：126-127.

但基本上都没有在媒体业界从业的经历。因此，该类教师由于缺乏行业企业从业锻炼经历，专业实践能力是其短板。目前我国传媒类专业的专职师资，除极个别"985"高校外，几乎都以此类学术型师资为主。这样的师资结构决定了我国高校传媒教育与社会传媒行业脱节，培养的人才学术水平有余而行业实践能力严重不足。

（二）以"双师"结构为主的教学模式难以实现教学效能最大化

早在2009年，中国传媒大学副校长丁俊杰就曾呼吁："要改变单一的'学者型'师资结构，大力引进来自传媒一线的人士担任专业教师，请新闻界资深人士上讲台，使学生更好地了解传媒、了解社会，缩小课堂理论与社会现实的差距，尽早发现业界新动态，及时与最新趋势接轨。" 近年来，各高校也逐渐意识到，组成单一的学术型师资教学模式不利于传媒学子"学"与"业"的接轨，要改变这一现状，就必须从改变单一的师资模式入手。目前普遍采用的方案是打造"双师"结构的教学团队，即从行业企业聘请兼职教师，将具有丰富行业经验的传媒从业人员吸纳入教师团队，与原本的专职教师共同组成教学团队，从而改变以往学术过硬、行业实践短缺的尴尬处境，通过打造"双师'结构的教师团队，解决"学""业"脱节的问题。

"双师"教学模式的引入，是要弥补学术型师资结构的单一性。引进行业兼职教师，是看中这些人员丰富的实践经验和娴熟的实践技能，他们工作于传媒一线所取得的专业素养，正是长期生活在"象牙塔"中的高校学子，甚至是长期活跃在学术研究领域的学术型教师所欠缺的。然而，仅仅简单引入行业人员充当兼职教师，看似弥补了传媒学生有"学"无"业"的问题，也解决了学术型师资单一的困境，但实际取得的却是 "1+1<2"的效果。原因就在于，教学并非简单地靠师资力量的堆积，行业兼职教师虽然本身的从业素养很高，但要把这些素养传授给学生，却并非一蹴而就之事。要完成高校传媒教育的培养目标，离不开必要的教育理论知识和教学经验。自身素养是一回事，能把学生也教会是另一回事。兼职教师哪怕职业素养再高，但他来到高校，面对的并非是客户，而是学生，由于缺乏教育方面的经验，课堂驾驭能力不足，师生配合度不高，学生积极性得不到充分调动，最终使得职业经验不能很好地传授给学生，职业指导能力也未能得到应有的发挥[1]。

---

1 张义星.."双师型"教师队伍建设存在的问题与解决路径［J］.淮北职业技术学院学报.2018,17（6）：34-35.

因此，传统的"双师"教学模式，通过简单地引入行业兼职教师来弥补专职教师学术能力强而实践经验弱的短板，所取得的效果往往是"1+1<2"。如何用好行业兼职教师，使其行业实践经验得到有效的传授，使专、兼职教师间的优势互补得到更好的执行，从而提升传媒专业的教学质量，值得进一步研究。

二、协同式教学模式有望获得 "1+1>2"的最佳教学效果

现代高校传媒教育培养的人才，不仅要有开阔的视野、合理的知识结构、强烈的社会责任感和理性的思维品质，还应具备胜任新闻传媒全流程和各环节的业务能力。[1]前者通过高校教学过程基本能够达到，后者却需要行业内有实际从业经验的导师通过教授、实践逐渐为学生们建立。这种能力的培养在目前以学术型师资牵头的传统教学模式下很难实现，而以"沟通""合作"为基本特征的协同式教学正好弥补这一短板。

美国华盛顿大学教授夏普林（J. T. Shaplin）被誉为协同教学之父，他对协同式教学的定义是："这是一种新的教学组织形式，协同授课由两名或以上的教师共同担当一组学生的全部教学或其中的重要部分。"[2]沟通与合作正是协同式教学的核心。在该模式下，多名教师组成一个教学团队并将沟通与合作贯穿整个教学过程。因此，协同式教学是一种比"双师"教学要求更高的教学模式，有望解决后者日益凸显的短板，从而获得 "1+1>2" 的最佳教学效果。

（一）协同式教学要求"双师"全程合作，展现了传媒理论与行业实践的合作过程

协同式教学与"双师"教学最大的不同，在于前者虽然仍由高校专职教师和行业聘请教师共同组成，但这两类师资并非各行其是，而是同时存在于从教学大纲、课程设计、进度安排到教学实施、课程考核、课程总结在内的每一个教学环节。因此，两类师资力量在教学全程均有合作，通过这种合作，两类教师的教学水平都得到了保障和提高，而直接受益者正是学生。协同式教学体现的既是教师团队的合作过程，也是传媒理论与行业实践的合作过程，这种合作行为会潜移默化地影响学生的学习，让学生主动关注传媒理论与行业实践是如何有机融合的，让学生在学习过程中逐渐模仿合作学习的形式，从而促进自身

---

1 罗兵.新环境下中国传媒人才需求实证分析——兼论中国传媒教育与师资队伍建设之走向.中国报业，2018（5）：38-41.
2 SHAPLIN J T, OLDS H F . Team teaching.［M］.New York: Harper & Row. 1964.

认知的发展，激发学习动机。

（二）协同式教学有利于培养学生基本职业素养

首先，协同式教学能够培养学生包容的心态。无论是传统教学还是"双师"教学，都仅有一名教师存在于特定的教学时空，而协同式教学则由多名教师在同一时空进行。虽然教师团队有着共同的教学目标，然而不同教师个体之间的教学风格必然是各有千秋，因此学生在现场就能即时感受到不同教学风格带来的不同学习感受，体验到不同教师针对同一问题所采取的不同学术观点和思维出发点。这样的学习经历会对学生今后的从业带来潜移默化的影响，他们在面对某一社会现象、剖析其问题根源时，会相应地采取一种海纳百川的包容心态来虚心听取各方意见，将各家所言融会贯通、去伪存真，进而形成自己独特而成熟的观点。[1]这样的职业素养，正是 21 世纪新闻传媒全球化发展形势下所必需的。

其次，协同式教学使学生的学习由被动变主动。如前所述，协同式教学过程体现了同一教学时空下不同教师求同存异的教学风格和思想观点，因此对于学生来说，如以往一般被动、全盘接受教师所讲显然不再具备可行性，因为那样只会让学生在不同观点的交错中更加迷惑。在这样的教学背景下，学生只能也必须参与到这种教师之间以及师生之间的交流互动中，对不同的观点主动进行领悟和思辨，将来自教师团队的观点与自身原有的观点进行比较、融合，有选择性地将来自各方的观点进行整理、深化，甚至是创新。这样的教学过程既可以使学生的领悟力和思辨力得到提高，也能促进学生创新思维能力的发展。具备了这些基本能力，学生在今后的工作中将更愿意也更容易与其工作、服务对象进行高效、主动的交流，从而形成职业素养和工作业绩之间的良性循环。

同时，协同式教学的形式也能促进学生沟通技巧的提升。除了教学内容，协同式教学的形式对学生同样有着深远的影响。协同式教学全程体现着教师之间的合作与沟通，学生也会在不知不觉中对这些行为进行观察、模仿，领悟与他人沟通、交流的技巧，体会多种多样的合作方式。而传媒行业的工作性质决定了从业人员必须善于与他人沟通交流，所以这些技能也是他们今后走上行业之路必不可少的职业素养。

---

1 Letterman P, Margaret R, Kim berly B. Team teachh1g a cross-disciplinary honors course: preparation and development［J］College Teaching, 2004, 55（2）: 76-79.

三、已有的实践

重庆师范大学新闻与传媒学院在全面修订 2013 级本科人才培养方案的契机下，通过以下多种形式试点实践协同式教学，取得了初步成效。

（一）新闻学专业的媒体阅评、新闻采访学等课程聘请行业专家和学校老师协同

授课，不论是课堂讲授还是论坛讲座，均由来自双方的教师共同参与实行，理论与实践不再脱节，而是在同一时空具体呈现，学生在一个课堂就能领悟到理论与实践的转换与指导。

（二）2014 级新闻专业实施本科生"导师协同制"

给每一位学生配备两位指导教师——校内导师和行业导师。校内导师由校内具有高级职称或具有博士学位的教师担任，行业导师由各传媒领域的资深从业者担任，两名导师根据学生的学术背景和实践能力，共同协商制定培养方案，对学生进行针对性指导。

（三）从 2013—2014 学年开始在广播电视编导、新闻学、摄影、数字媒体艺术等 4 个专业实行专业课程主讲教师负责制

主讲教师负责制在协同教学模式的基础上开展，其教学团队主要由教学领域经验丰富的、有从业背景的主讲老师搭配一名年轻老师构成，双方通过统一教学目标、整合教学理念、完善教学方案、交流教学经验来完成对学生的协同培养，受到学生普遍欢迎。

综上所述，协同式教学为高校专职教师和传媒行业人员搭建了一个难得的平台，使两类群体间得以有效沟通和合作，使课堂不再由教材书本和理论研究独占，而是转换为校园与社会、理论与实践的联结纽带。坚持协同式教学，将逐渐减少前述"学""业"脱节的现象，并培养出更多职业素养更为全面的传媒行业人才，从而获得"1+1>2"的最佳教学效能。

名师与授课案例

学院在线教学期间，各系协同合作，老师们积极开展线上课程开发和教研教改，在提高教师个人教学信息技术水平的同时，促进教研教改推陈出新，不断探索信息化建设与教育教学新模式。

史立成：数字教学助推数字创作

新媒体系讲师史立成在疫情期间，组织、指导学生完成多幅抗疫设计作品、两部动画作品。同时，史立成独立创作了两幅致敬抗疫一线英雄的CG绘画作品。这两幅抗疫作品分别参加了由中国社会美育联盟、中央美术学院美术教育研究中心、首都师范大学视觉研究中心、壹荼堂跨媒介艺术创作研究中心、武汉插画协会（筹）主办与执行的"止水静行——蒿目时艰抗疫艺术作品巡回展"线下展览，以及由中国电影美术学会、北京国际设计周组委会办公室主办的"战疫情"全球CG艺术主题创作公益活动，并在线上展出，同时两幅作品均入选本次活动的前100强作品展。

吴荣彬：线上"混合式教学"探索，确保与线下教学等效同质

在备课过程中，影视系教师吴荣彬利用主要教学平台超星慕课，结合自己的在研教改项目，积极探索混合式教学，以多方式、多平台教学的"混"，从而达到课程知识点的有效整"合"。以超星慕课平台为主要教学阵地，采取了"录播＋案例"的方式教学，前置授课内容，形成播放链接，错峰共享资源，同时结合QQ、微信、雨课堂、虚拟仿真实践无缝衔接课程知识疑点、难点进行答疑解惑，完成针对性实践教学。吴荣彬老师在交流经验中谈道："目前已经顺利完成了多周的授课，达到了预期效果，但仍有改进空间：一是如何保证在线学习与线下课堂教学同质等效；二是如何做到知识迁移与知识生成的同向共行；三是如何实现智慧教学与实践育人的融合结合。"

顾伟宁：未来的网络教学，教师扮演的角色可能更多的是数据分析师

新媒体系讲师顾伟宁认为这次疫情既是危机也是契机，是教师队伍借助互联网的力量加速发展、深化课改的良好机会。

任正非指出："2020 年人类社会正面临技术爆炸的前夜。"理论课完全可以尝试各种云课堂和"互联网 +"的教学技术手段，扩大教育范围。

而大部分实践课在疫情期间是较难达成教学目标的，一是很多学生没实践需要的设备，甚至连电脑都没带回去；二是没有一个良好的监管机制，在老师与学生之间、学生相互之间不见面的情况下，保证在线学习与线下课堂教学质量"实质等效"甚至超越，可能需要长期的摸索。在阶段性考核和形成性评价的实施中，通过像"问卷网""问卷星"一类的网络问卷和试卷平台，能够较好地对学生开展重难点、核心技术知识等测评，让师生双方对课程掌握程度有个较清晰的了解。

也许不久的未来，随着 5G 的普及和互联网的加速发展，越来越多的教学资源共享，会有更多的线下课转变为线上课。对老师来说，最核心的可能不再是授课本身，而是对学生实时状况的数据进行精确的分析，并针对学生状况投放最合适的教材和教学资源，并能在学习过程伴随学生成长并加以辅导，加速对学生的精确定位，进而因材施教。

刘超：利用教学优质资源，技术保障先行

作为我院技术保障组的成员，教务处院系技术联络保障员高级实验师刘超，每天会在学院信息群里发布相关技术信息，给教务处反馈教师在线教学的疑惑和困难，他还专门制作了关于网课技术方面的小视频供老师们学习、参考；他多次提醒老师们，网课在技术上就是可以采用多平台结合，充分利用已有的优秀资源，比如慕课的国家精品课、网易公开课、B 站的视频资源等。

刘洋：利用超星学习通进行录播教学

新媒体系讲师刘洋作为学院超星慕课平台的资深技术指导老师，对在超星学习通平台开展录播教学的流程做了详细的介绍，步骤详细，帮助老师快速熟悉平

台。他指导老师们在超星学习通的班级活动中发布签到、作业、讨论、调查等各种教学活动，并指导老师如何统计相关教学数据。他告诉老师们网络教学平台的各个模块还可以在以后的线下教学中采用，将其和线下课堂教学穿插起来，把某些课程内容或者教学活动放在网上平台进行学习，可极大地提高效率，以更加及时准确地得到相关教学反馈。

高家慧："技术分析"让实践课程更直观

我院教师高家慧担任了广播电视编导专业的"影视拟音与配音""普通话基础训练"等实践性较强的课程。他在积极备课的同时，利用学校引进的视频资源和相关教学比赛积累的录制课程视频音频资源经验，采用"中国大学慕课平台＋QQ群直播＋分享资源包"的方式，解决学生如何将理论知识变成技能实操的问题，顺利完成课程评价，并利用软件功能，将无形的声音训练可视化、数据化，课程形式直观，深受学生好评。

叶思诗："重构知识点"让线上课堂动起来

新闻系副教授叶思诗充分发挥在线课堂给师生交流提供的便利性，围绕讲解内容，辅之以知识引导，在授课中穿插"短小""密集"的知识点，让更多学生积极地参与到课堂讨论中来，增进学生对知识的认识、理解，提高学习效率和学习质量。叶老师认为在线教学更有利于交流，加强了师生之间的双向互动，这种互动实现了时空上的随意性。这样的方式能减少学生对提问的害羞、胆怯等情绪，同时提高与老师沟通的积极性，有效实现高效、精彩的授课。

刘博雅："小妙招"让线上教学趣味横生

新媒体系讲师刘博雅结合自身教学的经验，给全院教师传授了线上教学小妙招：如何提升课堂"趣味性"。第一，把握好教学风格。严肃又不失幽默和风趣的教学风格是同学们比较喜欢的，因为这有助于树立同学们对教师的良好印象，充分发挥网络流行语吸收"粉丝"的功能，增强教师在授课中的"辐射力度"。第二，注重教学内容的知识点与趣味性结合。将教学内容案例、讲述方式和知识点衍生信息与课外的、时下的一些热门话题联系起来，在增加课程趣味性的同时丰富同学们的视野。 第三，强调互动环节的必要性。在课程结束前半小时，教师在班级 QQ 群里发布与本课相关的问题，教师提问并点名回答，学生抢答得分，得分计入形成性评价，让学生"动力满满"。学生在课堂上有"获得感"，这样高效的课堂深受欢迎。

思扬：灵活运用语言工具，开拓新的教学思路

新闻系讲师思扬在网络教学中，以声音传达作为主要的媒介，运用语言表达的特质，将不同案例类型结合"电台新闻播报节目""电台朗诵节目"等风格，使学生融入身临其境的声音创造画面中。思扬老师在讲授视频新闻采访实践教学内容中，将拍摄新闻画面的过程结合"电台剧"风格，突出新闻故事化的重要性，并运用语言描述，让同学们在课堂互动中判断拍摄新闻视频时应该选取的景别，弥补了实践课程线上操作受限的问题，开拓新的教学思路。这种以创新教学方法强化课堂设计的授课方式深受学生欢迎。

王慧：创建个性化教学模式，点燃学生"学习力"

新媒体系讲师王慧针对 MOOC 平台课程内容基础性有余、拓展性不足的缺陷，导入翻转课堂的课程设计，根据课程性质和特点形成个性化的"MOOC 课堂＋直播课堂＋翻转课堂"的教学模式。在教学环节设计方面，王老师采取以点带线的互动式教学，针对需要掌握的基础知识点，设计全员参与式互动；针对思辨性问题，设计主题发言式互动。在课程考核方面，王老师采取项目制作业，如长期运营个人微信公众账号，以作业为线索形成长尾效应，提升学生完成作业的主动性。

这种以学生为中心，以拓宽学生思维、获得知识与能力为目的的教学模式不仅可以提升学生对知识的感悟、执行和创新能力，同时也助推学生独立思考，主动探索"学习力"，真正做到学以致用。

陈静：因地制宜注重实效，多手段保证教学效果

新闻系副教授陈静针对在线教学中课堂秩序反馈不及时的弊病，细心落实课

前课后课中三环节，利用授课平台考勤打卡，在线课程中随机抽问连麦，课间随时通过QQ分享屏幕了解学生在线情况，课后要求迟到、缺席同学单独用QQ联系，了解具体原因。陈老师多手段加强课堂纪律管理，保证教学秩序，做到学生人在、心在。

在课堂组织中，陈老师因地制宜注重实效，授课内容设计紧贴现实社会，以正发生的新闻事实作为主要案例进行分析，随时更新案例库。例如，财经新闻报道的案例教学内容新增中美贸易战、华为事件、石油暴跌等国际国内财经重大事件，向学生公开征集讲授内容，充分调动学生积极主动性，选择与社会现实结合紧密的点播内容进行讲授。这种关注当下、以学生为中心的教学方式符合新闻教学规律，这门课程还吸引了其他班级同学主动长期蹭课，得到学生好评。

张珊珊：结合多平台资源，分段互动教学

影视系讲师张珊珊利用网络平台学生自主程度更高的特点，将MOOC、爱课程、B站、百度百科等多平台的优秀资源，按照课程标准中的构架，有序组织，用屏幕共享、录制音频、链接、截图等多媒体形式，结合自制PPT，将操作型的学习方式灵活调整为思维训练型的学习方式，以主持人模式与学生进行分段式互动。每个知识点的阐述或每种多媒体形式的演示基本控制在十分钟以内，并设置回顾环节，鼓励学生主动梳理知识点，这种模式不仅有利于集中学生的注意力，还可以适度训练学生的总结能力，加深他们的理解和记忆。比如在"摄影基础与编辑制作"课程软件功能的学习过程中，顺势引导学生认清软件设计的目标和思路；在案例的学习过程中，启发学生思考操作步骤的设计思路和实现原理；在"中国电影史"的课程讲授中，为消除学生对史学和黑白无声片的抵触心理，借助带有电视节目性质的电影史名师演播和老电影的剪辑评论版作为导入，激发学生的兴趣，再将其中涉及的知识点，由点及面地进行学术性的展开、深入和讨论，借此更透彻地理解应用规律，以便举一反三。

王欢妮：课内课外连接互通，任务驱动学研结合

新媒体系副教授王欢妮针对在线教学过程中，学生学习效果难保证、难检测的问题，通过引导学生课外提前自学知识点，课内组织专题讨论的方式，明确设

定课内外学习目标，有序安排内容。为了保证学生按时完成学习计划，王老师每节课前要求学生结合相关内容提前阅读电子教材，并检查学生自学笔记；在线教学时针对学生的疑问和课程重点，以单人对话或集体讨论的方式，解决重点难点问题，力求课内课外紧密关联，在线教学人人投入。

在教学设计中，为了调动和激发学生的积极性、主动性，王老师专门设计了具体任务。如："媒介法与媒介伦理"课程中，王老师要求学生分组制作课程学习知识卡片，将知识点选择、案例分析、作品呈现融入授课环节中，授课教师以合作者身份全程参与，以竞赛形式对各小组制作的作品进行最终评价。"融合新闻学"课程中，王老师布置播报新闻任务，学生课外自主选择编辑最新消息、课内公开播报并根据课程知识点解答师生相关问题。这种"任务安排＋学习引导＋研究探讨"的教学方式，充分发挥了教师的主导作用，明确凸显学生的主体地位。

江虹：走深课前课中课后三环节，多角度推进课程时效性

影视系副教授江虹在线上教学中，课前利用"云读书"和"云观片"平台，为学生发布文献资料、电子版专业书、剧本及观摩片单；课中结合在美教学经验，以在线互动讨论的形式，指导学生进行文献精读、剧本畅读、拉片训练，从多角度层层推进，充分发挥了读书、拉片的实效性；课后利用腾讯会议搭建网络平台，邀请中日合拍纪录片《交通茶馆》《映秀》的导演王祯与身处各地的学生分享从"菜鸟"到成熟导演的亲身感受和来自一线的宝贵经验。江老师强调课程内容的时效性和现实性，以中国广播电视协会抗疫情视频征集赛为案例，为学生详解如何在全国抗疫创作中突显重庆特色。学生表示课程满是"干货"，收获良多。

夏璠：课堂是资源汇聚场，分享不断结出新火花

新媒体系讲师夏璠在网络教学过程中充分利用线上教学资源丰富、在线共享的优势，改善学生面临的获取信息过多、不成体系的劣势，将网络资源与课程设计相结合，发挥学生学习积极性，提升在线教学质量。

针对学生面对网络资源多样、没有头绪、碎片化、娱乐化、不能整合、不能

进行深度思考的问题,夏老师在教学过程中采取"线上教学梳理与课程互动思考相贯穿"与"学生作业分享与发布资源共享"相结合的方式将梳理课程结构、强化知识点运用、提供学习案例与拓展学生思考、发散学生思维联动起来。如在"视听语言"课程学习中,学生需完成四步曲:第一步,线上课堂,学习课程知识点及结构,帮助学生理清学习主线;第二步,学习分享,学生利用网络资源进行课程知识的举例运用;第三步,作业讲解,运用网络优势让学生同步操作,老师对提交的作业进行逐一点评;第四步,共享课堂,在课后学生可以将同类案例、作业或资源上传到网络平台,方便大家共享、学习。在"视频新闻制作与编辑"课程学习中,夏老师先从理论上讲解视频新闻中的新闻价值、采访要点、制作,再让学生搜索网络素材整合拍摄完成视频新闻,最后通过网络在班级进行共享和展映,并在网络现场与老师同学交流。这样的课程设计形成有趣的师生互动,深受学生欢迎。

蒋华:立体化教学,教育重心延伸至课堂之外

影视系讲师蒋华在线上教学过程中,利用"慕课+QQ课堂"的教学平台,克服传统课程教学"以课堂为中心""以老师为中心"的局限,形成以"课堂为引导、课外为重点"的"知识纵深化、立体化"教学模式。如"欧美文学史"课程中"夏洛蒂勃朗特与简爱"这个部分,蒋老师要求学生观看慕课"夏洛蒂·勃朗特《简·爱》中的婚姻幸福密码",随后在QQ课堂上传电子资料和视频资料,要求学生完成戴锦华所著的《〈简·爱〉的光影转世》的阅读,了解文学经典的影像化过程。然后观看米娅·华希科沃斯卡和迈克尔·法斯宾德主演的2011年版电影《简·爱》,并完成相应的阅读报告,在QQ课堂上提交。学生根据自己的节奏,完成这些教学任务;教师通过QQ课堂的在线批改和聊天工具进行作业互评、作业点赞、投票等环节,具体了解学生的学习情况,解决学生的问题,实现以学生为主导的、相互学习的朋辈学习方式,从而避免了"满堂灌""一刀切"等弊端。

技术与在线培训

超星学习通录播教学与课堂教学管理

刘 洋

超星学习通是由超星公司推出的交互式教学平台，教师和相关教学组织可以利用该平台，创建教学空间，还可以利用其教学云盘上传资料，完成课程建设以及课程教学管理。学习者可以通过电脑网页端打开教学平台进行学习，或者通过手机上的超星学习通 App，登录进入教学平台上课。教师也可以方便地利用电脑或者移动终端如手机、平板电脑等进行在线资料编辑、开展教学活动等，学生进行学习、互动交流的全部数据都能被记录下来，系统还提供了相关的分析、反馈功能，方便教师实时了解上课情况，帮助教师进行数据统计并作及时调整。

本文主要介绍如何利用超星学习通把教学过程录制成视频，然后把视频上传到学习通平台创建课程，让学生在网上观看学习。而教师则通过学习通进行签到、布置作业、组织讨论等教学活动，最后利用平台提供的数据反馈进行教学效果评价，以提高教学质量。

一、选择录播和学习通平台教学的优势

（一）录播便于学生回看和自学

2019 年全国暴发新型冠状病毒肺炎疫情，受疫情影响，学生只能自己在家中通过电脑或手机上网学习，因为没有到校，很多学生都没有拿到教材，很多相关教学辅助资料也无法获取。这种情况下，如果采用直播授课，学生观看完直播教学后，对于学习中没看清楚、没理解的地方，就无法再次观看。而如果采用录播，就可以随时随地进行回看，没有学懂的地方可以反复地观看学习，这样学习的效率会更高。

（二）录播可以更好地优化授课内容，保证授课质量

因为录播可以反复地录制，如果教师在录制课程讲解后，对录制结果不满意，随时可以重新录制；也可以对不满意的地方删除后，进行部分内容重新录制，可操作性很大。当然，如果反复录播也会带来一个问题，就是比较花时间，为了录

制一堂 40 分钟左右的课，可能教师会花费数个小时来录制。所以录播之前应该准备好相关软件，设计好教学过程，保证尽量一次性完成录播以节省时间。

（三）录播可以避免因为电脑手机故障、网络拥堵等造成学习中断

因为学生上网的条件不同，很多时候网络因为访问量过大或者其他硬件原因产生拥堵，造成网络瘫痪，还有可能学生端的电脑或手机出问题了，造成设备故障无法播放，学生也就看不到授课。如果是直播授课，学生无法及时看到课程教学，也就无法正常学习。而如果采用录播，相关授课视频已经提前上传到网上，学生可以随时进入网络平台观看学习，哪怕出现网络问题，一时无法看到，也没有太大关系，可以等待网络通畅后，再从中断的地方继续学习，这样能保证教师的授课内容能传递给每一个学生，保证教学的正常开展。

（四）学习通平台可以创建课程目录结构，学生对于学习内容一目了然

利用学习通平台录播授课不是把视频一个一个直接发给学生来学习，而是在学习通平台创建课程的完整教学目录结构，例如按照课本章节组织目录，并按照目录结构安排教学进行授课，学生对要学习的内容可以一目了然，而且还可以提前了解整个课程内容来预习或自学。授课内容目录结构全部建立后，学生就可以知道这一章学什么内容，下一章又讲什么内容，而且也方便学生课后检查自己的学习进度。

（五）学习通平台可以方便地组织各种教学活动

学习通平台提供了很多的相关教学活动，教师可以在教学中有选择地使用，例如签到、作业、考试、讨论、投票、抢答、分组任务、直播等，而且学习通也提供了直播功能，利用它可以进行在线答疑等实时互动。

（六）学习通平台可以方便完成各种数据汇总和学情分析

学习通平台提供了完善的数据分析模块，例如成绩自动打分、学生访问量统计、任务点进度报告等。如果作业是客观题型，预先设置好正确答案后，系统可以自动判定，给出成绩；如果作业是主观题型，就需要教师自己进行单独评判给分。学生的访问量等相关统计，系统也可以自动统计出来，还可以看到每个学生的学习进度是多少等。所有数据都是可以直接导出的，所以在网课结束后，教师基本上可以不做其他统计操作了，直接在网上点击按钮就输出全部成绩和相关成绩报告，非常方便。

二、学习通平台开展录播授课过程

通过学习通平台开展录播大致的流程可以参考图 1。

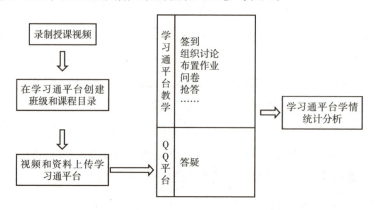

图 1　学习通平台开展录播的流程图

（一）录制授课视频

首先，需要教师完成授课的视频录制，就是用录屏软件把教师的讲课先录制下来。一般不推荐将一堂课就录制为一个单独的视频，而是将授课内容分成多个教学小节，分别录制为多个小视频。

视频录制有很多软件，这里介绍一个比较简单实用的录屏软件——EV 录屏软件，如图 2 所示。这个软件体积不大，安装完后，一般也不需要做复杂设置直接就可以使用。如果没有什么特殊要求的话，只要掌握两个快捷键就可以了：Ctrl+F1 开始 / 暂停录制，和 Ctrl+F2 停止录制。Ctrl+F1 可以用来启动录制，也可以用来暂停。暂停功能很实用，如果录制的中间想暂停下，去做其他事情，就用这个功能来暂停录制，完成其他事情后再按 Ctrl+F1 可继续录制。

录制停止后，可以单击"列表"查看当前录制的视频，生成的视频格式是 MP4 格式，可以双击可以直接播放，如果没问题，就可以直接上传到学习通平台。

主界面里面还可以做一些特殊设置，例如可以嵌入摄像头，可以把摄像头画面插进来，或者插入图片或水印之类，让图片和文字叠加在视频上，可以防止侵权。

当然如果对录制的清晰度、鼠标是否显示等这些有特殊要求的话，那也可以做进一步设置。可以单击右上角的设置按钮，打开设置面板，如图 3 所示。

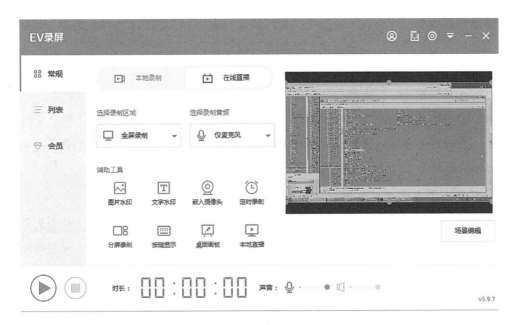

图 2　EV 录屏软件主界面

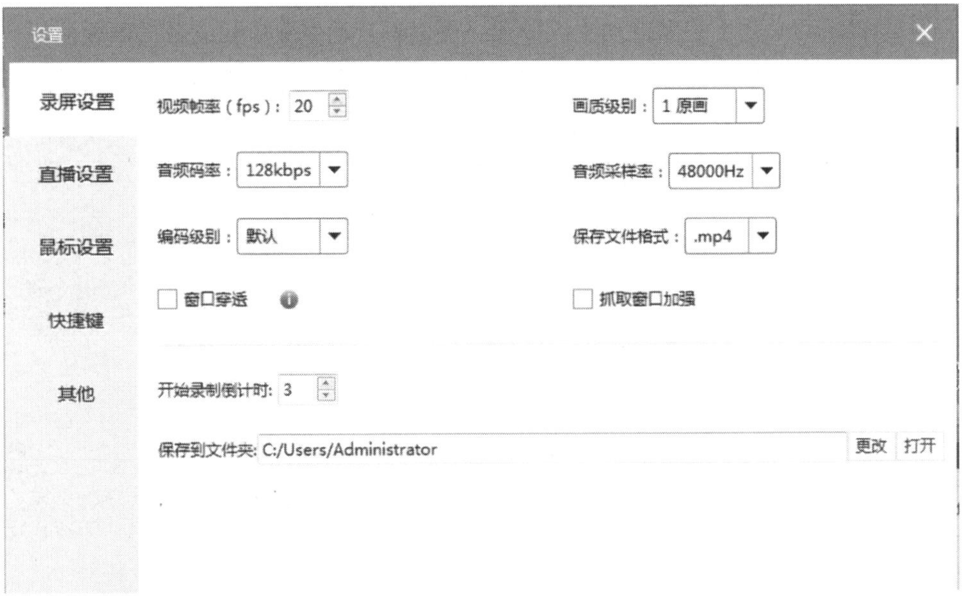

图 3　EV 录屏软件设置界面

一般可以设置这几个选项：

视频帧率——代表软件每秒钟抓取画面的数量。例如设置为 20，代表每秒钟会把桌面截图 20 次。如果这个参数太低，而教师的授课中如果插入播放了较多的视频动画，那最终录制的视频可能就会有点稍许卡顿，不流畅，那就应该适当地提高该参数值。一般这个参数推荐可以尽量地设置为 15 到 25 左右，当然参数值设置越大，视频文件体积也会越大。

画质级别——代表画面的清晰度。一般保持"原画"，如果录制的文件太大，可以降低清晰度来减小文件体积。

在软件中还可以设置保存视频的位置，设置是否录制鼠标的光标形状，是否显示光标的阴影之类。在"快捷键"面板可以重新定义快捷键。

（二）在学习通平台创建班级和课程目录

关于班级的创建可以通过学校教务处等相关教学管理部门，把学生信息提前成批地导入系统，这样就避免教师单独进入系统去创建班级。但如果学校没有批量导入学生数据，就需要自己建立班级，并将班级号发给学生，让学生加入进来，操作过程也很方便。

在学习通平台输入账号和密码登录，就可以单击"课程"页面中的"创建课程"，然后输入课程名称，单击下一步，再选择课程的封面（也可以跳过）。页面会提示教师是不是要自动生成单元。可以不自动生成单元或者按照周课时自动生成单元，例如录播课程是边录制边用于网上教学，那就不用自动生成单元，可以根据后续课程安排一个一个单独手动添加生成。

保存后就生成下面的目录结构，如图 4 所示。

图 4　课程目录结构

单击右上角的编辑按钮，就可以进行内容的编辑，可以按照章节标题的形式来创建目录结构，例如每周教学内容的教学视频被分成几个单独的视频文件，那就把章的标题设置为第几周，节的名称就可以设置为视频的名称，表示这一周要学习的是当前这个周目录下的视频，如图5所示。

图 5　按周数进行课程目录结构编排

接着创建班级，单击课程主页中右上角的"管理"这个按钮，就进入班级管理的面板，里面默认有一个默认班级，可以单击"重命名"按钮修改名字。如果班级中没有导入学生数据，那就需要教师自己加入学生。单击教学班前面的二维码图标，可以弹出邀请码，让学生自己注册学习通后登录后，通过输入邀请码，就可以加入这个课程里面，作为这个班级的成员。教师在班级管理中可以查看所有已加入的学生相关信息。

（三）视频和资料上传学习通平台

视频和资料需要上传到学习通平台，才能进行授课。一般视频资料最好先提前上传到学习平台，避免上传高峰时段拥堵。把每个视频，添加到自己建立的课程目录结构的对应位置即可。

学习通平台有一个云盘系统，类似于百度网盘，教师可以把视频和相关资料先传到云盘，这样教学内容就存放在学习通服务器中，可以避免在外面没有电脑的时候，可以通过手机编辑和插入视频资料，如图 6 所示。教师可以为每次课都分别创建对应的文件夹来进行管理，这样可以方便以后资料查询。

图 6　学习通提供的云盘管理界面

完成视频上传后，就可以把视频插入到课程的对应的章节里面，让学生来观看学习了。插入视频后可以把当前的视频设置为"任务点"，把当前的视频设置为一个任务点的意思是，表示这个视频必须要完整地看完，看完后算一个任务点通过，学生才会得到对应分值。如果任务点没有完成，学生就得不到分值。每个章节的后面会显示当前这个小节的任务点的总数量，以及它的完成的情况，例如全班学生都完成这个任务点了，它就会显示 100%。另外视频的下面还有一个"防拖拽"选项，一旦勾选，那么学生在看视频的时候就不能拖动，只能从头到尾连续看，这可以避免有的学生想为了快速完成任务点，就直接拖动进度条来快进，而没有真正去观看，如图 7 所示。

图 7　在学习通中插入教学视频

（四）在学习通平台开展教学活动

学习通平台上可以选择很多教学活动来开展，在电脑端或者手机 App 上都可以发布，如图8所示。例如上课前发布签到；在学习授课中，可以让学生进行讨论留言；课程结束后可布置作业，让学生去完成；如果担心学生学习有问题，教师可以主动去了解一下学生的学习情况，就可以采用问卷的方式等。当然由于网上开展教学，可能会遇到网络延迟拥堵等情况，学习通平台有时候可能会出现卡顿。所以为了保证联系通畅，也可以利用例如腾讯QQ平台创建联系群，这样如果学习通平台上发现沟通不畅，也有备用的联系手段，保证教学的正常进行。

图8　学习通手机平台班级课程学习界面

在电脑网页端，单击主页上面的"活动"按钮，就可以选择活动；在手机App上，可以选择班级后，单击"+"号按钮就可以选活动。例如教师要让学生签到，可以单击"签到"按钮，然后就可以设定签到的名称，可以设置为"第一周第几次签到"。在下面还可以设置签到选项，例如普通签到就是学生直接单击一下完成签到。如果设置一个手势，学生必须画出相同手势才能签到，或者要求学生提交位置信息进行签到，从而了解学生的真实位置，甚至还可以选择拍照，这样保证是学生本人亲自签到。有些签到例如扫描二维码签到，是可以用于线下上课进行签到。另外还可以设置签到时长，要求学生必须在规定的时间内完成签到。签到后，教师还可以查看学生签到的时间顺序，以及具体是哪些学生没有签到等，如图9所示。

图9　学生签到相关设置

在活动中可以选择发布作业。在发布作业前，一般推荐先在库里面创建作业题，再统一发布。作业可以设置各种题型，例如单选题、多选题、填空题、连线题、判断题等。如果题型是客观题，在题目中教师可以设置好正确答案，这样后面学生提交作业后，就可以自动判定分数，如图10所示。

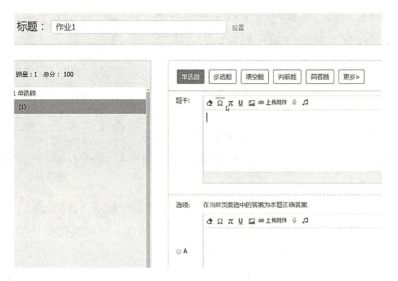

图 10　发布作业

作业发布时，可以选择对应的教学班级，选择作业完成的时间限制，还可以设置自动发布作业，学生完成作业后，还可以允许是否可以重新做，是否可以立即查看分数，在作业完成时限快到时是否发送提醒等，非常人性化，如图11所示。

图 11　作业发布设置

三、学习通平台教学数据统计

学习通的各种教学活动，例如签到、讨论、视频观看等发布完成后，都有很多的相关的统计，包括学生的访问量的统计、学生的成绩分值统计、课程的学习进度的统计、作业的发放数量的统计等，具体到每个学生在每个子项目里面得分的情况都有全面统计。

例如作业统计，可以了解教师发布的作业的情况，包括一共发布了几次作业，收到的作业总数，还可以看到所有作业的平均分。作业统计下方是具体到每次作业的情况统计，包括每次作业的平均分、最高分、最低分等，如图 12 所示。

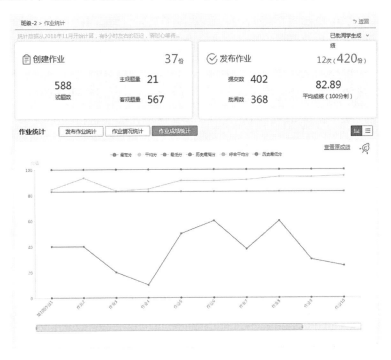

图 12 作业统计

在成绩管理中，是学生学习的总体分数，统计非常详细。每个学生观看视频完成的情况、访问次数、作业得分、签到得分等，在后面可以算出一个综合成绩。每个分数下面是当前子项目得分的权重值，子项目是按百分制计算，乘以权重就是当前子项目的最终得分。例如学生观看视频，如果设置为 40%，那学生如果全部教学视频学习完，可以得到 100 分，但按 40% 计算，就是 40 分。每个子项目的成绩权重都是可以单独设置的。

学习通还有一个比较有用的功能——教学预警，可以方便教师快速查询筛选出在某些项目上分数偏低的学生，可以单独对这些学生进行消息提醒。在筛选设置中可以设置各种条件，例如可以在"作业分数低于"中设置 20 分，代表查询作业成绩低于 20 分的，然后单击筛选，就可以找到全部作业分数低 20 分的学生，然后单击"提醒"可以发送提醒消息，学生就可以在学习通平台收到提醒。

四、其他教学功能模块

学习通平台上的教学功能模块还有很多，其中很多模块不但适合线上开展，而且在线下教学中也是可以进行的，如果利用起来，可以更好地辅助教师上课。另外，有些活动是针对线下教学专门设计的，例如可以创建分组讨论、建立项目研究组，可以把班上学生进行一些分组，然后大家通过协作来完成教师布置的项目任务。完成的成果可以发布到平台上，然后教师可以进行活动评价，或者学生小组之间进行互评。当然这些活动开展，都要提前在线下进行相关组织安排才行。

雨课堂授课与资源有效利用

吴荣彬

2020年初，在停课不停学的背景下，各高校全面实施在线教学，要求所有教师迅速组织线上教学。但是教师长期以来以线下教学为主，对线上教学的方式方法研究较少，虽然他们对信息技术并不陌生，但要在较短的时间内掌握信息技术，保质保量完成教学，对教师的压力无疑是巨大的。

雨课堂是以推动线上线下混合式教学为目的而开发的辅助教学系统，它嵌入到PPT即可开展教学。它本身围绕智慧教学开发了诸多功能，在疫情之际还加入直播和回放功能，便迅速转化为了线上教学工具。

本文将从雨课堂的优势、雨课堂授课的具体方式、雨课堂课外资源的利用等方面来进行分享。

一、雨课堂在线授课的准备

教师在上课放映PPT之前，要使用雨课堂，必须先下载雨课堂插件，只需要老师课前在雨课堂官网上下载安装即可，安装好雨课堂后，这个插件就会被嵌入到PPT或WPS菜单中（图1）。

图1 雨课堂嵌入到PPT菜单中

在使用雨课堂备课或授课时必须登录雨课堂，可以用微信扫描二维码或用户名+密码的方式登录。

二、雨课堂的优势

雨课堂是清华大学和学堂在线共同研发的智慧教学方案，在众多教师的使用过程中，其功能不断完善，具备了自身的一些教学优势，具体体现为以下几方面的优势：

（1）如果不是操作性很强的课程，那么利用手机这样的小屏幕就足以让学生完成学习，而且学生可在任何有网络的地方学习。

（2）雨课堂授课只需学生使用微信扫一扫并关注雨课堂公众号即可，操作简单，无须安装其他 App。

（3）教师可以选择四种方式教学。雨课堂现有的 4.2 版本有视频直播功能，可以同时进行视频直播教师影像和屏幕分享，也可以单独进行屏幕分享，它还有 PPT+ 语音的语言直播方式，如果在教室，还可以直播 PPT。这些操作都非常简单，难度不大。

（4）利用雨课堂的签到功能，教师不用在课堂上进行考勤，当学生扫码进入课堂即完成了学生签到。教师也许会有这样的担心：学生会不会假签到？因为雨课堂的二维码可以拍成图片互传，不在场的学生也可以顺利签到。对于有这样担心的教师可以用两种方式来考察假签到的学生：第一种方式是在课堂内根据授课任务不定时地进行限时答题，假签到或分心的学生难以及时答题，因此可了解学生的出勤或学习状态；第二种方式是利用雨课堂的随机点名功能（图 2），这个功能具有互动性，进入课堂的所有同学都有可能被点到，对于不认真听课或不在现场的同学，教师即可将其设为缺勤，非常便捷。这种方式既对学生缺勤产生威慑力，教师也能最大化地做到客观、公正。

图 2　雨课堂的随机点名功能

（5）学生在雨课堂里的任何操作都会被记录，并分门别类地留下相关数据，这样教师在期末评价学生时就会更好地做到公平公正，防止不学习或不认真学习的学生在期末通过突击获得较好成绩，造成对学生的评价不公正。

（6）雨课堂永久免费使用，这有助于教师的教学成果集成到线上，形成完整的教学体系，既可以做到后期的继续建设，也可为成为一门"金课"打下坚实的基础。

（7）如果教师在雨课堂上建设好一门课，将是一劳永逸，不再会有备课资料丢失的担忧。

（8）学生可以随时随地查看课程内容，进行复习和巩固。教师在上课的过程中如果使用了视频直播、语音直播等，那么雨课堂可以在直播结束后形成回放，学生可以再进行回看；如果不是直播授课，教师上课演示的PPT则会在学生手机上展示，学生随时都可以查看。

三、雨课堂线上教学可利用的工具

教师在进行在线教学过程中，为了让教学能获得较好的效果，还可以结合一些第三方的软件或工具来进行教学。

1. 雨课堂 + 腾讯课堂

利用雨课堂在线授课，可以和其他工具组合进行，也可以单独授课。为了获得一些雨课堂没有的功能，可以与腾讯会议结合使用。腾讯会议的用途是当教师随机点名需要学生回答问题时，可利用腾讯会议进行连麦回答问题。由于是在线教学，学生也许没有话筒，但是每个人都会有手机，如果学生不想回答问题而执意说自己没有话筒无法回答问题，教师可以让学生采取雨课堂纸质投稿的方式完成。当然利用手机上课的学生会存在这样的问题，学生需不停地在雨课堂和腾讯会议之间来回切换，稍显麻烦。教师在教学中如果需要保证教学数据的完整，那么在教学过程中进行的提问一定要运用雨课堂的功能完成，不要利用第三方软件如QQ、微信等工具，这样可以为后期的课程建设打下良好的基础。

2. 雨课堂 + 数位板

教师在教学中还可以结合数位板授课。教师进行在线教学如要传递线下教室上课写黑板的状态，最好的方式是连接数位板书写，比用鼠标在白板或PPT

上书写要好。

3.雨课堂＋数位笔

教师在在线教学过程中对于翻页笔的依赖程度不大，因为多数情况是坐在电脑前授课，但是教师在授课时可以使用具备焦点放大与焦点突显功能的无线演示器（图3），原因是学生在线听课时多数是在手机上听课，鼠标指针在手机上显示就比较小，有些重、难点的内容提示易被学生忽略。这种方式可以较好引导学生关注重点，并跟随教师思路学习。

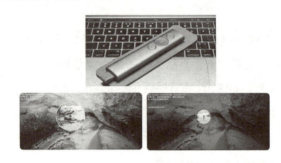

图3　无线演示器：焦点放大与焦点突显

以上是雨课堂结合第三方软件或工具进行教学的方式，教师可以选用其中一种方式进行，也可以三种方式相结合进行教学。

四、雨课堂教学功能的具体应用

教师利用雨课堂可实现"课前—课中—课后"的教学方式。首先教师可以让同学们预习，把一些视频和带语音的课件发给学生预习，这个预习内容一般让学生花20分钟到30分钟即可以完成，不过度增加学生的学业负担，但是能让学生带着问题来上课，为课堂翻转教学创造条件。

学生预习与否，教师可通过三种方式来查验：

第一种是看学习数据，即学生在课件、视频观看上所花费的时间。学生在某节预习内容停留了3个小时，他真的去预习了吗？答案是学生可能并没有认真在预习，他只是点开了预习内容。所以必须结合第二种和第三种方案查验。

第二种是试题检测。在课堂内，教师应根据预习内容适当出题测试，以试题方式来检测学生是否认真预习，以及对预习内容的掌握程度。

第三种则是让学生根据预习内容给其他同学出题，让其对预习内容存在疑问的知识点进行出题测试，这既给教师备课增添新内容，同时也能检验学生的认真程度，并提炼出学生普遍存在的问题，这也为教师在课堂教学中有效翻转提供了条件。

教师用雨课堂授课时，要用好它的限时推题测试功能。限时测试能起到两个作用：第一，对所讲授的知识进行测试，了解学生对知识的掌握情况，课堂内讲的知识立即测试，根据学生回答情况了解学生掌握知识点的情况；第二，测试学生是否跟随教师的课堂进度在听课，可以以此提醒学生认真听课，或找出已不在课堂上课的学生，为期末考核提供公平的依据。

雨课堂在教学的过程中能给教师提供学生学习数据，特别是试题功能，教师可根据数据改进教学，真正做到教学中对学生存在的知识难点、重点针对性教学。雨课堂的试题功能和试卷测试功能可以很好地检测学生的学习效果，学生完成测试后即可呈现出可视化的数据：PPT 内容的理解情况、错题分布情况等，教师即可有的放矢地对全班或部分同学进行某些知识点的再讲授，重新提炼出重、难点。

教师在授课过程中，为了让学生能很好地跟随课堂，较好的方式就是多与学生进行互动，将课堂转化为以"学生"为中心的教学方式。它主要通过三种的举措来实现互动：

第一种是随机点名互动。雨课堂随机点名对不同的学生将是"冰火两重天"的感受。因为上课认真的学生，被随机点到名一般能正确回答问题，教师对于这部分学生可以加分予以激励；而部分开小差不能正确答题的学生，也可通过扣分来惩戒；对于假签名或签完名离开课堂的学生被点到则无法回答问题。这种方式为教师的公平考核提供了准确依据。

第二种是弹幕互动。教师可适时使用弹幕功能，让有疑问的学生随时在弹幕中提出，教师及时解答。

第三种是红包打赏互动。打赏是对认真学习的学生进行精神上的鼓励，它能很好地调剂课堂的气氛。比如教师测试时可设置对速度快、准确率高的同学进行打赏，并在期末根据红包数量进行适当加分，形成有效而实质的激励。

教师还可利用雨课堂阶段性测试功能获取学生学习的行为数据。如在开学第一次课进行针对性的知识点测试，找出学生在其他课堂上的已学知识点，减少多门课程讲授内容的重复度；在期末进行多次测试，检验学生对本门课程知识点的掌握程度。当然平时也可进行一些小测试，利用数据分析获得针对性教学内容。

五、雨课堂资源利用

教师用雨课堂授课，可在课程里拓展课外资源，利用教学资源拓宽学生学识，也有利于教师翻转教学。

对于雨课堂课外资源的利用可以分为两类：

第一类资源是插入学堂在线自身的慕课视频。学堂在线各个学科都有大量慕课在线课程，教师可以将与自身课程联系紧密的慕课引入课程中。同时教师也可以上传自己的教学资源到雨课堂云盘，形成慕课视频。

这类视频在教师的电脑上可直接播放给学生看，但是学生手机上收到的是一张图片，无法点击播放的，教师进行线上教学会受到限制，必须结合第三方软件的屏幕共享方可进行教学。但是教师利用的这类资源是不会出现侵权问题的，对教师能起到很好的保护作用。

第二类资源是插入一些网站的视频，大大拓宽了教师的教学资源。教师将网站上非常优秀的资源进行筛选，推送给学生学习，大大地丰富了学生的知识内容，获得更多帮助，提升了学生的学习进度。

雨课堂只是一个授课工具，一门课程的核心元素还在于教师。教师在教学过程中需要思考以下几个问题：如何重构在线教学内容？如何进行在线的课程设计？如何保质保量达到课程培养目标？如何做到疫情结束后线上线下的无缝衔接？

疫情给我们带来了焦躁和压力，但疫情背景下的在线教学也必推动教师们不断教学改革，砥砺前行！

腾讯 QQ 平台授课与教学环节设计思路

刘博雅

腾讯 QQ 平台为线上教学提供智慧化的解决方案。在需要开展线上授课的情况下，尤其在新冠疫情期间，极大地助力了高校师生的学习。如何运用好这个有力工具为教学赋能，是教师应思考的课题。笔者致力于远程教育、"线上线下"混合式教学与研究已有 8 年。在积累教学经验的基础上，笔者申报了 2019 年重庆市教育规划课题《以教育扶贫为导向的西南贫困山区远程教育资源建设策略研究》和 2018 年校级教改课题《高校数字媒体专业课堂"混合学习"模式探索与实践 》。

在 QQ 平台开展在线授课包括两个核心部分：第一，授课流程的梳理；第二，授课教学环节的设计。其中，授课流程包含三个板块（图 1），并且在授课过程中需使用对应的教学工具。比如说，课前准备会用到 QQ 群投票和群众投票统计，以群接龙的方式签到；在正式课堂当中，会涉及 QQ 电话和 QQ 课堂的切换。

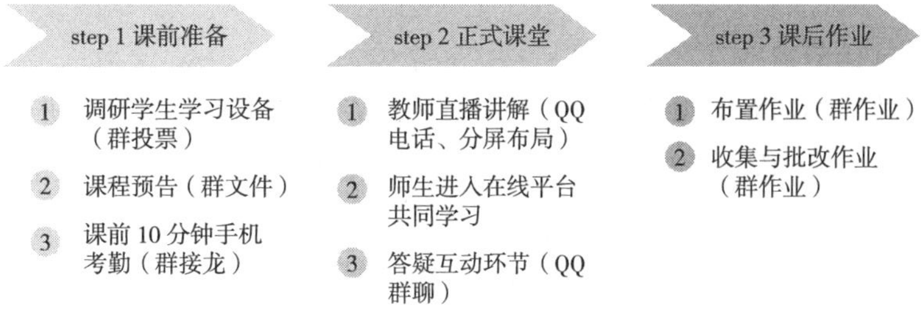

step 1 课前准备	step 2 正式课堂	step 3 课后作业
① 调研学生学习设备（群投票）	① 教师直播讲解（QQ 电话、分屏布局）	① 布置作业（群作业）
② 课程预告（群文件）	② 师生进入在线平台共同学习	② 收集与批改作业（群作业）
③ 课前 10 分钟手机考勤（群接龙）	③ 答疑互动环节（QQ 群聊）	

图 1　QQ 授课流程的三个板块

一、QQ 平台授课流程第一板块——课前准备

（一）群投票

1. 如何发起投票

每一个在线课堂开课之前，教师通过 QQ 群投票调研同学们的上课硬件设备情况。具体操作步骤如下：首先，打开 QQ 界面，点击右上角的图标——群聊设

置，即可看到具体的页面内容；然后点击"群投票"图标，在打开的页面里填写具体的投票内容。以开学前做"关于同学们返校后集中实训需求意见征集"为例，因为是以投票的方式，教师就可以给同学们设置选项，比如补课一周/两周/一个月，或选择网络在线辅导等，QQ群投票最多可以设置15个选项，每个选项不超过40个字。在投票类型部分，教师可设置让同学们选择某一选项或多个选项。教师在发起投票环节时，一定注意设置好准确的"结束投票时间点"，并设置提前30分钟提醒投票结束。待投票结束，教师可在投票页面浏览投票结果（图2）。

图2　QQ群投票的发起与统计

2.查看投票结果

点进教师端的投票页面，会看到整体投票结果。数据很清晰，并可以通过下拉菜单详细了解到同学们的投票内容和细节，很准确。

3.加载隐藏的"群投票"图标

当出现"群应用"里面没有找到投票图标按钮的情况，点击"管理"之后，就会出现投票图标。

（二）群文件

教师将与课程配套的PPT或WORD文件另存为PDF格式上传，这样能确保学生端打开和浏览时，文本的格式和字体等保持原本状态。用传统的QQ群文件操作方式，在课前一天上传到课程教学QQ群中，方便同学们做预习等课前准备工作（图3）。

图 3　QQ 群文件的处理

（三）群接龙

在正式在线开课前 10 分钟，教师使用手机端发起 QQ 群接龙，学生进群完成签到考勤。群接龙可以实时公布到勤学生姓名、总数量等信息。具体步骤：通过点击群聊设置—群应用—群接龙，输入需要接龙的内容，设置接龙时限，然后点击右上方的发布按钮。当接龙时限截止，教师点开群聊天栏里，查看群接龙状态，获得学生的签到考勤情况。比如，一个班有 42 位学生，如果只接龙了 38 位，那么教师就能查询到是哪 4 位学生缺勤，并把考勤信息反馈到师生群聊天里。

二、QQ 平台授课流程第二板块——正式课堂

（一）QQ 电话

充分使用 QQ 电话教学的要领是教师端合理安排"分屏布局"。这有助于教师在线教学的过程更加顺利地开展。首先，在界面中长按 QQ 电话，得到下拉菜单（教师可以直接分享屏幕或演示白板）；如果只单击 QQ 电话按钮，就会看到师生页面，再开启分享屏幕。从教师的角度来讲，通过这种方式能让同学感受到教师在持续关注着他们。这很重要，它有助于合理地监管同学，使其准时到勤上课。在分享屏幕之后，教师能在自己的界面里看到同学们的状态。同时，教师还可以关注到群成员是否进入到 QQ 电话中，并确认同学们的 QQ 电话信号接收情

况。因此，推荐这样一个教师端页面布局方式（图4），有助于老师在讲课的时候实时关注学生情况，互动环节的效果会比较好。课程中有时会涉及教学操作演示，教师把知识要点在 QQ 聊天里发给同学们，在讲课的过程中同步分享给他们知识点。通过文字方式发送知识点，可让同学们在课后有可供复习的记忆线索。

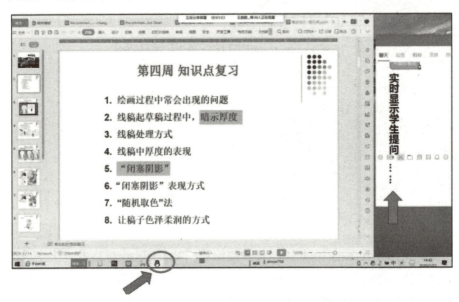

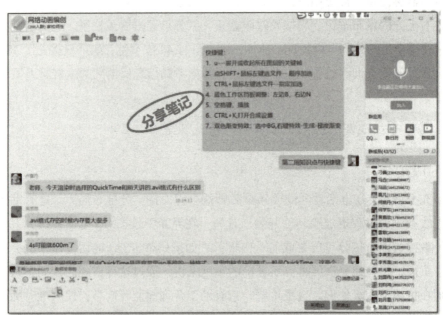

图 4　PPT 知识点笔记与教师端页面布局

（二）师生进入在线平台共同学习

　　除了教师在线实时讲授以外，师生进入在线平台共同学习是另一种学习方式。在进入在线平台学习前，预习的内容以基础知识点为主，这为同学们进入平台学习做铺垫。随后，师生一起进入平台学习。教师的页面设置为"一左一右"的方式，跟同学边看边讨论。用这种打字的方式问答，有助于大家相互学习（图5），也会收到更好的教学效果。在教师端，一定注意要为同学们准备与教学内容同步的网盘备份，因为网页平台访问浏览量是巨大的，容易在正式行课时崩溃或者掉线，网盘备份可以弥补内容缺失。

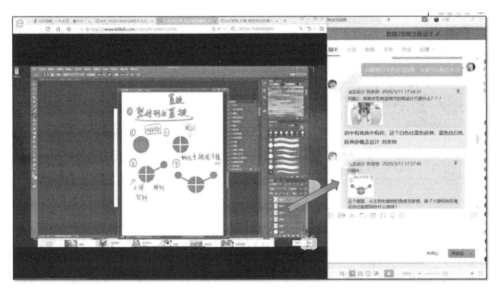

图5　师生进入在线平台共同学习

（三）答疑互动环节

　　前期已经通过教师QQ电话讲解和铺垫基础，接着进入在线学习资源平台共同学习。如果暂不需要知识与内容延伸，那么就可直接进入答疑互动环节。教师用QQ群聊为同学们就当天的课程准备10～15个问题，这些问题是针对当天课程里重要的、核心的内容来设立的。在这个环节，如果教师的一个问题得到了两三百条的同学回复，说明这个环节的参与性不错。因为参与了就会有思考，对学生潜移默化的影响就产生了。互动答疑在整个课程时间中占比15%，比如说在大学本科四节连排课程里，教师可在最后的20分钟开展问答。

三、QQ 平台授课流程第三板块——课后布置作业

布置作业时，可用"群作业"的功能，操作步骤：在聊天页面里面点击"作业"，点击右方"布置作业"按钮，然后输入具体的作业内容，添加科目、问题等内容，教师端插入图片、视频文件或者微课 PPT，都可以作为作业内容；然后，点击在线提交，如果两个班上同样的课程，就可以把这个作业同时发给其他的群，不用重复布置作业。等到同学们完成作业并提交，教师端打开作业页面就会看到作业完成的具体情况。然后，点进其中任意一个同学的作业页面，教师端可以用红笔点评，给学生写评语，最后给一个成绩或等级，还可以手写评语和录语音。完成批改后，点开群作业页面可以看到具体的批注（图6）。当教师批改完之后，学生成绩会以对应等级从高往下排列。

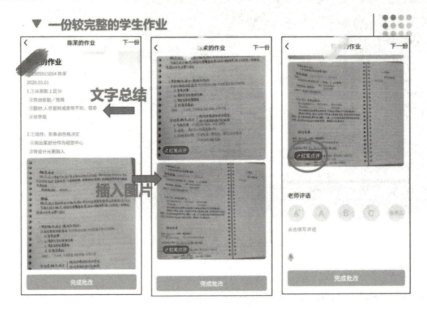

图 6　学生作业示例

四、教学环节设计：课堂时间安排、内容安排

（一）课程时间安排和内容分布

首先，第 1 个环节的教师讲解占整个时间的 30%，对应讲解基础知识，作用是打好基础，给同学们去平台学习做铺垫（图7）。然后，师生进平台学习就是

掌握综合的知识，这里面的内容跟课程大纲基本上能够吻合，同学们可以通过看平台课学习课程完成知识学习。接着，若需要再延伸和扩充，就可以开展教师总结环节，在 1 和 2 这两个环节内容的基础上再延伸一些，它的占比是整个时间以及内容的 18%。最后，互动问答环节占比 15% ~ 17%，有时可以达到 20%。在互动问答环节结束之后，如果学生还有问题，可以继续在群里发问。设置的网课内容由基础知识、综合知识、延伸和扩充、强调核心这几个部分构成，以此来促成同学们掌握所学内容。

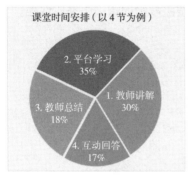

各环节教学目的：
1. 教师讲解：打好基础，为学生独立推进平台学习做铺垫
2. 平台学习：掌握课程内综合知识，完成课程大纲基本要求
3. 教师总结：在总结、复习的基础上扩充、延伸
4. 互动问答：强化对核心知识的记忆，并修正学生的错误

图 7　课程时间和内容的安排

（二）网课总结与心得

第一，寻找知识点中的趣味性，提升教师"辐射力"。

当教师讲一些与课程相关又比较新奇、有趣的内容，或学生没听过的内容，或与当下热点关联的话题时，学生就会更愿意听，且保持着趣味与兴奋点。

第二，把握教师上课风格的趣味性，提升学生上课的幸福感。

上网课的风格比较轻松，但是要把握课堂氛围的尺度，在线授课的时候师生尽量像朋友聊天一样。因为在互联网的氛围和师生网络在线的状态下，这种过程与上课方式会让同学更愉快一些。课堂需要一个比较轻松的氛围，同时保持严谨，这样同学上课的幸福感会更强，参与度也会更高，自然就更能够准时到勤上课。

第三，加强师生相互关注，提升用户黏度。

要加强师生的相互关注，提高互动性，提升用户黏度。笔者之所以把学生称作"用户"，就是要与同学们相互建立分享、分担、关注的关系。由于笔者也担任同学们的专业班主任，因此在课间会转发跟专业相关的或者一些有趣的小视频、帖子分享给同学们，他们会就我转发的内容发起讨论和互动。所以，可以通过这种方式来提升用户的黏度，继而加强同学之间的相互关注。

第四，教学形式应灵活，单一环节的实施时间不宜过长。

网上教学的具体形式一定要灵活，单一环节和模式的实施时间不宜过长。在线课程中，任意一个板块的进行时间过长，学生对课程内容和模式的新鲜感就容易丧失，导致走神。从教师这个角度，我们可以把时间合理化、巧妙化地安排，让学生在整个行课过程当中，自然而然地按照教师的指引去完成课程。

网络课中录播与直播相结合的技术手段

刘　超

2020 年，受新冠疫情影响，许多线下课程转移到了线上，教师进行在线教学时常常会在平台选择、软件操作等方面存在困难。对此，本文以腾讯 QQ、Camtasia 等软件和平台为例，全面分析使用经验和操作方法，介绍网络课堂中的录播和直播相结合的技术手段。

一、技术平台的选择

1. 慕课、超星等平台需要前期建设，适合打造精品课程

首先，为什么选择腾讯 QQ 以及 Camtasia 软件技术平台？在线课堂的平台有很多，比较成熟的平台有慕课、雨课堂、超星、腾讯课堂、QQ 群、微信群、钉钉等。这些都是非常优秀的可以进行在线课堂的技术平台，每一个平台都有各自的优点，也有自己的特点。对于慕课、超星这样的平台，是需要花时间和精力去建设的，也适合我们去打造一些比较精品的课程。但是，在新冠疫情期间，由线下转线上的网课任务往往是突发的、临时的，利用慕课、超星等平台在短时间内搭建起稳定性强且有一定质量的网络课堂，除了操作方面比较麻烦外，还得花较多的精力，甚至有的时候也没有条件去完全地创建起来。

2. QQ 群、微信群使用人数众多，不需要师生重新注册，相对灵活

有的时候需要借助慕课课程和超星课程进行辅助教学，这时灵活性就稍微要差一些了，因为这意味着课堂教师在把握课堂进度时必须考虑到视频的内容节奏。而像 QQ 群和微信群这样的网络社交应用平台，虽不是专门做教育的平台，却有着自己的特点和优势，其最大的优势在于平台用户体量大，受众群体覆盖面广，学生和老师几乎都有 QQ、微信平台的账号，都不需要重新注册，且已经能够熟练操作，所以相对来讲，具有一定的灵活性和便利性，疫情期间作为在线课堂使用，是非常贴合师生需求的选择。

3. 腾讯、阿里的服务器顶级，应对网络拥堵比较优秀

在进行在线课堂平台选择时还应考虑的就是平台的技术支撑，而腾讯和阿里

的服务器，在国内，甚至在世界上都是先进的，它们已经经过很多次的抗网络压力实验，也能够应对网络拥堵的情况。疫情期间往往是整个学校甚至整个地区都在进行线上教学，对网络技术支撑的要求较高，因此选这两个平台，相对而言更合适一些。

二、QQ 群技术问题

1. 使用最新版

为了应对网课，腾讯公司做了很多努力，通过不断升级软件，来优化服务性能和加强技术保障，所以在用 QQ 进行在线教学时，建议安装或更新为最新版，这样很多教学功能才是比较全面和完善的。

2. 获得最高权限

在用 QQ 创建群聊的时候，最好是老师自己建群。如果是学生帮忙建群，则需要从建群学生手里拿到管理员的权限或进行群主转移，此外，还需确保所建设群聊的分类为家校—师生。具体操作步骤：点开群的设置—群名称—群分类，将其改成"家校—师生"这一类别（图 1），也就是属于教育类的。设置为这类群，老师助手、群接龙、打卡这些功能才能在 QQ 群聊界面中出现。

图 1　QQ 群设置界面

3. 手机 QQ 与电脑版 QQ 结合使用

使用 QQ 群上课时，要注意手机 QQ 和电脑版 QQ 结合起来使用，有一些功能只有手机版的 QQ 能使用，电脑版的则不能使用，所以需要二者结合使用。如手机版 QQ 改版以后，修改了群分类以后会自动出现"老师助手"，能以很方便的方式去调出接龙、打卡、信息统计、信息发布等重要功能，而且这些功能目前只支持手机版。电脑版 QQ 可进行作业的发布和批改，因此，二者结合使用进行网络课堂的教学是比较好的组合方式。

在手机 QQ 中，除了"作业"功能、"群接龙"功能以外，还可以添加很多功能，包括腾讯课堂等，而且在每次改版和升级时，QQ 也会推出一些新的功能，满足受众的最新需求。手机版 QQ 的群聊在页面底端会显示"老师助手"功能，选择此功能可以实时地更新作业，进行作业的发布，同时也会反馈学生的作业提交情况。

4. QQ 电话的重要用途

QQ 电话有一个重要的用途，它可以分享本地屏幕，是目前最稳定的一种广播屏幕的方式。分享本地屏幕需要通过 QQ 电话中的"共享屏幕"功能来完成，该操作包含了三个方面的功能：一是通过 QQ 电话进行实时语音聊天，二是通过共享屏幕分享本地屏幕内容（图 2），三是运用白板进行教学内容的实时演示（图 3）。需要特别说明的是，如果有教学内容需要板书展示给学生观看，可以采用"白板"的方式进行演示，也可以打开本地写字板、画图等软件，通过分享本地的屏幕实现远程展示。在进行白板板书演示时，如果要想内容书写和线下教学时一样方便、顺畅，可通过手写板进行书写绘制，弥补鼠标操作的复杂性和机械化。

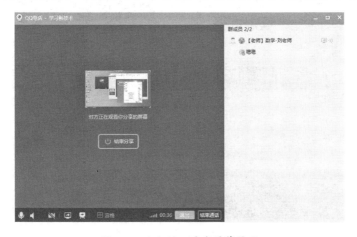

图 2 QQ 电话—共享屏幕界面

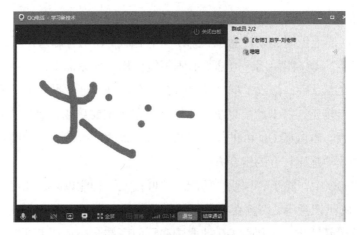

图 3　QQ 电话—白板界面

5. QQ 直播和 QQ 课堂

除了前述几项功能以外，QQ 的另外一个用途是很多老师在进行在线教学时常会用到的，也就是 QQ 直播以及 QQ 课堂，这两个功能再加上 QQ 视频，它们有三个基本的功能。

功能一：广播本地屏幕。但在这种方式下广播本地屏幕，网络不稳定、卡顿的可能性较大，在 QQ 电话中广播本地屏幕更稳定、更方便。

功能二：播放本地视频。QQ 直播当中有一个非常优秀的功能，就是可以播放本地的视频文件。教师可以提前从网上下载教学需要用到的资源和视频文件，直接打开文件进行在线播放，也可以把课程录制完后，直接播放给同学们看，播放完后将课程视频发到 QQ 群。这种播放本地视频给同学的方式也是比较稳定的（图 4）。

图 4　QQ 直播—播放本地视频

功能三：PPT 在线演示。在进行 PPT 在线演示的过程中，系统会默认学生端是静音的，当然学生也可以发言或跟教师连麦，但要进行发起申请的操作，教师端通过学生的发言申请后，学生才可以进行连麦发言，和线下教学中的举手发言类似（图 5）。

图 5　QQ 直播—演示 PPT

在进行 PPT 演示时，只能按照 PPT 顺序一张接一张地展示内容，不能针对展示内容进行实时书写、标注等演示操作。所以，在 QQ 直播的三个重要的功能中，比较推荐的是将播放本地视频和录播课程结合起来使用。

6.QQ 远程协助

遇到有学生实在不会操作或者是需要帮别人解决电脑上软件问题的情况时，QQ 的远程协助功能可以帮助解决此问题。当然，此操作的前提是学生同意接受远程协助，且要和教师互相添加好友，连接以后，教师发起控制对方电脑的请求，或者是邀请对方远程协助，学生操作接受以后，就可以操控对方的电脑了，帮助学生解决一些操作方面的问题（图 6）。

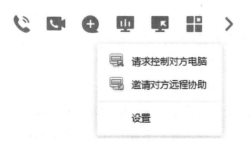

图 6　发送远程协助请求界面

三、增加互动性

教师在进行在线课堂教学时失去了线下教学中面对面的教学情境，学生的课堂参与感大大降低，加之教师缺乏了线下课堂中对于学生反馈的实时把握，所以经常会出现的情况是，教师一直在讲，也不知道学生是否听懂了，或者没注意到自己是否断线了，学生是否接收到了相关信息。因此，在这种情况下，要增加跟学生的交流互动环节。

1.学生自行开麦

一般在QQ电话分享屏幕进行教学内容演示时，学生是可以自行开麦的，这种情况下教师可以增加设问的频率或进行提问式教学，比较能够获得学生及时的反馈，增大对教学效果的把握，便于教师根据学生课堂反馈进行实时地调整课堂节奏。

2.学生连麦申请

学生可以通过发起连麦申请进行发言，与学生连麦一方面是能更好地倾听学生的诉求以及反馈，另一方面，也可以通过连麦的方式指导学生完成课堂作业。

3.注意避免教学事故

在直播讲课和连麦时教师要注意保证自己教学环境的安静和不被打扰，不能出现太多干扰教学的声音，以免出现教学事故。

4.作业即时在线反馈

教师通过线上布置作业后，在页面中可以看到学生提交作业的情况，进行批改后，批改结果可以即时地在线反馈给学生。该功能的优点在于弥补了线下教学中"收作业—反馈作业"过程的耗时性，有一定的便利性，因此，这一功能不局限于线上教学，线上线下教学都可以使用该功能，通过增加作业布置的环节，在QQ群里布置作业，然后批改作业，软件会及时反馈给同学，如此一来，期末如果需要通过平时作业来打分，这一功能也便于统计（图7）。

根据学科特点和内容的特性，尤其是一些需要学生在线实操的教学课堂，这一功能有利于提高教学效果。以笔者教授统计学课程为例，统计学学习需要学生完成相关的软件操作，在传统线下教学中，如果不是在机房进行教学，则需要学生自带电脑，教师也无法查看每个学生的现场操作结果，而在线上课堂中，笔者提前将操作过程录制好后进行线上播放，就一些重要或关键环节进行讲解，讲解完后立即要求学生按照所示步骤进行操作，并将做出的结果发到群聊中。一堂课下来，感觉学生的完成效果很不错，以前收到不少反馈表示统计学这门课程对于没有数学基础的学生来说很枯燥，但在线上课堂中，学生自己动手以后，普遍认为这是一门较有意思课程。

在作业系统中，可以利用系统提供的"红笔"直接进行作业的在线批改，给学生的作业进行等级的评定，有 A+、A、B 等多个等级可以选择，除了等级评定，还可以给学生作业写评语。诸如此种功能，在线下教学时也可以运用，能够节省很多时间和避免不必要的麻烦，至少可以实现一定的无纸化作业。

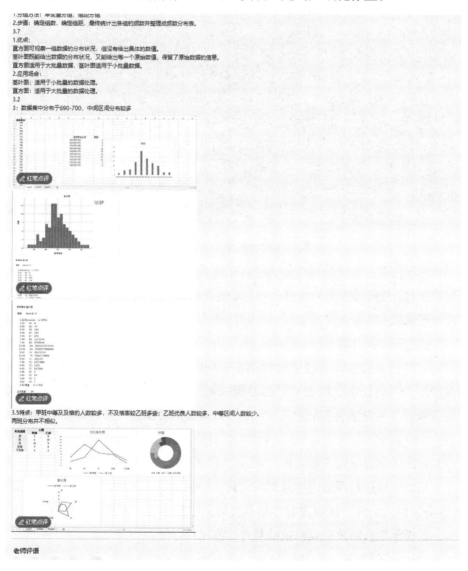

图 7　学生作业收集后显示情况

四、录播（一款非常优秀的软件——Camtasia）

Camtasia 是一款非常优秀的录播软件。笔者用的是第 9 个版本。打开的界面如图 8 所示，其录制功能使用起来非常方便。打开软件后，首先把录制的文件存储好，就可随录随停。

图 8　Camtasia 软件的剪辑界面

这一软件有一个比较强大的功能：在线课堂中，若教师使用了麦克风讲话，屏幕录制时，教师的讲课声音也会一并录制下来，即该软件不只是录制屏幕内容，还能实现视频和音频的全面录制。

1.适合需要操作软件的课程

此软件特别适合需要在上课时操作一些软件的课程，课程中若需要在线实操并演示，同时让学生跟着自己的步骤去做，可用该软件录制教学过程，这样学生在课后有不清楚或忘记的地方，就可以通过回看视频，来达到解惑和巩固的目的。

2.每次录制的时间不宜太长

在用该软件进行课程内容录制时，建议控制每次录屏的时长，一般一次录制在 15 分钟以内为宜，视频内容尽量是关键的操作步骤，并且命名和视频内容相对应，这样学生在回放视频时拖动和查找都比较方便。

3. 在直播时可一键录制

一般开始线上教学时，可以同时打开直播软件和 Camtasia。打开 Camtasia 以后，提前把工程文件命名并设置保存好，检查确保麦克风没问题。需要录制的时候，通过快捷键 CTRL+R 打开它的一键录制功能。录制开始和结束的时间非常灵活，取决于教师自己，通过快捷键 F10 就能够停止录制，录制结束后会自动保存在预先设置的工程文件中。

4. 录制的内容可以剪辑、分享

Camtasia 除了具备录制功能，还可对录制的视频进行剪辑（图 9）。其剪辑功能易操作、门槛低、难度小，比一些专业的剪辑软件更容易上手，通过"视频 + 音轨"的结合即可完成剪辑。在实际教学中，教师也可不使用剪辑功能，直接分享原视频给学生，通过分享本地视频的操作，软件会自动将视频进行压缩，有多种视频格式可供选择，一般压缩成 MP4 的格式，压缩后即可进行分享。

图 9　Camtasia 的录制

在用 Camtasia 录制屏幕的时候，还应该注意一个问题：考虑到有学生在上网课时用手机播放视频，所以在录制屏幕时，尽量最大化软件的窗口，录制 PPT 展示时也尽量放大窗口，这样便能达到较好的播放效果，学生的观感体验也较好。

五、一些非技术性问题的思考

除上述以外，一些非技术性的问题笔者也提出来，供读者交流思考。

1. 对资料的"疯狂"占有，会让教学科研变得相对容易

增强对学科资料的占有，可以让工作和学习变得更加方便和容易。笔者在教学行课中一直有搜集、保存资料和资源的习惯，除视频资源以外，只要是对于工作和学习有用的各种资源，都会进行保存。

2. 将重要资料放到网盘中，走到哪里都可以上课

一些课程在教学中需要用到专业软件或数据资源、参考资料等，即时保存至网盘，一方面可以保证在疫情期间，即使人在外地也可以远程调出上课所需的资源，避免再重新去查找、搜集所需资源，顺利完成授课。另一方面，在线下授课时，也便于临时将相关资料调出或分享。虽然平时上传资料时要花一定的时间，但这样可确保万无一失，此外还需注意，涉及一些比较私密或严格保密的东西要谨慎上传，最好不进行上传。

3. 创新设想，整合教学资源

基于上述操作，如果每个老师都形成保存资源的习惯，那么在恢复线下授课后，可以考虑将一些优秀的教学资源以系为单位整合到网盘之中，这不失为一种最低成本的教学资源整合方式。

除了网上搜集的教学资源，还可以把在线授课期间形成的录播课程以及制作的讲解视频等原创内容，以系为单位进行整合，打造优质的原创课程资源库。开通网盘会员，扩大资源的上传和下载速度以及存储容量，同时存储网络资源以及原创资源，既可以共享给全系师生使用，也可以仅供老师交流使用，达到资源利用最大化的效果。

网络教学中本科实践课程教学活动和测评方式的探索

顾伟宁

随着计算机技术、网络技术和数字通信技术的飞速发展与融合，"互联网+"高度概括了当今经济社会发展的新形态。数字媒体成了新一代的传播媒体，其涵盖的领域被称为新时代知识经济的核心产业。以跨平台的多维方式制作的产品，如电影、电视剧、游戏、手机应用等层出不穷，对数字技艺方面的人才需求供不应求。

一、疫情下的本科网络实践课教学

（一）设计学类实践课程的教学特点

数字媒体艺术作为设计学科下的专业，在实践课程的教学目标设置上，与其他设计学的专业有相似之处，通常都会要求学生在课堂内外进行大量的实践练习，逐步实现从量变到质变的过程。学生通过不断的实践练习，提高工程应用技术水平，以期能熟练掌握数字化工具，创造出适应社会发展需求的好作品。

（二）现状与背景分析

2020年初，新冠疫情的蔓延，导致人人"足不出户"，教育部面向全国大中小学迅速部署了"利用网络，停课不停学"的政策方针，各地高校响应号召，积极开展了网络在线教育的工作，几乎所有高校一线教师在一夜之间，主动或被动变为了"主播"，随之而来的各种网络信息技术的使用障碍和在线课的"翻车"现象层出不穷，经过师生长达两年的不断磨合，至2022年，绝大多数高校实践课已经可以做到随时从线下课转换为线上课，开展线上实践教学。

在这两年时间中，很多教师摸索并总结出了适合自己的线上教学的方法、规律，形成了独树一帜的教学路子。有的教师利用空闲时间，自主开设了网络专业课程，收获了自己的粉丝群体，获得了学生的好评。

（三）网络实践课教学存在的部分问题

网络教学有着非常明显的优势：优秀资源多，可长期存放课件，教师可以随时更新课程内容，学生可以随时随地开展学习，还可以根据自身情况选择重难点知识进行多次复习，这是传统课堂无法比拟的。随着5G网络的普及和百兆以上宽带入驻家庭，在2020年开学首周出现的全国各大在线课程平台拥堵崩溃等现象，都会逐渐化解。

而网络教学一直存在的最大问题是授课者很难实时收集到学生个人的学习状态的跟踪数据，大部分学生自主能动性不够，因材施教效果并不理想，部分学生坦言学习效果不佳，不能及时接受到教师的辅导和帮助，网络求助又不一定能得到正确答案，因而对实践学习的兴趣持续降低，尽管网络教学资源是一座大宝库，但与其说网络教学是一种普惠教育，实质上更像是针对渴望学习的学生的精英式教学。加上教师对直播工具不熟悉，手忙脚乱，学生挂机上课，甚至用外挂上课的现象也时有发生，教师无法监管到学生的状况，而SPOC（小规模限制性在线课程）在线学习情况更加不明朗，学习效率不佳，形成性考核更显疲软无力。这导致了在本科教学实践课程的开展过程中，有时候线上的整体教学效果还不如线下课程。

二、各大在线教学平台

（一）教育部公布的教学平台

2020年至2022年，各大在线课程平台陆续搭建，教育部公布了多达22个中小学和高校的教育智慧平台及链接。

这类平台，需要成系统的准备工作，或一定的门槛，作为任课教师要认证入驻授课，比如像中国大学慕课，以教师提前准备好该门课程的全部录播课件为宜。

（二）其他直播交流平台

高校在线课程除了教育部公布的学习通超星平台、学堂在线、智慧树等广大教师熟知的教学平台。还有各大互联网直播交流平台，其中，腾讯平台估计是使用频率最高的一家，笔者周围的同事大都使用腾讯会议、微信群加公众号或QQ群课堂（图1）开展线上课教学。

图 1　PC 端 QQ 群的教学功能

　　还有一些类似于项目管理看板一类的平台，这类平台更适合管理类的课程。也有教师临时使用诸如抖音、快手一类的平台直播辅导课。教师也可以申请入驻 B 站，上传录播课或开直播课。

　　另外有一个非常强大的在线交流平台就是钉钉，钉钉是阿里巴巴集团旗下的一个应用，其群功能非常丰富（图 2），可以在群里开直播课或录播课（图 3），收集评阅学生作业等，现在中小学使用钉钉群作为家校群很普遍。

图 2　钉钉上课主页

图 3　钉钉的直播功能

在钉钉中，也可以快速创建项目群或培训群（图 4），有兴趣的老师可以去了解一下，本文不对该应用作更多介绍。

图 4　钉钉的群创建功能

三、基于腾讯的直播在线教学活动

（一）充分发挥腾讯平台的优势

腾讯作为国内首屈一指的互联网集团，其在技术研发和资金方面实力雄厚，云计算服务安全稳定。经过笔者两年内开展的多次在线教学任务和测试，认为目前基于腾讯平台，可以用于实践课教学的大概有四个途径：QQ 群、微信群、腾讯课堂、腾讯会议。以下对每个在线教学途径的优势和不足做简单介绍。

QQ 群：QQ 群的手机端和电脑端的功能略有不同，手机端的功能更全面一些。QQ 群的一大优势就是交流、演示都极为便捷，并且和同公司其他产品的协同也做得很好，例如通过群聊天页面的一个链接就可以跳转到腾讯课堂或腾讯会议中听课。由于使用者众多，视频类直播课有可能会在上课高峰期卡顿，如果是电脑类的屏幕演示，则可能画面花乱，从而影响正常教学。

微信群：和 QQ 群相似，更适合学生人数少一些的 SPOC（小规模限制性在线课程）或语音视频交流，学习氛围更轻松自由。不足的地方就是对文档的限制较大，不适合传输大尺寸的课件或作业。

腾讯课堂：腾讯课堂的课程体系比较完善，类似教育部公布的在线教学平台，学生上传作业和教师批改的反馈功能也比较简洁方便。

考勤记录方面，历史课堂里有一个考勤可以直接导出下载，信息全面，比如能看到学生什么时候来的？直播时间看了多长？有没有看回放？这类信息都可以自动生成（图 5）。

图 5 授课时长

腾讯课堂的不足就是互动性较差，只有通过举手上台的方式发言（图 6），举手上台总共支持六位同学，学生展示个人电脑或者作品的时候，不如 QQ 群方便。课堂很容易变成教师唱"独角戏"。

图 6 腾讯课堂举手功能

如果教师希望通过腾讯课堂来授课的话，考勤的时候要注意让学生实名登录，最好通过客户端登录，否则可能考勤表中出现的是学生的昵称。

2022年下半年，腾讯因为业务调整，停止了腾讯课堂极速版的运营（图7），腾讯官方推荐教师们前往腾讯会议开设课程。个人认为这是一种产品战略调整，以发挥自身的网络优势。

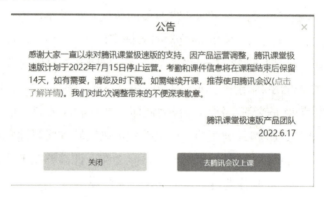

图7　腾讯课堂极速版的停止运营公告

腾讯会议：腾讯会议更适合企业会议，将腾讯课堂极速版和腾讯会议对比来看，腾讯会议互动功能更强，更灵活、稳定，可分组讨论，具有24小时随时可以开会、开课的便捷性等。不足的地方就是几乎没有作业相关的功能。

从教育部推出的22个教学智慧平台来看，在教学系统的梳理上，比腾讯做得更专业的平台有很多，例如超星，其无论是课堂学习进度的监管，还是打卡、作业布置、作业完后的提交、批改、反馈等，每个教学环节都紧密相扣。

腾讯平台的最大优势就是使用灵活方便、网络稳定流畅，例如可以建立QQ班级群，在群里布置预习任务和作业；上直播课的时候，则可直接在群里发起直播"群课堂"，或通过链接跳转到腾讯会议，也可以根据学生情况，临时开设辅导课，而不需要提前一学期做准备。

在具体的教学测试中，教师可以充分利用腾讯平台在教学上的优势点，让学生在线上实践课中变得更主动，加强师生交流。

（二）相关教学准备

1. 直播与录播

笔者建议在线直播授课跟录播内容结合使用，效果更好。直播最大的好处就是可以组织课堂，随时叫学生回答问题，了解学生情况，直播课做得好，互动性很强，学习氛围浓烈，教学效果就会好。但也可能有若干种情况会导致直播课"翻车"：比如正在讲课的时候，教师的电脑蓝屏了；教师忘开麦克风；刚上课就停电了；网络延迟严重，等等。这些情况有的不好补救，会耽误宝贵的课堂时间，所以做好充分的准备工作很重要，比如把当天的课堂内容梳理成几张图片或者 PPT 发到群里，或者把一堂课的知识要点提前录制好，上传到群里或者网盘上，学生可以在课间或者开始实践前浏览一遍。这样在整个线上课的教与学的过程中，师生都能做到有备而来。

2. 录制的要点

录制工具：如果用手机录制，比如用手机录制绘画的过程，可直接用桌面三脚架拍摄，之后可以在手机上直接剪辑，网上也有很多相关的直播教程。如果是展示并讲解电脑应用软件的操作，如要谈到一个在线理论知识要点测评，需要以图文的方式出题，如果录屏软件能支持 GIF 文件录制，就可以做一些动图出来，可将动图作为选择题，比如学生在看到教师的操作之后，自己判断这件事情是对的还是错的。录屏软件有很多，笔者推荐 oCam 录屏软件（图 8），免费、简单，且效果好。

图 8　oCam 录屏软件

录制画面：无论是用手机、单反相机或者是用电脑录屏的方式做录播课，都要考虑画面流畅和画质清晰的问题，例如在讲授软件技术的时候，如果学生无论用手机还是电脑都不能把软件界面上的每个按钮、每行字看得很清楚，学生学起来就很吃力，跟练也有可能出错，容易跟不上进度，进而导致失去学习兴趣。所以录制的时候教师要特别注意这种情况，录制好的课件最好在电脑、手机上甚至上传到网站上查看一下，是不是每个画面都很清晰，也可以用一些小软件例如 Zoomit 配合操作流程来放大局部画面（图 9）。

录制声音：笔者觉得首先吐字要清晰，好听沉稳的声音是一切优质录音的前提，但每位教师的声音和个性都不同，有的教师声音很有磁性，授课内容自然就会很吸引人；有的教师特别幽默，上课的学生就很开心；等等。录课的时候教师要注意环境的相对安静，可使用 3.5 mm 模拟信号的麦克风或者 USB 接口的电容麦克风，几十块钱的麦克风可能录制的声音底噪很大，针对这种情况，可以用第三方软件进行降噪处理，例如 Adobe 公司的软件 Audition。

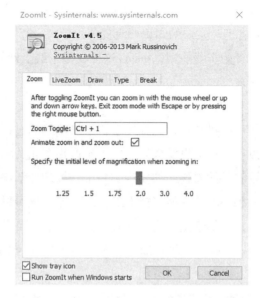

图 9　Zoomit 可以使用快捷键将光标所指范围放大

录制尺寸：通过两年的在线教学，以及询问学生用电脑或手机端复习的感受。个人总结认为到 2023 年底，1080P（1920*1080 像素）的显示格式都会是高校大部分实践课或者录播课的一个不错的选择，在电脑和手机端观看都很清晰，录制的体积较大，如果要录制完整 45 分钟课堂内容回放给学生看的话，可能一堂课的内容就会占用约 700 MB 的空间，需要较大的磁盘空间用于存放。其次是 720P（1280*720 像素）的显示格式，略模糊，但也能观看复习。不推荐 2K（2560*1440 像素）的显示格式，这个格式在手机上字体非常小，观看很吃力，学生可能因此就不会去复习了。

3. 后期制作与上传

后期制作比较耗时，目前暂时没有软件能实时完成高大上的录播内容，一些细节都会花时间，例如把重点部分局部放大，添加音效、动效、标题、字幕、勾画重点等。如果不在讲课的时候就勾画好，后续剪辑的时候找起来也比较麻烦。很多平台，像腾讯课堂的画板里的画笔工具都可以圈画重点，笔者推荐剪辑软件用快剪辑（已经停止开发）（图 10）或剪映（图 11），该软件免费，学习成本比 Premiere 小，剪映的模板很丰富，学起来容易，做起来快，输出也快。

图 10 "快剪辑"制作录播课

图 11 "剪映"制作录播课

制作好的录播课，可以小范围公开或完全公开的方式上传到网络中。如果教师不想公开，可以上传至网盘或群文件。如果教师希望公开，则可以上传至腾讯课堂、B 站或超星等平台。

四、实践课监管与测评方式

在教学活动中，及时地收集整理学生数据是为了更好地因材施教，根据学生对知识和实践内容的掌握情况，调整教学的方式方法，以及动态地调整课程进度。

（一）不监管有可能失控

本科实践课程不等同于网上的教学资源，虽然也可以随时随地地学习，但终归是要在规定的时限内进行学分认定。如果不对学生进行全面监管，很可能会出现个别学生"静音挂机"的现象，最终导致实质上学习无效的结果。

线上直播课的一个最大问题就是学生到课情况很模糊，谁在上课，谁没有上课，谁在睡觉，授课教师都无法马上得知，完全不像在线下那样一目了然。如果要挨个点名，网络延迟、麦克风故障等各种状况都会拖慢教学进度。

要保障教学进度的顺利开展，以及学生整体处于较好的学习状态，就需要把一堂课分解成若干块，中间以各种方式"重新激活"远程的学生，比如知识点小测试（只需几道选择题即可），或者让学生实践一段时间后马上截图在群里让大家观摩，或者让几位同学主持演讲。这样可以有效地活跃网课气氛，强化学生的学习意识，减少学生考勤打卡后"挂机"的现象。

监管学生，学生必然会产生集体压力和个体压力。像刚才说的知识点小测试，还有课堂内必须完成的实践作业等集体任务，都是一种群体压力，每次课安排两三次测试或任务就可以了。个体压力即上述的上台演讲。两种压力各有用处，具体可以根据叶杜二氏法则中的压力测试在教学活动中尝试。

（二）实践作业与批改

实践课不同于理论课，有很多课程的实践作业如果以数字格式交给任课教师，可能会比单纯的文字作业容量大很多。个人推荐通过 QQ 群相册收集全班作业的截图，这样占用群空间不大，而且同学间可以相互观摩，也可以布置 QQ 群作业的方式限时收集作业，并进行点评。比较大的实践作业，比如短片、动画等音视频文件，可以用邮箱或网盘的方式进行收集，利用课余时间批改，在下次直播课或者辅导课的时候以展映播放的方式，对全班的作业进行辅导、点评。

现在的学生大多比较敏感，个人意识较强，这两种批改方式虽然都会增加学生的压力，激发同学之间在学习上竞争，但也需要注意照顾到学生的情绪，点评以提醒、鼓励、表扬为宜。个别学生的作业如果太差，可以用私信的方式对该生进行批评教育和心理疏导。

（三）阶段性知识要点评估

如果学生在讲课的时候才接触到新课，或者是低年级的学生，比如本科二年级以下的学生，互相不熟悉，就容易出现互动尴尬，没人响应，或者一个学生结结巴巴，"传染"给下一个学生。如果有的时候互动非常困难，但又需要了解学生的学习进展，笔者建议要及时打破尴尬，直接进行小测试，这样能够获得一些客观数据，以便课后分析学生情况，调整课程内容。

网课教学中有一个很重要的内容就是各种数据的收集，在学生意见反馈和理论知识要点的评测上，问卷和试卷平台显得尤为方便。实践离不开理论，线上理论考试有一大优势就是问卷平台非常便捷，不需要人工阅卷，学生提交试卷后立即就能知道得分，还可以查看答案解析，纠正和巩固知识要点。比较好的平台是问卷网、问卷星和腾讯问卷。问卷适合收集学生对课程的实时反馈，试卷适合了解学生对知识要点的掌握情况。

比方说笔者通过一些问题来了解学生的电脑配备情况，或学生对上次课堂内容的掌握情况，或者是笔者在授课过程中讲课的时间长短、声音和画面等情况，通过问卷收集信息，就可加以分析并解决（图12）。

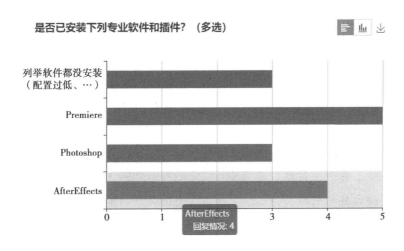

图 12　问卷网的问卷调查结果

问卷网和问卷星都可以做带分值的在线测试。笔者觉得对各位老师来讲最好用的可能是问卷网，问卷星操作起来比较烦琐、复杂，内容比较多，有些功能对知识点的测试显得没有必要。问卷网的操作很方便，比如可以直接在单选题中插入图片（图13）。

11. 这四个关键帧的形状，那个启动的时候最快？ *

| 选项1 | 选项2 | 选项3 |

选项4

12. 这里有一个倒影效果，以下哪种比例关系是正确的？ *

○ 100, -100
○ -100, 100
○ 100, 100
○ -100, -100

图 13　问卷网的图文试题

做在线测评试卷的时候有一个方便的功能，就是导入事先准备好的试题文本来创建试卷，导入需要遵循不同平台的导入规则。

学生刚完成实践内容之后，尚存一定的记忆，可通过图文试题测试的方式趁热打铁，能更好地多方位强化实践内容。但这种测试需适当，不宜过多过难。出题的目的不是把学生给难倒，而是让他们循环记忆。

这一类知识要点通过教学和总结不断完善，就能逐渐形成自己的一套实践课程综合测评内容和题库，让学生不但会实际操作，也能在理论方面有所提高。

（四）互动

线上课很难像线下课一样能通过观察学生的课堂行为和精神状态来掌控课堂交流氛围。线上课中，合理、适当地互动，能有效地强化监管的力度，让一堂课的教学效果接近甚至有机会超过线下课。线上的互动目前只有通过开启摄像头、连麦、聊天区文字输入、屏幕分享等途径来实现。

无论采用哪种方式，或者混合方式开展互动，首先要熟悉学生的学习习惯，大致了解学生用于在线学习的设备情况，才能更好地为课堂交流做好准备。比如活跃的学生可以通过开摄像头、连麦、屏幕分享等方式在班级课堂中发言交流，没有摄像头、没有麦克风或性格内向的学生则可以让他们在聊天区输入文字来回答问题等。

其次要掌握互动的时机。线上课最大的不同点就是环境干扰，线下课的时候，学生都集中在教室里学习，相比而言没有太多的干扰。线上课则因为没有教师和同学在身边起到共同学习和沟通的作用，很多诱人的外因都冒了出来，例如一边上课，一边与朋友聊天、刷视频、玩游戏、购物、吃零食等三心二意的行为，都会严重影响到学习效果。教师可以把原本一堂课的内容分解成若干个小块，比如每个知识点后，以轮流作答或随机作答的方式开展课堂互动，以便不断地提醒学生专心致志地听课。

笔者在 2020 年疫情封校期间授课时，尝试了一些方法来提高学生的专注力和互动效果，比如有一次在实践环节，笔者让全班学生自主练习和交流，当时找了几个电脑配置比较好平时又在自学提高的同学，让他们提前做准备，QQ 群里以 PPT 和画面共享的方式，面向全班进行展示和演讲。时隔两年，还有学生与我谈起此事，说当时在电脑前看到几位同学演讲，一个比一个做得好，印象颇为深刻，激发了他的学习欲望。

五、线上线下相结合

以上谈到的实践课教学活动准备和线上测评，有条件的话，最好跟线下实践结合，有的课需要机房，有的课需要实验室，或者有的学生被隔离在家，恰好没有电脑进行实践等。学生在实践过程中急需帮助的时候，当面辅导的效率更高。不是每一位学生的自学能力和领悟能力都很强，即使线上课临时组建学生互助小组共同实践学习，仍然是杯水车薪，不能解决每次实践课上五花八门的问题。

数字艺术类实践课很大程度依赖于计算机技术的应用，学生注意力稍不集中，就可能在网课中跟不上进度，或者有的学生课后才发现问题，却不愿意求助同学和老师，导致一个环节没跟上，整个课程的学习质量都下降。SPOC 的教学内容相比传统的教学内容，知识点更独立、短小精悍、具有碎片化的特性。经过一段时间的摸索和尝试，需要实际操作的课程的讲授时长一般维持在 5 ~ 10 分钟效率最高。

在培养方案和教学大纲的目标下，如何编排高效实用的视频课件、相关的知识要点、章节小测试、学习反馈，将是教学内容架构上最核心、最主要的问题之一。

无论以何种方式打造专属自己的网络实践课教学内容，都应该以学生为中心，以教师多平台监管为主线，参考 SPOC 混合教学模式，打造去（教师）中心化的学习氛围，以多样化的知识要点测试和考评系统为准则。教师通过学生不断反馈的数据进行检验、分析和掌握学生个体的学习成效，能更精准地为学生调整定位、开展阶段性的学习和复习起到重要作用，让学生的每一步都走得扎实，形成性评价的每一分都充实。